"十二五"国家重点图书

33

财政政治学译丛

刘守刚 主编

上海财经大学
公共经济与管理学院

Lending to the Borrower from Hell
Debt, Taxes, and Default in the Age of Philip II

来自地狱的债主
菲利普二世的债务、税收和财政赤字

莫里西奥·德莱希曼（Mauricio Drelichman） 著
汉斯－约阿希姆·沃思（Hans-Joachim Voth）

李虹筱 齐晨阳 译
施诚 刘兵 校译

上海财经大学出版社
上海学术·经济学出版中心

图书在版编目(CIP)数据

来自地狱的债主:菲利普二世的债务、税收和财政赤字/(加)莫里西奥·德莱希曼(Mauricio Drelichman),(西)汉斯-约阿希姆·沃思(Hans-Joachim Voth)著;李虹筱,齐晨阳译.—上海:上海财经大学出版社,2023.9

(财政政治学译丛/刘守刚主编)

书名原文:Lending to the Borrower from Hell:Debt,Taxes,and Default in the Age of Philip Ⅱ

ISBN 978-7-5642-3920-6/F.3920

Ⅰ.①来… Ⅱ.①莫…②汉…③李…④齐… Ⅲ.①财政史-研究-西班牙-16世纪 Ⅳ.①F815.519

中国版本图书馆 CIP 数据核字(2021)第 255378 号

图字:09-2018-753 号
Lending to the Borrower from Hell
Debt,Taxes,and Default in the Age of Philip Ⅱ
Mauricio Drelichman,Hans-Joachim Voth

Copyright © 2014 by Princeton University Press

All rights reserved. No part of this book may be reproduced or transmitted in any form or by any means, electronic or mechanical, including photocopying, recording or by any information storage and retrieval system, without permission in writing from the publisher.

CHINESE SIMPLIFIED language edition published by SHANGHAI UNIVERSITY OF FINANCE AND ECONOMICS PRESS, Copyright © 2023.

2023 年中文版专有出版权属上海财经大学出版社
版权所有 翻版必究

□ 责任编辑 刘 兵
□ 封面设计 张克瑶

来自地狱的债主
菲利普二世的债务、税收和财政赤字

莫里西奥·德莱希曼
(Mauricio Drelichman) 著
汉斯-约阿希姆·沃思
(Hans-Joachim Voth)

李虹筱 齐晨阳 译
施 诚 刘 兵 校译

上海财经大学出版社出版发行
(上海市中山北一路 369 号 邮编 200083)
网　　址:http://www.sufep.com
电子邮箱:webmaster@sufep.com
全国新华书店经销
上海华业装璜印刷厂有限公司印刷装订
2023 年 9 月第 1 版 2023 年 9 月第 1 次印刷

710mm×1000mm 1/16 17.25 印张(插页:2) 264 千字
定价:76.00 元

总　序

"财政是国家治理的基础和重要支柱",自古以来财政就是治国理政的重要工具,中国也因此诞生了丰富的古典财政思想。不过,近代以来的财政学发展主要借鉴了来自西方世界的经济学分析框架,侧重于财政的效率功能。不仅如此,在此过程中,引进并译介图书,总体上也是中国人开化风气、发展学术的不二法门。本系列"财政政治学译丛",正是想接续近代以来前辈们"无问西东、择取精华"的这一事业。

在中国学术界,"财政政治学"仍未成为一个广泛使用的名称。不过,这个名称的起源其实并不晚,甚至可以说它与现代财政学科同时诞生。至少在19世纪80年代意大利学者那里,就已经把"财政政治学"作为正式名称使用,并与"财政经济学""财政法学"并列为财政学之下的三大分支学科之一。但随着20世纪经济学成为社会科学皇冠上的明珠,财政经济学的发展也在财政学中一枝独大,而财政政治学及其异名而同质的财政社会学,一度处于沉寂状态。直到20世纪70年代,美国学者奥康纳在他的名著《国家的财政危机》中倡导"财政政治学"后,以财政政治学/财政社会学为旗帜的研究才陆续出现,不断集聚,进而成为推动财政学科发展、影响政治社会运行的积极力量。

当前以财政政治学为旗帜的研究,大致可分为两类:一类是从财政出发,探讨财政制度构建与现实运行对于政治制度发展、国家转型的意义;另一类是从政治制度出发,探索不同政治制度对于财政运行与预算绩效的影响。在"财政政治学译丛"的译著中,《发展中国家的税收与国家构建》是前一类著作的典型,而《财政政治学》则属于后一类著作的典型。除了这两类著作外,举凡有利于财政政治学发展的相关著作,如探讨财政本质与财政学的性质、研究财政制度的政治特征、探索财政发展的历史智慧、揭示财政国家的阶段性等作品,都在这套译丛关注与引进的范围内。

自 2015 年起,在上海财经大学公共政策与治理研究院、公共经济与管理学院支持下,"财政政治学译丛"已经出版了 30 本,引起了学界的广泛关注。自 2023 年 7 月起,我们公共经济与管理学院将独立承担起支持译丛出版工作的任务。

上海财经大学公共经济与管理学院是一个既富有历史积淀,又充满新生活力的多科性学院。其前身财政系始建于 1952 年,是新中国成立后高校中第一批以财政学为专业方向的教学科研单位。经过 70 多年的变迁和发展,财政学科不断壮大,已成为教育部和财政部重点学科,为公共经济学的学科发展和人才培养做出了重要贡献。2001 年,在财政系基础上,整合投资系与设立公共管理系,组建了公共经济与管理学院,从而形成了以应用经济学和公共管理的"双支柱"基本架构,近年来,学院在服务国家重大战略、顶天立地的科学研究和卓越的人才培养等方面均取得了不错的成绩。

我们深信,"财政政治学译丛"的出版,能够成为促进财政学科发展、培养精英管理人才、服务国家现代化的有益力量。

范子英

2023 年 7 月 7 日

致　谢

得益于我们所在的中西部地区,纤弱的学术头脑往往需要安静的环境来着手处理正事。我们第一次见面是在威斯康星(亦被称为美国的"泥泞之都")宜人的拉克罗斯镇,在那儿令人分心的事很少。它是2003年度计量史学会议组织者选择的会址。

当时两位作者通过交流很快达成一致,应该一起研究一个关于主权债务早期历史的联合项目。菲利普二世的拖欠行为是闻名的,但是并没有从经济的角度给予应有的考虑,至少我们认为如此。而我们之前的所有人为何错过对这个问题的探讨,用我们各自民族的特有优点——阿根廷人的谦逊和德国人的敏锐——来解释,似乎是最好的方式。

虽然金钱可能是权力的肌腱,但它也是学术的命脉——当这个项目涉及大量档案数据的收集,加上16世纪原始资料中数以百计的手写合同的编码时,就更是如此了。倘若没有几个机构的财政支持,这本书是不会存在的,而我们很幸运地得到了西班牙科学和创新部(MICINN)的资助。遗憾的是,每年从马德里来的满载着用于研究与航行之金的"宝船队",并不是总能发挥它最大的用处。我们的申请几乎陷入困境,因为我们没有说明这个项目是否需要使用在南极洲的西班牙研究站,或者我们是否需要一艘海洋地质调查船。当语言精确性的重要性被带回家给我们的时候,我们发现,在提交研究预算的前几分钟,我们的需求由红酒盒取代了打印机喷墨墨盒。尽管纠正了这个可能会令人尴尬的问题,但是我们的经费要求往往在没有解释的情况下被减少60%～80%,这种情况即使在西班牙的繁荣年里获得最高分数的学术成绩时也会发生。不过,我们还是很感激有限的资金能够及时到位,并且亲身体验了卡斯提尔行政机关的错综复杂,也有助于我们理解在本书中占据中心位置的官僚机器。

由于西班牙的人才数量处于变化之中并可能偶尔供不应求，我们把项目的很大一部分分给了温哥华的英属哥伦比亚大学，在那里我们聘请了很大一部分讲西班牙语的研究生，来转录和编码我们的数据。结果，由于有了更多的建议，较之以前我们更加确信，苦役，这个由西班牙殖民者创立的强迫劳动者的服务，目的就是为了开采波托西丰富的银矿。在这种情况下，我们很感激加拿大社会科学和人文研究委员会、加拿大远景研究所与英属哥伦比亚大学汉普顿基金的慷慨资助，因为这些使得以下这些事不觉得奇怪了——为一个在温哥华工作的阿根廷学者提供美国哲学博士学位，并利用资金支付讲西班牙语的研究助手，使之帮助我们从卡斯提尔编码数据。

年轻学者们经常把研究想象成一种迷人的、令人兴奋的活动，并且想象这个活动可以与欢乐的国际富豪们在布满灰尘的档案室里进行一次丹·布朗式的发现。当然，这种想象是完全错误的。该项工作不是在落基山脉和马略卡的特拉蒙塔纳山徒步旅行，不是在温哥华的英吉利湾泛舟划水，它既不会有惠斯勒滑雪场的警报声，也不会有巴塞罗那海滩上长长的午餐使我们从工作上分心（至少大部分时间是这样）。

我们也应当提及在巴塞罗那与温哥华（以及各种会议地点）之间漫长航班上的许多令人煎熬的不舒适，表达对德国汉莎公司、加拿大航空公司和各种美国航空公司的"礼貌"行为的感激之情。倘若我们没有被局限于一个狭窄的钢管之中，没有被迫在每次12~24小时的航程中呼吸着浑浊的空气，没有被奇怪的气味"搭讪"，没有被供给难吃的食物，以及没有被前排乘客的座椅牢牢卡住膝盖；我们发现会很难把注意力集中在国家分析上并把它写在这本书中，而这其中比较精彩的一部分是在大西洋上或者北美大平原上的万米高空中完成的。

温哥华的英属哥伦比亚大学、巴塞罗那的庞培·法布拉大学、西北大学、哈佛大学、斯坦福大学、加州理工学院、布朗大学、纽约联邦储备银行、加州大学洛杉矶分校（安德森和经济学院）、卡洛斯三世大学、罗格斯大学、加州大学戴维斯分校、加州大学欧文分校、伦敦经济学院、耶鲁大学管理学院、纽约大学斯特恩商学院、日内瓦大学研究生院、荷兰阿姆斯特丹自由大学、明尼苏达大学、牛津万灵学院、亚洲开发银行、西班牙银行、科学院、卢卡的IMT大学、高等经济商业学院、乌特勒支大学、范德比尔特大学、科罗拉多大学波尔德分校、

致 谢

圣安德鲁斯大学、希伯来大学、哥本哈根商学院、巴塞罗那自治大学、博科尼大学、华盛顿的美利坚大学与加州大学伯克利分校等研讨会的参会者们倾听了我们的想法。旧金山的联合社科协会会议的学者们、伊兹密尔宏观经济与政策研究中心的夏季学术研讨会、伦敦经济与社会史研究前沿会议、奥古斯丁经济史协会会议、德意志联邦银行联合欧洲央行研讨会、隆德大学的欧洲历史经济学会会议、维也纳欧洲经济协会会议、巴黎的欧洲计量史学会议、巴黎经济学院公共财政研讨会、巴塞罗那关于主权债务的国际经济与CEPR会议中心,沃里克政治经济研讨会、伦敦皇家经济学会会议、斯特拉斯堡经济史办事处的经济适用理论专题讨论会、国家经济研究夏季研究所、拉丁美洲经济史协会蒙得维德亚会议、埃文斯顿的乔尔·莫吉尔的荣誉会议、渥太华经济史会议的加拿大同僚、哈佛大学的政治制度与经济政策专题研讨会与圣克拉拉举行的西海岸国际经济研讨会以及一系列加拿大研究会善意地给我们的反馈。倘若没有他们持续的耐心和近乎兴奋的兴趣,我们真的会丧失勇气写这本书。

2012年9月份在温哥华的小型会议前,一些勇气可嘉的人们阅读了整个手稿,后来他们投我们所好做了五六次相同的引用。如果没有马克·丁切克(Mark Dincecco)、胡安·格拉伯特(Juan Gelabert)、奥斯卡·盖尔德布洛姆(Oscar Gelderblom)、菲尔·霍夫曼(Phil Hoffman)、拉里·尼尔(Larry Neal)、让·劳伦特·罗森塔尔(Jean-Laurent Rosenthal)与尤金·怀特(Eugene White)等人的慷慨建议,这本书将会变得非常空洞贫乏。在本项目进行的各个阶段,我们也受益于达伦·阿西莫格鲁(Daron Acemoglu)、卡洛斯·阿尔瓦雷兹·诺盖尔(Carlos Alvarez Nogal)、保罗·博德里(Paul Beaudry)、马里斯泰拉·博科尼(Maristella Botticini)、费尔南多·布罗内尔(Fernando Broner)、比尔·卡费罗(Bill Caferro)、安·卡洛斯(Ann Carlos)、阿尔伯特·卡雷拉斯(Albert Carreras)、克里斯托弗·查雷(Christophe Chamley)、格雷格·克拉克(Greg Clark)、布拉德·德隆(Brad deLong)、塞巴斯蒂安·爱德华兹(Sebastian Edwards)、约翰·H. 艾略特(John H. Elliott)、卡罗拉·弗里德曼(Carola Frydman)、马克·弗兰德鲁(Marc Flandreau)、卡洛琳·弗林(Caroline Fohlin)、塞维尔·加倍克斯(Xavier Gabaix)、奥戴德·盖洛(Oded Galor)、乔西·戈特利布(Josh Gottlieb)、瑞加娜·格拉夫(Regina Grafe)、阿

003

夫纳·格雷夫(Avner Greif)、迈克尔·希斯考克斯(Michael Hiscox)、维多利亚·赫纳特科夫斯卡(Viktoria Hnatkovska)、雨果·霍本海因(Hugo Hopenhayn)、肯尼斯·克莱策(Kenneth Kletzer)、迈克尔·克雷默(Michael Kremer)、内奥米·拉莫若(Naomi Lamoreaux)、埃德·利默(Ed Leamer)、蒂姆·罗尼格(Tim Leunig)、加里·丽贝卡(Gary Libecap)、约翰·朗德里根(John Londregan)、阿尔伯特·马丁(Alberto Martín)、安德鲁·马斯柯勒尔(Andreu MasColell)、保罗·莫罗(Paolo Mauro)、大卫·米奇(David Mitch)、克里斯·米切纳(Kris Mitchener)、林顿·摩尔(Lyndon Moore)、罗杰·迈尔森(Roger Myerson)、阿夫纳·奥弗尔(Avner Offer)、凯文·欧洛克(Kevin O'Rourke)、塞夫凯·帕慕克(Sevket Pamuk)、理查德·波尔特(Richard Portes)、莱安德罗·普拉多斯·德拉埃斯克苏拉(Leandro Prados de la Escosura)、安吉拉·雷迪什(Angela Redish)、马里特·雷哈维(Marit Rehavi)、克劳迪娅·雷(Claudia Rei)、玛利亚·斯特拉·罗兰蒂(Maria Stella Rollandi)、莫里茨·舒拉里克(Moritz Schularick)、克里斯·西姆斯(Chris Sims)、大卫·斯塔萨瓦格(David Stasavage)、理查德·西拉(Richard Sylla)、比尔·桑德斯特伦(Bill Sundstrom)、内森·萨斯曼(Nathan Sussman)、阿兰·M.泰勒(Alan M. Taylor)、彼得·特明(Peter Temin)、弗朗索瓦·维尔德(Francois Velde)、若姆·文图拉(Jaume Ventura)、保罗·瓦赫特尔(Paul Wachtel)、大卫·韦尔(David Weil)、马克·赖特(Mark Wright)、安德里亚·赞尼尼(Andrea Zannini)与罗杰明·策特尔迈尔(Jeromin Zettelmeyer)等人的反馈。该系列图书的编辑乔尔·莫吉尔(Joel Mokyr)用他的洞察力、热情与他良好的职业素养帮助了我们。在普林斯顿大学出版社,赛斯·迪奇克(Seth Ditchik)尽可能快速、顺畅地保证了本书的印刷与出版。出版社的三位匿名审阅人向我们提供了详尽的反馈。在封面设计方面,瓦莱里娅·德雷利克曼(Valeria Drelichman)立即以她绝佳的品位给了我们深刻的建议。在CREI,马里奥娜·诺沃亚(Mariona Novoa)帮我们解决许多行政方面的麻烦,促进了我们的各种访问,并在关键时刻给我们提供了支持。而那些被我们不可避免地遗忘在这个名单中的人们,我们将加倍感谢他们的贡献和宽容。

　　文档记录是任何经济史研究项目的核心,但通常不为人知。如果没有那

致　谢

些帮助我们解读16世纪手稿的档案工作者和学者们进行的指导和建议,那么我们的努力将是没有成果的。在他们这群人中间,锡曼卡斯通用档案馆的伊莎贝尔·阿吉雷·兰达(Isabel Aguirre Landa)与爱德华多·佩德鲁埃洛·马丁(Eduardo Pedruelo Martín)耐心地引导我们解读了5000页,有时还帮助写下一些不能理解的脚本。热那亚大学的安德里亚·赞尼尼(Andrea Zannini),向我们展示了早期近代账簿的复杂性。至于那些在许多场合帮我们清除障碍,而我们又没有记下名字的无数人,我们向他们致以谢意。

本书中的一些作品首次出现在期刊和编辑卷中。为了在这里重现我们的发现,我们感谢《经济期刊》《经济史期刊》《经济史探索》和《欧洲经济协会期刊》。

我们的研究助理投入了很多时间,有时还被要求半夜用Skype沟通工作,转录、编码和分析大量似乎永远不会结束的数据。庞培·法布拉大学的汉斯-克里斯蒂安(Hans-Christian)、马克·戈尼·特拉费克(Marc Goñi Trafach)与迭戈·佩雷拉-加门迪亚(Diego Pereira-Garmendía)处理了广泛的关键任务,从档案研究到复杂的金融建模。英属哥伦比亚大学的马科斯·阿图罗(Marcos Agurto)、瓦莱里娅·卡斯特利亚诺斯(Valeria Castellanos)、日耳曼·波帕托(Germán Pupato)、哈维尔·托雷斯(Javier Torres)、克里斯蒂安·特朗索瓦-瓦尔韦尔德(Cristian Troncoso-Valverde)等都学会了阅读16世纪西班牙语的和有价值的早期近代的金融工具,尽管这是他们恳求的结果。当研究生休息室里爆发了一场关于"债券利息"(juros de resguardo)的激烈讨论时,我们知道这群研究生狂热地投入了。安东尼·瑞(Anthony Wray),团队里唯一的盎格鲁-撒克逊人,成了一个西班牙军事史方面的专家,他追踪了用于支付佛兰德斯(Flanders)(或不支付,视情况而定)的每一个金币。在这里要特别强调,如果没有专业精神,致力于细节,和这些有前途的年轻学者们的辛勤工作,我们的这个项目将不可能完成。

我们将这本书献给我们的伙伴们,保罗和比特里茨(Paula and Beatriz),他俩默默承受了我俩的长期缺席、频繁的心不在焉,以及周末、计划已久的假期和深夜时常疯狂的工作,尽管我们的家庭规模在迅速增长的时候也是这样。

2013年6月于温哥华和巴塞罗那

目 录

序章/001

第一章 炮声中的借款/008
  扭曲的贷款/008
  卡斯提尔主权金融体系与阿西托恩短期贷款/017
  文件与数据/019
  主权债务市场的起源/021
  西班牙的案例：菲利普二世的债务与违约的比较研究/029
  四个关键问题/031
  现代视角/037
  本书的计划/040

第二章 菲利普二世的帝国/041
  帝国的建立/041
  菲利普统治时期欧洲的冲突/052
  菲利普二世统治下的领土扩张/061
  帝国的逻辑/066

第三章 税收、债务和财政机构/069
  政治组织/070
  收入/076
  债务/082

阿西托恩短期贷款的新数据系列/091

结论/095

第四章　菲利普二世的可持续性债务/097

更多的数据/098

年度财政结算/104

可持续性/110

在低地国家获胜的价值/116

结论/120

第五章　贷款给来自地狱的借款人/121

信誉和国王的剑/121

主权债务的基本问题：借款的能力/124

数据/132

错误解释/136

市场力量与声誉/146

热那亚联盟/148

以骗制骗的强制执行/153

主权贷款持续：市场力量和危机时期的凝聚力/157

第六章　连续的违约，连续的利益/159

衡量收益/159

场景/163

贷款的整体收益情况/166

各个家族的收益率/168

收益的相关因素/172

随着时间推移的营利能力/175

净收益率/177

筹集资金/178

结论/189

第七章 与君主共担风险/193

非约定性债务问题/195

给菲利普二世的应急条款/196

应急条款的经济影响/202

应急债务和可谅解违约/208

违约的时机/216

结论/219

第八章 税收,帝国和西班牙衰落的原因/221

比较视角下西班牙的财政情况/224

国家能力与执政能力的制约/230

降落的风车:异质性,国家能力和白银/238

尾声:金融闹剧与西班牙的黑色传奇/247

参考文献/256

译丛主编后记/257

序　章

主权债务安全吗？当我们完成这本书的时候，全世界都在应对2008年金融危机的余波。美国抵押贷款证券化市场中开始出现的问题成为银行和政府首当其冲的重大危机，在所有的发达国家中，近几年的债务水平都是呈螺旋式上升。在欧洲，那些信誉极高的国家的主权借贷成本已经变得很高；一些国家政府的债券已经失去了市场准入。融资困境表明紧缩政策使得经济衰退更加恶化，并导致欧洲外围国家的失业率增长到了两位数。

我们写作这本书的动机之一就是及时回顾过去，审视一个长期以来被认为是持续财政动荡的代名词的时期。我们试图更多地了解国家债务和主权违约的起源。套用卡门·莱因哈特与肯尼斯·罗格夫（Carmen Reinhart and Kenneth Rogoff, 2009）合著的著名著作（《这次不一样——800年金融荒唐史》），探究一下上次有什么不一样？我们认为，导致西班牙哈布斯堡王朝成为历史上第一次连续违约事件，也就是菲利普二世四次著名的停止偿债的行为，并不像早期研究者认为的那样具有很强的灾难性。按照现代标准来看，16世纪的违约总体上是非常温和的，总债务中只有相对有限的一部分会被重定时间表，然后在至少2年的时间内经过谈判达成和解（比较现在的平均需要8年时间）。除此之外，债务条款是相对宽松的，并且贷款恢复也是迅速的。所以我们很难找到理由，去认定西班牙的财政表现应当为它的大国衰落负责。

与金融家永远过分乐观驱动的繁荣和萧条周期不同，我们遇到了一个非常稳定并且有效的融资政府借贷体系。这个体系的核心有两个特点可以为当前提供经验教训。第一个特点是银行家和借款人之间的风险分担；第二个是金融机构如何承担风险和规避风险。今天的主权债务危机产生了巨大的成本，在典型的债务危机中，GDP增长会下降约2~3个百分点（Panizza and Borensztein,2008)。① 随之会出现失业潮、出口暴跌、金融系统崩溃或需要大量救助等问题。当削减开支变得特别痛苦时,财政部长们通常不得不公布紧缩方案与延长失业线。

菲利普二世的债务与违约表明,还存在另一种方式:在经济不景气时,预先设定削减政府的债务和必须支付给债权人的债务。事实上,菲利普二世的银行家们特别同意了一些取决于王室财政地位健康状况的还款方案。而长期以来,经济学家一直认为随着经济周期波动的政府支出变化是主权债务问题如此痛苦的关键原因之一。在正常的年份里,增长是健康的,税收的来源是丰富的,政府信誉度看起来很高,市场也愿意以低利率贷款。然而,在糟糕的年份里,这个过程会发生逆转,收入下降,利率上升;可负担的债务上限急剧减少,因此需要大幅削减开支。这样的紧缩措施反过来会破坏增长,煽动人们的不满情绪。所谓的状态依存债务(state-contingent debt)允许在危急时刻减少利息和资本偿还,这有助于打破这种负面的反馈循环,有助于避免财政削减所造成的危机恶化,违约风险也会下降。然而,尽管这个想法具有理论上的吸引力和概念上的优雅,但很少有状态依存债务在 21 世纪的债务市场上交易的例子,大多数是早期违约的遗留,被戏称为"甜味剂"(sweeteners),例如阿根廷在 2001 年大幅停止偿付后发行的 GDP 债券。正如许多研究者提出的那样,从诱惑到欺骗再到执法问题等大量刺激性问题的存在,使得它几乎不可能为那些取决于经济形势来偿还债务的国家发行债券。

可是,在距今约 400 多年前,也就是 1600 年之前的半个世纪里,状态依存债务的所有实际问题在很大程度上得到了基本解决。本书中,我们展示了金融家如何在君主财政高度不确定的情况下扩大信贷,并且能够共享横财与同担亏空。如果国王遭受严重冲击(如白银船队的迟到),贷款人会同意放弃利息或者延长贷款期限。该体系表现出非凡的稳定性,本质上相同的银行业王朝与君主相伴超过半个世纪,并提供保险和融资。这本身就是一项了不起的成就。而我们所探求的就是究竟什么使之成为可能,并思考它对于当下的潜在教训。

---

① 因果效应可能较少;于格·潘尼扎和爱德华多·伯伦斯坦(Ugo Panizza and Eduardo Borensztein)估计约为 1%,与莱因哈特和罗格夫(2009)发现的债务危机国家的增长率下降相似。

菲利普二世及其金融家们所"发明"的债务发行制度的第二个显著特点是银行机构的稳定性。今天，由于银行在维持经济运行中扮演的重要角色，所以它通常是不允许倒闭的。2008年之后的纾困是出于避免对实体经济可能造成巨大影响的需要。同样的，今天的主权债务违约被认为是特别危险的，因为它们损害了金融体系的健康。16世纪的哈布斯堡王朝也进化出一种体系（即国家借款与银行贷款密切相关）而且成功应对了反复停止偿付。

该系统的主要创新是一种有效的"风险转移"机制。由投资者家族提供资金，而不是银行家把持有的存款作为资金来源——这是银团贷款的早期形式。这样，投资者们就共享了国王贷款的红利并分担了该贷款的风险。因此，银行家们可以用"相同的货币"（la misma moned）字面上地偿还投资者们，而这就意味着，他们的债权人按照他们的投资比例分担损失。如果他们的还款义务保持不变，那么每次停止偿付都可能意味着大金融家的破产。当然，这种风险转移算是证券化的抵押贷款债券，例如2007年大崩溃之前的债务抵押债券是为了成全一次灾难性的失败。尽管出借人会在每个偿付危机中损失一些钱，但是西班牙体系却避免了这个杠杆的风险。银行家最终并没有像现代银行在21世纪那样持有资产中最"有毒"的部分。相反，由于负面冲击造成的损失得到了广泛的分担，并且在顺境中也得到了回报，这样就确保了自愿的投资者们源源不断地借给那些银行业王朝，使它们能够为西班牙王室提供资金支持。

菲利普二世统治之下的国家财政一直以来都是混乱和灾难的代名词，从理查德·埃伦伯格（Richard Ehrenberg, 1896）关于富格尔的奥格斯堡银行（Augsburg banking house of Fugger）的研究，到费尔南·布罗代尔（Fernand Braudel, 1966）在他的专著《菲利普二世时代的地中海和地中海世界》中的观点，每一次违约都被描述成拖垮整整一代借款人的灾难。只有人类的永恒愚蠢与银行家们不可救药的乐观才会允许这个体系重新开始，然后再次以眼泪结束。早期的研究成果大多不是基于对国家财政、可持续性和偿付能力的硬指标或贷款合约的盈利能力的详细审查。相反，银行家和官员在重组过程中的态度和呼声往往被视为表面上的重要价值，然而现实是完全不同的。

早在我们开始研究之前，已经采取了许多措施来消除关于对西班牙谜之违约的误解。从20世纪60年代起，一代学者便开始收集关于哈布斯堡王朝的收入与支出、贷款合同与白银进口、船队抵港和财务结算细节等信息。倘若没有 I. A. A. 汤普森(I. A. A. Thompson)、约翰·H. 艾略特(John H. Elliott)、杰弗里·帕克(Geoffrey Parker)和莫德斯托·乌洛亚(Modesto Ulloa)以及许多其他人的辛勤工作,这本书是不可能完成的。我们的第一个任务是系统整理和调查早期的学术研究,我们很快发现(尽管不是很确定,但有合理的信心)重建菲利普二世统治期间完整的年度财政账户是可能的。为此,我们必须获得每年借款金额的确切信息,因此,我们开始收集更多关于菲利普二世短期借款的详细信息。我们整理的关于阿西托恩(asientos)短期贷款的新系列数据是对档案研究的一项重大投资。这些数据扮演了关键角色,它们能够使我们重建关于总债务、支出和收入的年度序列等。

随着统计框架的到位,我们可以在坚实的经验基础之上研究基本问题。菲利普二世的债务增长是否比他的收入增长更快?在支付他的军队以及威风凛凛的宫廷之后还剩下多少钱?菲利普二世必须借钱来支付利息吗?证据有力地表明,1566 年之后的哈布斯堡财政状况非常好:收入与支出同步增长,债务负担没有爆炸式增长,平均而言还有足够的钱来偿还债务。从大多数方面来看,菲利普的帝国在财政上甚至比 18 世纪的英国更稳健——鉴于后者获得了许多赞誉,这是一个了不起的事实。事实上,即使在保守的估计下,哈布斯堡西班牙的财政也是可持续的。与财政体系在自身重压下崩溃的确凿证据相去甚远,停止偿付并不是由于支出和收入之间不可弥合的差距造成的。支付停止或者与之类似的法令,只是反映了暂时的流动性冲击;多年的高昂军事开支加上来自西印度群岛的低收入可能导致国王重组他的债务。我们认为,这些事件(尽管不常见)在很大程度上是由贷方预见到的。我们还发现,他们并没有破坏向西班牙国王借贷的盈利能力,那些银行业王朝通常并没有离开:同一家族在数十年的时间里持续地提供资金。几乎所有的银行家都赚了钱,并且他们中的大多数都得到了健康的回报率。

放贷人可能不知道何时发布了特定法令,但可能发生偿付停止这一事实并不让他们感到惊讶。并不是"这次不一样"的信念以及源源不断的容易上当的银行家愿意借钱给"来自地狱的借款人",从而导致了非理性繁荣时期;相反,银行家们知道"下次还是一样的":作为接受这种风险的交换,他们得到了丰厚的回报,在情况较好的时期,平均回报率并不低。通过这种方式,菲利普二世的贷款人既提供保险又提供融资;面对逆境,国王就不必履行他的所有还款义务。重要的是,在这种情况下,违约也是可以接受的,[①]因为它们发生在真正糟糕的时期。结合大量合约中的应急条款,西班牙的借贷体系在1566年之后得以幸存并蓬勃发展,正是因为它内置了大量的灵活性,而不是因为所受到的冲击本身很小。

我们的研究结果表明,违约和完全履行义务之间的对比实在太过僵硬。相反,银行家们和君主会同意以可能发生的大量不同事件为条件进行还款,其中一些协议是含蓄的。从理论上讲,合约执行的可能结果包括从完全履行贷款协议中的还款义务一直到彻底拒绝偿付,然而后者却从未发生。银行家们大多得到了他们所承诺的报酬,而且大多数确实发生的修改实际上都是事先商定的。一些不可预见的事件可能导致个别贷款偏离事先商定的合约,然而下一个合约将会为未偿付的债务提供一些解决办法,以换取新的资金。当遇到大的冲击,并且不能提前商定合约时,例如一次重大的军事挫折,国王将不得不重新谈判以前的贷款条款。正如我们根据档案记录回溯的那样,当时贷款进展得很迅速,条款和条件也没有任何重大的变化。

该体系能在破产之后幸存下来并且基本保持不变,这需要进一步的解释。这种安排显然对所有各方都有利,但经济生活中充斥着看似有效的、提高福利的负面交易结构,短视和贪婪竞争最终造成了分崩离析。1575年和1596年的危机期间(这是菲利普二世统治时期最大的违约)并没有崩盘,这让人感到吃惊。贷款体系发挥了作用,尤其是因为银行家在危机时期充当了一个角色,在国王不为旧贷款提供解决方案时切断了他们的新贷款。每一次,国王的顾问们都试图与一些银行家达成一项特别协议,无论是热那亚富有的斯皮诺拉(Spinola)家族还是奥格斯堡的富格尔家族。每次,他们通常带有威胁性质的特别优惠都被拒绝,并且没有削减任何附带交易。贷款人一致行动,这就是为什么停止付款的解决方案被称为一般结算(medio general)。[②]

---

① 在这方面,它们与1800—2000年期间的两百年的一般模式不同,当时负面冲击和违约之间的联系最弱(Tomz and Wright,2007)。

② 例外是1557—1560年初期的破产,我们在第四章中将会更详细地讨论。

005

为什么没有贷款人不顾同行的愤怒去采取可能非常有利可图的交易？我们认为有两个关键因素。首先，菲利普二世的主要银行家——热那亚人，他们维持着紧密的联系网，通过重叠的集团贷款，银行家们彼此之间互相承担义务，这使银行系统的秩序很难被打破，其中家庭关系和社会压力也发挥了作用。第二，更重要的是他们知道，任何人与西班牙进行特殊交易都可能会被反过来违约。所谓的刺激性政策是指，任何一个不考虑新交易的贷款人如果打破偿付暂停，就会诱使其他出借人也向国王提供更好的条款（这就陷入一个恶性循环中）。① 因此，尽管王室方面提供了大量的优惠，但是这种延期偿付的情况却从未被打破。通过检查富格尔兄弟的大量信件，我们能够证明代理人很清楚这种刺激性政策安排。

由菲利普二世和他的银行家们发展起来的主权债务体系在对抗性和合作性特征之间取得了平衡。糟糕的时候，银行家们肩负着沉重的负担，并满足于"削减"（减少本金和应计利息）、降低利息支付和延长到期日。与此同时，这个体系之所以能奏效，正是由于银行家们在经济不景气时并没有投机取巧地屈服于国王的借贷要求——当国王违约期间不会被提供新的贷款，即使他从法令上剔除豁免相关的金融家也是这样。

西班牙的权力和影响力在查理五世和菲利普二世的统治时期达到顶峰，此后又逐渐衰落。早期的一代研究者们认为，违约是财政失败的预兆：财政失误至少加速（甚至导致）了西班牙最终从大国地位上的衰落。根据这种观点，一个负担过重的经济体迟早要衰退。归根结底，军事野心与财政资源之间的差距导致了政治和战略地位的恶化。然而我们的结论恰恰相反：西班牙的衰落不是因为其财政政策的执行方式，而是尽管有着一流的公共财政体系，还是难以抵挡国家的衰落。正如最近的研究有力地证明，直到 1600 年，西班牙的经济表现与其他欧洲国家相当（Alvarez Nogal and Prados de la Escosura, 2007）。国际比较表明，西班牙的收入、支出和债务发行等方面的管理成效至少与英国、法国以及荷兰的鼎盛时期一样甚至更加负责任：相对收入的支出没有上升得更快，债务负担也没有在更高的比率上达到峰值。

---

① 在这里，我们从肯尼斯·克莱策和布莱恩·赖特（Kenneth Kletzer and Brain Wright, 2000）的理论研究中得到启发。

序　章

　　西班牙作为一流欧洲国家的终结不应归咎于"帝国的过度扩张"政策，那么应当是什么呢？我们认为，是"国家建设"不足加上战争失利播下了西班牙最终衰落的种子。战争时期国家融资的压力并没有推动西班牙建立一个更加统一、集中的国家，"国家建设"与国家能力的水平还是远低于英国或法国(Epstein,2000;Grafe,2012)。① 这其中的一部分原因是，该国一开始就更加分散，并且在国家发展的关键时刻，白银大规模地涌入，从而使得菲利普二世同卡斯提尔议会(Castile's representative assembly)，也就是同西班牙"科特"(cortes)②的妥协变得消耗巨大。

　　文艺复兴时期一位有影响力的历史学家雅各布·伯克哈特(Jakob Burckhardt)曾经写道，历史的重点并不是要"下一次明智"，而是"永远的明智"。我们不认为，如果监管者和政策制定者盲目地复制西班牙哈布斯堡的公共财政体系，今天的金融体系就会得到很大改善。它的许多特点，例如贷款集中在一小群紧密联系的金融家手中，以及由于多次战争而迫切需要融资，现在不能也不应该被复制。重要的是贷款人和国王的顾问在构建政府借款体系以将长期、严重的信贷关系中断风险降至最低方面取得了惊人的成功。看起来，该体系值得仿效的原因，并不是因为它每个制度的特征，而是因为它的有效性和灵活性。如果可以克服刺激性问题，并在大帆船与马背上的信使时代找出有效的风险共担安排，那么在卫星、喷气机旅行和互联网的时代里或许可以找到解决状态依存债务挑战的办法。

---

　　① 关于国家经济增长能力的重要性，请参阅比斯利和佩尔森(Basley and Persson,2009、2010)的研究。

　　② cortes是西班牙文corte(宫廷)的复数，意思为"议会"，本书将根据上下文酌情将其译为"议会"或"科特"。12—13世纪伊比利亚半岛各基督教王国先后召开有贵族、教士和市民代表参加的议会，第一个"科特"于1162年在阿拉贡成立，莱昂的最早可追溯至1188年，卡斯提尔的第一个"科特"在1250年成立。——译者注

第一章　炮声中的借款

扭曲的贷款

　　1596 年的冬天,一位名叫吉奥·吉罗拉莫·迪内格罗(Gio Girolamo Di Negro)的热那亚商人仔细审视着他的账簿,他并不算是一个幸福的人。[①] 他的公司致力于商业活动和信贷业务,但只有一小部分业务正在盈利。总的算起来,吉奥·吉罗拉莫掌控着不到 10 万热那亚里拉(Genoese lire)的资产,与码头工人和自己的仆人相比,他是极其富裕的。但与此同时,与构成热那亚社会上层阶级的金融家们相比,他的财富却很少。由于吉奥·吉罗拉莫目前营生的年利润率约为 3%,所以他永远不可能像城中其他有权势的人一样富裕和强大,[②]他又能做些什么呢?

　　吉奥·吉罗拉莫的思绪转向了许多领头的热那亚银行业家族向卡斯提尔王室(Castilian Crown,也译作卡斯蒂利亚)提供的贷款。尽管在 1575 年(大约 20 年前)还款停止期间发生了一些不愉快的事情,但热那亚的贷方为哈布斯堡王朝的一系列战争提供了大量资金。碰巧的是,他的亲戚尼科洛·迪内

[①] 我们故事的文献基础包括在马德里签署阿西托恩(asientos)短期贷款合约的账簿,迪内格罗—皮切诺蒂(Di Negro-Pichenotti)合作伙伴的账簿以及吉奥·吉罗拉莫(Gio Girolamo)的主账簿,这些使我们能够确定日期和金额,并计算各种收益率和回报率。其余细节,只要没有特别提及,都是虚构的。意大利和西班牙银行家之间没有任何信件保存下来。

[②] 吉奥·吉罗拉莫(Gio Girolamo)的主账簿——分类账(libro mastro)——保存在热那亚多利亚档案馆(ArchivioDoria di Genova, Inventoria Doria, 192),这里引用的资本和利润数字对应于 1596—1598 年。

格罗（Niccolò De Negro）刚刚为他提供了一个机会，让他从事向西班牙国王提供贷款的业务。作为在马德里成立的迪内格罗家族的四位成员之一，这位兄台经常自称尼科洛或者尼科劳。像大多数为西班牙王室提供阿西托恩短期贷款（著名的 asientos）①的热那亚银行家一样，他将自己的名字西班牙化。②法律要求任何与王室进行金融交易的人必须是卡斯提尔国民；虽然这对参与贷款业务的许多外国人来说从来都不是什么大障碍，但它有助于在官方交易中使用西班牙名字。③ 当然，在马德里与王国政府进行复杂的谈判时，有一个西班牙国民的身份还是非常有利的。

尼科洛是王室金融界的新成员，但他的家族却有着丰富的经验。迪内格罗家族最早的一笔贷款是在 30 年前的 1567 年由胡安·安东尼奥·迪内格罗（Juan Antonio De Negro）借出的。多年来，迪内格罗家族的各个成员都曾向卡斯提尔王国提供借款，回报一直很好，该家族的西班牙贷款最终会平均获得 14% 的收益。比起他的祖父和亲戚，尼科洛以不寻常的精力去做生意，他加倍地扩展了信贷业务，提供的信贷比他的前辈和亲戚的总和还要多。1595 年 5 月 5 日他首次向国王提供的贷款就有差不多 50 万杜卡特（ducats）。④ 这是一笔很大的数额，并且超过了任何银行家个人贷款的上限。不久之后，他与奥古斯丁·斯皮诺拉（Agustín Spinola）建立了合作伙伴关系，奥古斯丁·斯皮诺拉是一位老练的金融家，并且还是强大的热那亚银行家里的一位杰出成员。⑤迪内格罗与斯皮诺拉将于 1595 年和 1596 年再次提供 140 万杜卡特，这些资

---

① asientos 是卡斯提尔王室与贷款人、银行家签订的短期贷款合约的名称，其本意即为"合约"，本书将其音译为"阿西托恩"。——译者注

② 在整本书中，我们将通过档案文件中出现的名字来提及这些银行家，其中大多数是西班牙化的名字，如尼科洛·迪内格罗。有时，原意大利语、德语、葡萄牙语的名字被保留，但姓氏总是用西班牙语的 De Negro 写成，而不是意大利语的 Di Negro。

③ 与热那亚和里斯本居住的银行家签订了几笔贷款。当时一些比较著名的金融家富格尔（Fugger），在马德里就没有长期的家庭存在。即使在 1575 年的破产期间，他们也选择通过代理人托马斯·米勒（Thomas Miller）进行所有谈判。

④ 杜卡特，是威尼斯金币的名称，也是卡斯提尔的账户单位。在 16 世纪的卡斯提尔，价值 1 杜尔特的硬币很少铸造，没有广泛流通。最常见的货币形式是银币，通常在西班牙或其新大陆殖民地铸造。杜卡特仍然是用于官方业务的标准账户单位，平均每笔贷款近 20 万杜卡特，而王国政府 16 世纪末的预算平均为 1 000 万杜卡特。16 世纪末在马德里的非技术工资大概是每天 0.25 杜卡特（Hamilton, 1934）。有关详细信息，请参阅第 4 章。

⑤ 奥古斯丁是斯皮诺拉家族中的常见名字。与迪内格罗合作的这位已经在 1578 年进行过贷款。

金中的大多数将以每月定期分期付款的方式在安特卫普交付给佛兰德斯军队的出纳员。这些钱一旦到达那里，将用于支付士兵的军饷、购买食物以及维持哈布斯堡政治和军事机器的运转。自16世纪60年代以来，西班牙一直在与低地国家的血腥叛乱作战——这场冲突最终被称为"八十年战争"。正如所有近代早期的欧洲战争一样，它需要"钱，更多的钱，一直是钱"。[①] 而正因为如此，国际银行家们提供（和转移）的资金成为西班牙君主竞逐欧洲霸权的一个关键环节。

斯皮诺拉与迪内格罗在1595年和1596年提供的贷款在任何一年都覆盖了近15%的王室预算。没有哪个谨慎的银行家会在自己的投资组合中承担这么大的风险。因此，迪内格罗联系了正在寻求良好投资商机的商人和家族熟人，包括热那亚的亲戚吉奥·吉罗拉莫。不过，吉奥有兴趣投资一部分贷款吗？如果他同意的话，马德里银行家将收取1%的中介费，并且，吉奥·吉罗拉莫将按照原始阿西托恩短期贷款（asientos）中规定的相同条款获得利息和资本偿还。

吉奥·吉罗拉莫向他的临时合作伙伴拉扎罗和贝内德托·皮切诺蒂兄弟（brothers Lazzaro and Benedetto Pichenotti）提出了这个提议，他们决定建立一个单独的伙伴关系（迪内格罗-皮切诺蒂合伙），主要目的就是投资西班牙的阿西托恩短期贷款；吉罗拉莫投资了其中的50%，皮切诺帝兄弟则供应了剩下的一半。[②] 投资初期，他们的投入非常谨慎。迪内格罗-皮切诺蒂合伙首先参与投资了一个总数额为20.8万杜卡特的短期的贷款，这笔贷款由斯皮诺拉和迪内格罗在1596年2月24日认购。[③] 迪内格罗-皮切诺蒂合伙贡献了其中的5 265杜卡特和4 500意大利埃居（ecus），这只占总贷款的不到5%的份额。[④] 如

[①] 这是特里维尔斯（Trivulzio）元帅在法兰西准备入侵意大利时对路易十二的建议（Ferguson, 2001）。

[②] 为不同的企业建立独立的合作伙伴关系，有助于会计工作，同时为缺乏有限责任的世界提供一些保护，迪内格罗-皮切诺蒂合作伙伴关系的主账簿在热那亚多利亚国家档案馆（ArchivioDoria di Genova, Inventoria Doria, 193）中找到，首先由Giuseppe Felloni(1978)确定。我们转引了他的表述。

[③] AGS, Contadurías Generales, Legajo 92. "Los dichos Agustin Spinola y Nicolas de Negro, asiento tomado con ellossobre 90,000 escuds que se han de proveer en Milan y 112,500 ducadosen estos reinos."

[④] 由于这笔贷款是在米兰交付的，这些都是意大利埃居（Italian ecus），1596年，每单位意大利埃居相当于1.065杜卡特。

果一切顺利,到 1600 年 3 月贷款全部偿还时,他们可以年均获得 10%的回报率。[1] 马德里银行家会按照相同方式将王室偿还的利息和本金发放给吉奥·吉罗拉莫和他的伙伴。[2] 这样,热那亚的合作伙伴要等待两年,直到 1598 年才能收到他们投资的第一笔收益。

回到马德里之后,为了提供更多的资金,斯皮诺拉和迪内格罗面临着越来越大的压力。财政委员会(Council of Finance)新任总理波萨侯爵(Marquis of Poza)对银行家采取强硬态度,要求他们提供大量的短期贷款。有传言说,这位侯爵曾经威胁当时首屈一指的金融家安布罗西奥·斯皮诺拉(Ambrosio Spinola),如果他不抓紧落实一些以前已经商定好的贷款,就会被判入狱。[3] 对于任何略懂政治的人来说,侯爵的脾气如此暴躁的原因再明显不过了:除了佛兰德斯旷日持久的战争之外,英西战争也给国库带来了巨大的压力;1596 年 7 月,一支英国和荷兰联合远征军攻占了加的斯(Cádiz);西班牙的海军需要加强,并且西班牙参与的法国宗教战争也需要源源不断的资金。这些事件让波萨心烦意乱,但这也迫使他向银行家提供良好的条件。7 月 26 日,斯皮诺拉和迪内格罗同意向佛兰德斯提供超过 100 万杜卡特的贷款,分 14 个月支付,要求政府在 1599 年 3 月之前全额偿还。这笔贷款的收益率为 17.6%,按照任何标准衡量这都算是不错的回报。也许是因为这极其诱人的条款,吉奥·吉罗拉莫和皮切诺蒂兄弟也参与了这个阿西托恩短期贷款,贡献了 3 万佛莱芒埃居(Flemish ecus,折合约 29 300 杜卡特)。

每个阿西托恩短期贷款在其第一页上都相同地标有两个字:国王(El Rey)。从 1556 到 1598 年,这两个字这意味着西班牙的菲利普二世,他们的天主教陛下,历史上第一个真正"日不落"的君主。从佛兰德斯到北非,再从美

---

[1] 我们根据合同条款中暗示的现金流量计算回报率。有关我们方法的详细说明,请参阅第 6 章。

[2] 有证据表明,交易经营收益被排除在利润之外传递给零售投资者。在"Pichenotti-Di Negro"账簿中,这里的埃居的价值是以国王和马德里银行家所同意的汇率为代价,而不是按照其金属含量。这表明马德里银行家保留了交易所获得的利润。

[3] 安布罗西奥·斯皮诺拉是当时最大的贷款人。随着军事压力的加剧,他开始怀疑官方可能会违约,并拖延或不履行对现有贷款合同的承诺。卡门·桑兹·阿扬(Carmen Sanz Ayán,2004)利用波萨侯爵与菲利普二世最亲密的部长克里斯托瓦尔·德穆拉的通信,记录了波萨为了让斯皮诺拉交出承诺资金而采取的行动和威胁。

洲大陆到菲律宾,菲利普二世时代的西班牙帝国确实是没有对手能够与之比肩。广袤的领土由一个注重细节的官僚机构经营着,产生了大量关于政府最神秘方面的文件。

菲利普二世的父亲、神圣罗马帝国的皇帝查理五世,曾花费大量时间在他的欧洲领土上巡游,并经常率部亲征。而菲利普二世则宁愿长时间坐在自己的办公桌前,亲自研究一大堆国家文件,裁决所有的重要事务。① 他经常在埃尔埃斯科里亚的圣洛伦佐修道院(San Lorenzo de El Escorial)的苦修室内工作,并根据顾问们的详细陈词和备忘录做出重大的战略决定。菲利普二世对于细节的深究,经常使他的部长和军事指挥官们感到崩溃。一个著名的例子,国王首先决定了武装入侵英国的"无敌舰队"计划,然而在里斯本的舰队装备工作却花费了很长时间,其中的重要原因便是国王曾多次下令将准备好的船只转用到其他行动上。除此之外,菲利普二世对于马德里的事务无论巨细,事必躬亲。当菲利普二世在4年后终于把全面的行动指挥权交给麦地那-西多尼亚公爵(Duke of Medina-Sidonia)时,这支舰队才达到了预期的实力。② 到达菲利普二世手上的文件报告总是被反复阅读,并且经常是在页边缘写满了他的批示之后被返回。每一份获得批准的文件,包括所有的阿西托恩短期贷款,都标有他明确的签名"Yo, el Rey"。

到1596年,菲利普放缓了他的工作节奏。这时他已是一个风烛残年的老人,并且在过去的十年中,他饱尝痛风病给他带来的痛苦。他已停止亲自草拟手谕,当他强忍关节炎把笔放到纸上书写时,他的字迹也会变得难以辨认。他几乎很少离开他在埃尔埃斯科里亚的会议厅,要知道他曾经在那里完成了1557年的圣康坦战役(Battle of St. Quentin)前的宣誓,而圣康坦战役是他当国王以来取得的首次作战胜利。到16世纪80年代后期,主管军国大事的议员唐·克里斯托瓦尔·德穆拉(Don Cristóbal de Moura),已经当上首席部长,成为菲利普二世的心腹重臣。在1592年,菲利普二世又让他的这位亲信成为国王私室的总管(Sumiller de corps)。要知道,这个所谓的总管是国王每

---

① 对于菲利普二世的优秀传记,请参阅 Parker(2002)。
② 关于菲利普二世对无敌舰队的管理,见 Mattingly(1959)。

天早上最早见到的人,而这恰是国王一天中感觉良好的一部分时光。① 出生于温和的葡萄牙小贵族家庭的德穆拉,能够不受限制地伴国王左右,这也使得他本人的意见和看法对国家事务产生强烈的影响。正如施密特(Schmitt,1954)曾经说道:"在任何中央集权政府中,接近权力持有者是掌控权力的关键。"② 另外,这种情况也会促使统治者依赖于下属提供的信息。理论上,菲利普二世仍然坚持把自己的所有重大决定权保留下来,即使在他生命的尽头,他也只是授权他儿子代表他签署非关键文件。然而,德穆拉对国王的影响正在逐步加强,到16世纪90年代后期,"菲利普二世的声音越来越多地以唐·克里斯托瓦尔笔迹的形式被听到"。③

德穆拉向菲利普二世进言,要求任命波萨侯爵担任财政委员会的总理,而波萨于1596年6月即任这一职位。德穆拉和波萨是好朋友,并且他们在王宫为升迁而激烈竞争时也能保持良好的关系。上任之后,波萨不得不处理一个可怕的情况:加的斯耻辱的灾难除了心理影响之外,还造成了一列准备航行至西印度群岛的舰队的损失。④ 海战需要新的大帆船,布列塔尼和佛兰德斯的士兵如果长时间缺饷,则可能发生哗变。不过,最让这位总理惶惶不可终日的,还是短期贷款。要知道,还有1 400万杜卡特的债务尚未偿还,如果他这么想的话,这个数额超过了西班牙整整一年的收入(Castillo,1972)。尽管这显然是夸张的说法,但是7月份还是要偿还将近80万杜卡特,而10月到12月期间还有另外的180万杜卡特要偿还。⑤

波萨与这些签署了阿西托恩短期贷款的银行家们不存在友情,在写给德

---

① 哈布斯堡宫廷的结构和礼节是在查理五世引入和仿照勃艮第宫廷的基础上建立起来的。国王私室总管(The sumiller de corps)负责国王的私人事务,包括每天早晨向他递上毛巾和水盆,侍奉晚餐,倒酒。Sumiller确实是法兰西侍酒师的别称,地位远远超过私人的仆人,他们都是高级政府机关人员,权力和影响力超出了他们的宫廷地位(Martínez Hernández,2010)。
② 有趣的是,卡尔·施米特(Carl Schmitt)通过使用弗里德里希·席勒的《唐·卡洛斯》(*Don Carlos*)中的一个场景说明了自己的观点,其中虚构了波萨侯爵允许立即接近菲利普二世。此后,事件转向悲剧。
③ 关于唐·克里斯托瓦尔·德穆拉(Don Cristóbal de Moura)在菲利普二世统治的最后十年中所扮演的角色,请参见马丁内斯·埃尔南德斯(Martínez Hernández,2010)。
④ 关于加的斯之围的同期记录,请参阅De Abreu(1866)。
⑤ 短期债务的所有汇总数字是根据第3章所述的我们的阿西托恩系列计算的。对于其他数字,连同事件的时间顺序描述,参见De Carlos Morales(2008)。

穆拉的信件中，他痛斥了这些银行家们攫取钱财的方式。他写道，如果他能够决定的话，他绝不会让这些人好过。① 所以自他上任伊始，就开始打算将国王的收入整理得"没有负担"——这是一个停止所有还款的委婉表达，目的在于迫使银行家们将这些债务转化为低利率的永久性债券。② 波萨开始收集热那亚银行家们的不法行为和过度收费的证据，与此同时，他还针对与斯皮诺拉、迪内格罗等签署的大型阿西托恩短期贷款进行了一轮新的谈判。提供有吸引力的条件很容易，但是在这个阶段，波萨可能没有想要善待这些银行家。③ 有一个相对较早的先例：1575 年的暂停还款。如今与当时面临的情况有所类似：荷兰的叛乱正在肆虐、地中海舰队需要巨大的开支来维持勒班陀战役后获得的战略优势、短期债务似乎难以控制。然而尽管动荡不安，但是王室政府的财务状况也已稳健起来，不再需要另一个七年的短期贷款，再加上稳定的操作，国家机器可以再次正常运行。

1574 年，当菲利普二世的部长们敦促他发布破产令时，他犹豫不决，整整推迟了一年多。当时国王寄希望于出现一笔意外之财、战争的迟缓或者一些其他的外部介入来使他避免违约。④ 可以理解，国王金口玉言，对自己说过的话一言九鼎，不会轻易决定暂停还款。然而这一回，他非常迅速地接受了这个想法，这也许是因为德穆拉的影响力，国王甚至建议他的部长和议长们参照 1575 年的先例作为借鉴。

暂停还款的法令于 1596 年的 11 月 29 日发出，对于经历过 1575 年暂停还款的少数银行家们来说，法令的文字听起来很熟悉。国王宣布他很悲伤，因为在过去几年里很少有贷款人继续提供资金，除此之外，国王对银行家们过去几年来向他索要高利息感到震惊。⑤ 所以这项暂停还款的法令同时也对利息回报和贷款业务整

---

① "Cadadía boy descubriendo contra estos jinobeses casos, que si a S. Mg. y a sus ministros no noscombiniese cumplir nuestras palabras, no me bería harto de su sangre"（cited in Sanz Ayán, 2004）.

② 西班牙语词语 desempeñar 意味着释放已经承诺服务于阿西托恩的收入来源。从技术上讲，由于贷款被转换为长期债券，其服务只是以较低的利率转为不同的收入来源。详细讨论，请参阅第 4 章。

③ 在我们对德穆拉、波萨和菲利普二世之间讨论的叙述中，我们依据的是 Sanz Ayán（2004）的著作。

④ 有关 1575 年破产及其随后解决的详细情况，请参阅 Lovett（1982）。我们将在第五章进一步探讨。

⑤ 关于暂停之后的事件的总结，见于 Ulloa（1977：820）。

体的合法性、道德性提出疑问。为了纠正这种情况,在所有的合同和还款已经得到适当审查之前,政府不会支付任何债务。另外,利息要与"惯例"相符,为此还建立了一个专门的委员会——"政令委员会"(the Junta del Decreto)。

暂停还款的时机是战略性的:两天后就有超过 120 万杜卡特的借款到期。一些金融家们试图为自己争取到特殊的地位。有些人像安布罗西奥·斯皮诺拉一样,试图利用自己的财力试探国王,是否同意继续偿还他们之间的短期贷款,以换取自己更多的贷款。另外一些人,例如苏里(Sauri)兄弟,他们奋力疾呼,宣称如果贷款没有回报,那么将会有许多少女、寡妇和孤儿(苏里兄弟转售贷款的参与者)跟着受苦。① 然而这些努力是徒劳的,他们很快清楚,力量属于多数的那一派,银行家们成立了一个被称为"总体解决方案公司"(the Company of the General Settlement)的协商小组。

与此同时,回到热那亚,吉奥·吉罗拉莫、皮切诺蒂兄弟以及无数的小投资者都为他们的好运气而沾沾自喜(他们的贷款合同避开了这次还款暂停)。二十年来,在大部分时间里,他们向西班牙王国政府的贷款工作顺利进行,有时候甚至能够得到高效回报和即期还款。然而另外一些投资者,如安布罗西奥·多里亚,向西班牙的联络员寄去了一封又一封充满愤怒的信件,其中大部分都没有得到答复。② 还有一些人在惴惴不安中等待着,1575 年的历史经验告诉他们会有什么情况出现:减少资本偿还并延长还款期限。在很可能的情况下,他们遭受的损失与马德里银行家暴露出的损失不相上下。这种被称为"同一硬币的两面"的原则很可能会让他们获得低利率的回报,而不是合同承诺的有吸引力的现金回报和及时偿还本金。③

---

① 这是一个普遍情况。威尼斯商人乔瓦尼·多梅尼科·佩里(1672)在 1638 年写道:1627 年破产的影响如下:"Oltre la rovina degli Assentisti, hanosi questi ritirato a dietro molti, che gli soccorevano di rivelantississ partite, e fra gli uni, egli altri, sono restate esterminate molte ricche famiglie, e molte Vedove, e pupilli insiememente ridotti a miserabile povertà"(除了银行家的废墟,还有其他几家为他们提供资金的金融家退出了业务,在一个人和其他人之间,许多富有家庭被灭绝,许多寡妇和孤儿同时沦为悲惨的穷人)。

② ADG, Inventario Doria, 490. "Registro copialettere di Ambrogio D'Oria 1590/1597 piú alcuniscritti vari posterirori del 1657/1670."

③ 关于提供 la misma moneda 对热那亚公司和个人的影响的概述,请参阅 Neri(1989)。为了让投资者获得他们的原始资本支出,债券(juros)将需要出售。这是可以获得皇室许可的,并可以得到一费笔则。

马德里的谈判会议以神学的传统形式召开,"政令委员会"咨询了王室成员的御用神父,他们认为银行家们从事高利贷活动,依照旧法律,应当没收其资本。然而贷款公司以自己的一套神学意见给予了回复,指出国王本人已宣布利益合法,并暂停适用任何其他法律。由于法律与规则的较量可能是一场刺激性的智力对决,所以它并不会持续很长时间。官方已经有预见性地积累了一个小型的战争金库,以备在暂停还款期间继续资助军事行动。[1] 尽管如此,王室政府与银行家们都知道国王最终需要完成支付才能重新获得信贷,与此同时,银行家们也感到压力倍增,因为政府破产后的暂停还款使银行业务陷入了停顿,削减了利润。[2]

"政令委员会"对未偿的短期贷款的调查带来了惊喜,他们发现,所有的短期债务都加起来,总计700多万杜卡特,这大约是财政部门原先估计的一半。在此应当注意,财政计算出现误差并不稀奇,因为近代早期的国家并没有建立起一个能够及时跟踪财政账目和未偿债务的财政部门,然而,这个错误与之前的错误一样致命,皇家财政其实比波萨认为得更健康,也许宣布破产的决定是错误的。[3]

详细的会计工作肯定有好处:官方达成快速解决方案会有更多的余地,并且可以在很短时间内解决问题。银行家们与王室政府于1597年11月达成协议,所有未偿短期贷款将会转换为在未来几年内发行的长期债券组合(combination of perpetuities),以现值计算,这意味着银行家损失了20%。双方几乎是立即安排了新的短期贷款。其中包括来自"总体解决方案公司"的大量银行家。新的短期贷款回报率高达89%,这是一种为违约提供额外补偿的拙劣形式。[4]

---

[1] 暂停付款的决定早在1596年11月9日,当时发出秘密指示,锁定在贸易署的财产,并暂停支付其他款项。就在那天,贸易署向米兰派出了100万杜卡特,富格尔银行于1597年4月从米兰转移到了佛兰德斯(Ulloa,1977:820)。

[2] 王国政府破产会导致流动性紧缩,通常整个欧洲的支付交易也会随之停止。参见Pezzolo和Tattara(2008);Marsilio(2008)。

[3] 1596年破产主要是会计错误的结果的这种论点首先由阿尔瓦罗·卡斯蒂略(Alvaro Castillo,1972)提出,然后由胡安·格拉贝特(Juan Gelabert,1997)提出。

[4] AGS,Contadurías Generales,Legajo 93. "Francisco y Pedro de Maluenda,Nicolao Doria,Marco Antonio Judice,Nicolao de Fornari,Juan y Francisco Galeto y otros sus consortes"有趣的是,由于这是一笔新的贷款,特别补偿仅向马德里金融家提供,而不是受到违约影响的下游投资者。

就在此时,吉奥·吉罗拉莫与皮切诺蒂兄弟在热那亚等待着,他们最终收到的长期债券组合与马德里银行家同王室政府的谈判结果相同。因为他们投资的一部分短期贷款在财政违约之前已经被偿还,所以他们并没有失去在和解中达成共识的全部20%。一旦到1600年底账户关闭,他们投资的第一份合约中将会每年损失1.32%,而7月26日参加的那部分投资将会每年损失5.19%,因此他们的总损失年化为4.27%。① 所以,吉奥·吉罗拉莫·迪内格罗此时必然会比我们在故事开头提到他时更加消沉。由于投资西班牙贷款,其整体利润率下滑至2.4%,成为巨富大贾现在更是一个遥远的梦想,但是得益于他早前的小心谨慎,他为此也得到了一些安慰,毕竟只有不到10%的资本用于金融投资。即使他发现自己是地球上最强大君主的一个不起眼的债权人,但整体上对他的财政状况的影响还不大,他的公司还是可以存活至下一次交易和投资的那一天。

卡斯提尔主权金融体系与阿西托恩短期贷款

1596年的这场波及迪内格罗和皮切诺蒂兄弟的破产并不象征着菲利普二世财务管理的创新,要知道国王在他统治期间已经违约了三次(1557年、1560年、1575年)。这些还款暂停被当代人广泛讨论,最终炒到了神话般的地位。因为连续几代的财政史学家把这些违约视为令人震惊的、反复的主权违约的例子。长久以来,西班牙被视为历史上主权违约数量的"世界纪录保持者"②,并且现代撰稿人也喜欢将菲利普二世及其银行家的困境视为非理性的信心与财务管理不善的早期案例。③ 而本书围绕着一个中心问题展开:菲利普二世如何借这么多?他怎么能够如此频繁地违约?

本章开头的故事追溯了热那亚小投资者的资金从原始持有者手中到菲利普二世的财政部门再返回投资者手中的流转过程。我们也知道这笔贷款大部

---

① 关于我们对皮切诺蒂—迪内格罗整体风险的探索以及上游和下游的影响,请关注Drelichman and Voth的专著。
② 西班牙和它的前身卡斯提尔从1500到现在共发生了13次违约(Reinhart and Rogoff, 2009)。
③ 例如,见"债务的黑暗面",《经济学人》2006年9月23—29日。

分被用于战争。战争似乎是持续不断的,佛兰德斯的战争、地中海的战争、英吉利海峡的战争以及大西洋的战争。由于菲利普二世塑造了一种克制和思维缜密的形象,这使他赢得了一个"审慎的国王"的绰号,但是在他漫长统治下的每一年都处在战争中。① 军事冒险有时可以带来许多荣耀,例如菲利普二世在圣康坦与勒班陀(Lepanto)的胜利;战争有时也可能招致灾难,例如"无敌舰队行动"之后的耻辱;有时在战场上的成功还可能得到战略优势:例如神圣联盟将奥斯曼帝国局限在地中海东部地区,并确保了欧洲各国的航线;通过战争他们还可以将领土联系在一起:北意大利与低地国家相连的著名的西班牙之路就是西班牙同法国由于所谓的意大利战争在 1559 年缔结《卡托-康布雷齐和约》(Cateau-Cambrésis)所造成的结果;战争胜利甚至可以增加一个国王的财产,就像在 1580 年西班牙兼并葡萄牙的情况一样。西班牙的战争从未实现的是直接带来现金。由德国银行家开创并由热那亚人改进的金融工具能够调动资本,然后将其转移到需要的地方,但这些资本必须来自其他地区。菲利普二世依赖两个主要资金来源:美洲的白银和卡斯提尔蓬勃发展的经济。

尽管作为西班牙国王闻名于世,但菲利普二世不仅仅局限于这样一个名号。相反,他是几个独立王国的统治者,每个王国都有自己的财政、司法和军事机构,这些王国的税收、规则、法律形式没有统一。在菲利普所有的领土之中,卡斯提尔是最为重要的,它包括现代西班牙 2/3 的土地面积,还包括几乎所有北大西洋海岸线、中部高原和南部的安达卢西亚。卡斯提尔还占 3/4 以上的人口和经济活动,而阿拉贡王国(Kingdom of Aragon)的相对地位自中世纪后期的全盛以来一直在持续下降,并被第一名(卡斯提尔)远远甩在了后面。

卡斯提尔在 16 世纪经历了强劲的经济增长。其人口从 16 世纪 30 年代的 480 万增长到 16 世纪 90 年代的 680 万。② 财政压力增加的同时,也扩展了王国政府的资源。天命使然,卡斯提尔是唯一一个对西班牙在新大陆的属地

---

① 帕克(1998)列出了菲利普二世的不同活动。
② 对 16 世纪卡斯提尔人口的估算是不一致的。我们使用 2007 年阿尔瓦雷斯·诺盖尔(Alvarez Nogal)和帕拉斯·德·拉·埃斯库索拉(Prados de la Escosura)的"共识估计",关于替代数字的讨论也可以在这个来源中找到。马尔萨斯世界人口增长论是经济增长的直接指标(Ashraf and Galor, 2011)。

及其丰富的银矿行使管辖权的王国。要知道这至关重要!① 在16世纪最后十年中,由矿藏收入所得汇款的税收总额占总收入的1/4。② 可见菲利普二世并不贫穷。然而尽管如此,将秘鲁银矿石或埃斯特雷马杜拉镇(Extremadura)的什一税(tithes)转化为佛兰德斯战场上的强大军队仍需要复杂的金融工程。

阿西托恩短期贷款是近代早期众多金融手段中的一种强大工具。查理五世将它首先用于神圣罗马皇帝的贿选资本,它们被德国、热那亚、西班牙和葡萄牙的银行家族所承销,是一种短期的,大部分是无担保的贷款,期限从几个月到几年不等。虽然比永久债券成本更高,但短期贷款可以结合转换操作,这使得西班牙国王能够短时间内在其欧洲领土的几乎每个角落获得大量金融资源。在诱人的承诺回报率背后,是来自美洲通过塞维利亚港(Sevilla)涌入欧洲的白花花的白银、传说中的宝藏船队(treasure fleets)以及卡斯提尔蓬勃发展的经济的税收收入。③ 在一首讽刺诗中,弗朗西斯科·德·克维多-比列加斯(Francisco de Quevedo y Villegas)写道,金钱生于西印度,死于西班牙,葬于热那亚。他忘了补充说,短期贷款(asientos)是它的出生、死亡和埋葬的证书。④ 为了解释菲利普二世如何在他四次违约的情况下依然能够不间断地获取信用,我们将需要详细研究短期贷款的性质和功能。

文件与数据

文件,以及更多的文件。菲利普二世帝国日益壮大的官僚群体被制造出来,而波萨侯爵又碰巧将16世纪90年代的未偿债务高估了1倍。要了解借款和还款的基础、税收和支出的节奏,需要拿到当时的人们都没有的信息。今天,对于拥有统计机构、统计能力的国家,包括这些信息的数据库可以轻易地按一下键盘按钮就得到。它们对于应用国家会计和国际宏观经济学的标准工具至关重要。更加重要的是,相关财政和财务数据需要合理整合,并定期观

---

① 关于16世纪卡斯提尔之优势的历史分析,参见第二章。
② 第三章概述财政制度,第四章重建卡斯提尔的年度财政账目。
③ 我们在第四章中详细描述了卡斯提尔的债务工具。
④ 弗朗西斯科·德·克维多-比列加斯(1580—1645,西班牙著名作家)著名的小说《钱先生》(*Don Dinero*)写道:"金钱生于西印度,死于西班牙,葬于热那亚。"

察。但这远远超出了近代早期分散的新兴民族国家的行政能力。正如波萨侯爵的困惑所表明的那样,统治者和大臣们通常对他们获得了多少收入、花费了多少或欠了多少一无所知。因此,我们对卡斯提尔政府财政体系进行全面评估的努力,需要在任何特定时间相比财政委员会总理获得的更多宏观经济数据。这本书的核心任务之一是收集卡斯提尔的国民账户估计和未清偿的债务详情,由此产生的数据库构成了我们研究的核心。

没有上一代学者的努力,我们无法成书。例如,我们的收入系列是在乌洛亚(Ulloa,1977)的巨大努力的基础之上完成的;他对菲利普二世统治下的皇家财政的近 900 页的研究资料对我们的工作至关重要。① 我们通过汇总几位军事历史学家,尤其是杰弗里·帕克(Geoffrey Parker)发掘的数据,编制了关于卡斯提尔军费开支的第一个全面视图。② 长期债务和人口以及国民收入的估计也从二手文献中收集。③ 最后,我们将皇家官员在每次暂停还款后适当进行的调查结果纳入我们的分析——最后一项调查揭示了波萨的错误。④

菲利普二世从不拖欠长期债务,因此对其违约的分析必须集中在短期贷款上。⑤ 虽然 16 世纪的短期贷款已经成为许多研究的主题,但它们整体上却没有权威的数据来源。⑥ 早期的一些学者,最著名的是菲利普·鲁伊斯·马丁(Felipe Ruiz Martín)和拉蒙·卡兰德(Ramón Carande)研究了个人合约的运作。"尽管进行了详细的探索,但我们并没有对阿西托恩短期贷款条款、条件以及时间演变进行全面分析"(Ruiz Martín,1965,1968)。⑦ 这些只能通过从细节上查阅基础文献来分析。

---

① 我们在第四章中介绍了我们整理的收入系列。
② 我们在第四章中列出了我们整理的一系列军费开支以及所有来源的清单。
③ 对于这些数据的两个值得注意的来源,还有其他一些,请参阅 Alvarez Nogal and Prados de la Escosura(2007);Thompson(1976,1994a)。
④ 这些数据是在几个来源中找到的;我们使用的是 Artola(1982)。
⑤ 一些长期的债券可能会处于劣势,例如那些违反"贸易署"收入的债券。这些交易一般以 40%到 50%的折扣交易,这表明利息支付并不总是如约(Ehrenberg,1896;Ruiz Martín,1965)。
⑥ 乌洛亚(Ulloa,1977)提供了短期债务的年度总结数据,不幸的是双重计算问题。这些起源于将佛兰德斯地区指挥官提供的贷款摘要信息与法院印发的文件相结合。有关详细信息,请参阅第四章。
⑦ 拉蒙·卡兰德(Ramón Carande,1987)为查理五世的统治作了类似的努力。更多的研究可用于 17 世纪。阿尔瓦雷兹·诺盖尔(Alvarez Nogal,1997)在菲利普四世的时代研究了对皇室的借贷;Sanz Ayán(1998)也为查理二世统治做了同样的工作;Gelabert(1999a)涵盖了 1598 年到 1650 年之间的时期。

第一章　炮声中的借款

近代早期的卡斯提尔政府以生产大量文件而闻名。直到1561年，王室没有固定的储存文件的位置，国王经常随身携带他的文件。查理五世是第一个为他的个人文件找到一个永久性位置的人，他将它们藏在巴利亚多利德（Valladolid）附近的西曼卡斯城堡（castle of Simancas）的一座塔楼内。菲利普二世敏锐地认识到维护国家文件的重要性，决定在城堡建立一个适当的档案馆。在他的命令下，建筑师胡安·德埃雷拉（Juan de Herrera，也负责埃尔埃斯科里亚（El Escorial）的设计和执行），重新设计了一些建筑物作为皇家文件的储存库。因此，西曼卡斯城堡成为世界上第一个专门建造成的政府档案馆，其操作规则在1588年发布，同样被认为是现存的第一套档案规则。随着时间的推移，直到19世纪关闭，西曼卡斯档案馆成了王室产生的所有文件的安息之地。①

文件向档案馆的转移起初是随意的，菲利普二世统治初期的记录参差不齐。② 从1566年开始，档案馆开始以高度系统化的方式运作。按主要会计科目（Contaduría Mayor de Cuentas）分为九个盒子，包含1566—1600年发行的每份阿西托恩短期贷款的副本以及其他一些文件。虽然较早的学者已经分析了这些文件，但他们大多依赖于每份合同第一页上的摘要描述。当我们开始研究时，还没有一个学者尝试对贷款文件进行全面编码，这在许多情况，这些文件每份长达20页或更多。经过6年的努力，我们逐份编纂了近5000页手稿。可以说，本书通篇介绍的结论为了解早期现代主权金融世界提供了前所未有的洞察力。③

主权债务市场的起源

在我们详细了解菲利普二世的债务和违约之前，有必要问一下：为什么存在债务？为什么国家需要借贷？他们是如何获得这样做的能力的？虽然反对

---

① AGS，西班牙教育文化和体育部，2012年。http://www.mcu.es/archivos/MC/AGS/Presentacion/Historia.html（2012年8月8日访问）。
② 虽然档案在整个历史中大部分时期得到了很好的照顾，但也确实经历了艰难的时期。据说在拿破仑入侵期间，法国士兵用这些文件作为他们马匹的寝具。一些丢失的文件可能遭受了这个特殊的命运。
③ 第四章详细描述了亚洲的主要数据。

来自地狱的债主

高利贷的规则是人类已知最古老的经济规则之一(Glaeser and Sheinkman, 1998),但是私人之间的放贷几千年来一直存在。然而,政府债务是一个相对较新的发明。罗马和中国的统治者都没有大规模地发展政府债务。奥斯曼帝国在其历史的大部分时间里也没有发行债务。① 中世纪的国王确实借了钱,偶尔也会违约。爱德华三世在1339年宣布停止还款时毁掉了数十名佛罗伦萨银行家,然而,这些债务本质上是私人的。只是随着意大利共和国的出现,国家本身才开始发行债务。正如我们所公认,中世纪晚期的欧洲"发明"了政府债务。

从16世纪起,国家现代化债务规模累计达到国内生产总值的20%至60%。到1800年,负债最大的(和军事上最成功的)国家——英国的债务超过国民总产值的两倍。我们的重点是研究在这一进程的早期阶段,各个国家如何最终积累了巨额的债务,如何建立了支持巨额债务的财政机制。

公共国家(Transpersonal States)的出现

在出现主权债务之前,必须有主权国家——边界清晰、权力中心明确、能够主张暴力垄断、执行司法和大规模增税的国家。它们必须随着时间的推移,坚持控制一个明确界定的地理区域单位,展示稳定的、非私人的制度,并成功地宣示他们的臣民要忠诚(Strayer,1970)。按照这个标准,1500年的欧洲国家是原始的。用查尔斯·蒂利(Charles Tilly,1990:42)的话来说,欧洲大陆被划分为"五百多个国家、准国家、小国和类似于国家的组织"。王子经常效忠于其他统治者——有时不止一个。② 统治者通常依靠"自己过活",这意味着他们的王领收入是主要的收入来源。司法由当地法院和附庸执行;武装部队常常不得不从雇佣兵队长(condottieri)那里雇用,后者是军事企业家,他们会向出价最高的人提供雇佣军。

大卫·斯塔萨瓦格(David Stasavage,2011)分析了欧洲最早发行长期债务的情况。自治城市在领土国家之前成功地发行了长期债务。例如,威尼斯共和国在1262年开始借款,并一直持续到1785年。热那亚和汉堡、锡耶纳

---

① 虽然罗马政治家经常负债累累,罗马财政部却没有出售债券或票据(Frederiksen,1966)。
② 就像普鲁士公爵(波兰王室的封地)一样,他们也是神圣罗马皇帝的臣民。

和佛罗伦萨以及巴塞尔和科隆紧随其后。相比之下,卡斯提尔是最早从15世纪就开始发行债券的国家,这种债券叫做juros。①

尽管缺乏长远的手段,但中世纪的统治者如果接受高利率的话,还是能得到借款,只是规模有限且时间短(Stasavage,2011:图2.2)。例如,爱德华三世在14世纪(在违约之前)从巴蒂(Bardi)和佩鲁齐(Peruzzi)银行家族积累了债务。中世纪的统治者在借款中面临着两个困难:承诺和债务的个人性质。神圣的统治者并不总是倾向于偿还。解决这个问题的办法是让代表大会影响"足够、刚好"的政策以限制滥用权力,同时允许出现强大的行政和强大的财政机制——让国家变得"强大"并善于征税,但受到约束。② 达龙·阿西莫格鲁(Daron Acemoglu,2005)对这一基本问题进行了理论讨论;马克·丁切克(2011)的实证研究表明,受约束和集权的权力在近代早期设法提高了最高的收入。实际上,理想情况下,领土权力必须变得更像是开创借贷的中世纪城邦国家:拥有大量资源和可靠承诺的永久性、超个人跨国实体。

除了承诺问题外,另一方面值得考虑。最初,王室债务是国王的个人债务,而不是王国的债务。在封建的领土国家可以大规模进行长期借款之前,它们必须变得透明,这些债务只能由超越个人的实体承担。然而城邦国家早就解决了这个问题,例如,威尼斯共和国的法团政治结构确保了在执政总督更迭后很长一段时间内仍能偿还债务。

君主的问题更复杂。恩斯特·坎托罗维奇(Ernst Kantorowicz,1957)在一本著名的名为《国王的两个身体》(*The King's Two Bodies*)的书中研究了主权思想的中世纪起源。他认为,在中世纪的政治神学中,国王有两个身体:"自然的身体"和"政治的身体"。前者是凡人,后者是永恒的。一个国王的死亡意味着另一个国王立即登上王位。这一点体现在名言"国王死了!国王万岁!"(The king is dead! Long live the king!),最初被用在查理七世于1422年登基法国王位之时。这个短语也常用于英国、西班牙和丹麦等地。授权

---

① 至少在14世纪以来,juros是由特定收入来源支持的年金或永续金。早期是皇室赠款,以换取政治忠诚或服兵役。在15世纪后期,它们承担了主权债务的所有特征:出售现金,建立资历制度,允许它们在二级市场上交易(虽然要承担交换费用)。参见Toboso Sánchez(1987),另见我们在第三章的讨论。

② 据Stasavage(2011),一个国家的规模是至关重要的,只有相对完整的领土才能让代表们经常去集会,表达他们的关切和监督开支。

(Auctoritas)——国王的权力被立即从已故的统治者转移到新的统治者。

有趣的是,对君主的制度限制实际上与公共国家的出现形成了对抗。例如,在君主必须加冕的情况下,权力的转移不是立即的,而是会延迟。统治者的选举——就像在神圣罗马帝国一样——可能会导致漫长的空缺期。近代早期国家的根本问题是找到一个最佳平衡点,平衡资源的需要与对君主政权的约束,以便还款成为一种可能的前景,同时发展一个永久性的制度结构。绝对主义:不是将它戏剧化,而是诸如让·博丁和塞缪尔·冯普芬多夫等这些理论家演绎出王权法律学说,乃至产生一种国家的法律概念,使其能够做出近乎永久的承诺。[①]

借贷的必要性:战时支出和财政军事国家的崛起

借款的需要与战争费用密切相关。没有什么其他活动能与之一样昂贵。正如16世纪初的学者罗伯特·德巴尔萨克(Robert de Balsac)所说:"战争能否成功取决于是否有足够的钱来提供它所需要的东西。"(Ferguson,2001)对充足资金的需求以及快速增长支出的能力是由技术和政治变革引起的。

1500年之后,一场"军事革命"改变了欧洲的战争(Parker,1976)。火药的发明意味着中世纪的旧式城墙不能再提供有效保护;以前需要经过长期围困的防御工事现在可以在几个小时内被拆除。因此,大炮的广泛使用使得一套全新的保护墙成为必备,即所谓的 trace-itallenne。这些墙壁通常包括由夯土制成的大块舷墙,并且被砖覆盖。周界是高度锯齿状的,因为倾斜的建筑可以增加对炮击的抵抗力。舷墙包括内墙和外墙并被护城河隔开。新的防御工事也意味着战争持续的时间变得更长,许多围困行动经常会持续一年多的时间。

火器的兴起转化为训练士兵的需求。只有持续地训练,"站立"的军队才能达到使用火绳枪和滑膛枪的完美水平。在近代早期,军队通常由雇佣兵组成,而且军队越来越职业化,以本国的贵族担任军官,同时军队还扩大了规模。

---

① 近代早期的政治专制主义与全能霸权的统治同义的观点在文献中越来越受到质疑。相反,仔细观察政府的实践表明,专制主义最好被描述为一种社会安排,以实现精英和皇权的互利(Mousnier,1979)。

相对于总人口1500年之后的军队规模可能相当庞大。例如,虽然罗马和拜占庭帝国的兵力不超过人口的0.5%至1%,但古斯塔夫·阿道夫统治时期的瑞典的兵力却达到了1914年德国的7.5%(6%),并且不落后于1944年的美国(9%)(Gennaioli and Voth,2012)。同样,最初由改装商船组成的海军也变得越来越强大,集中组织这些船只的目的只有一个:那就是在海战中取胜。这些费用非常高昂,18世纪英国船只生产线的花费超过了当时世界上最大的铁矿之都的收入(Brewer,1988)。

1500年以后,战争不仅频繁,而且它似乎成为政治格局的永恒特征。蒂利(1990)计算出,在16—17世纪期间有95个国家进行了大规模的战争,18世纪的战争略少于之前,但仍然战事频发。这期间激烈的战争高潮是在三十年战争期间,如表1所示,在一年中,近一半的欧洲人口受到了军事冲突的影响。军队所使用的武器、常备军的建立、大型军队和海军的崛起,新的防御工事以及高频率和长时间的冲突,这所有的变化使得战争花费变得更加巨大。近代早期的战争胜利很大程度上取决于财政资源;正如马库斯·图留斯·西塞罗(Marcus Tullius Cicero)的名句,无数的金钱构成了"权力支柱"。[1] 事实上,成功的欧洲国家通常将税收的3/4都花在了战争以及相关的活动中。[2]

表1　　　　　　　　　　　　　　频繁的战争

世纪	战争的数量	平均持续时间(年)	战争年份所占的比例
16	34	1.6	95%
17	29	1.7	94%
18	17	1.0	78%
19	20	0.4	40%
20	15	0.4	53%

资料来源:Tilly(1990).

在中世纪初期,战争是一件相对便宜的事情;军队的规模很小,所用劳动

---

[1] "Nervos belli, pecuniaminfinitam"(Brewer,1988)。
[2] 例如,路易十四治下的法国每年在非军事预算项目上花费2 000万～3 000万里弗的旅游费;和平时期的军费大约在5 000万到6 000万之间,在"九年战争"和"西班牙王位继承战争"(Velde,2003)期间达到了1.4亿里弗和1.9亿里弗的高峰。这些数字不包括债务偿还(大部分是在早期的战争中留下的债务)。

力的很大一部分由不得不跟随国王进行战斗的附庸所构成。国王一般都能够"靠自己生活",使用他们的王领收入(Landers,2003)来承担战争开销。然而,很快,中世纪盛期和晚期的统治者开始大量使用雇佣军。[1] 百年战争结束之后,导致财政紧缺情况的部分原因是雇佣军的使用日益增加,这就客观上推动了国王寻求新的收入(Ormrod,1995;Verbruggen,1997)。例如,亨利八世通过解散修道院来弥补他同法国作战的费用。欧洲各地的议会(Representative assemblies)也越来越多地要求以消费税和关税的形式批准额外的资金。虽然很多税收最初被外包,但是在近代早期的后期,越来越多国家开始集中管理间接税。[2] 然而,除了拿破仑战争之外的英国,没有国家成功有效地使用所得税。

随着时间的推移,大多数国家增加了收入。图1显示了不同欧洲国家在不同时间点的总税收收入分布情况。[3] 每个框表示每个时间点的 25 到 75 个

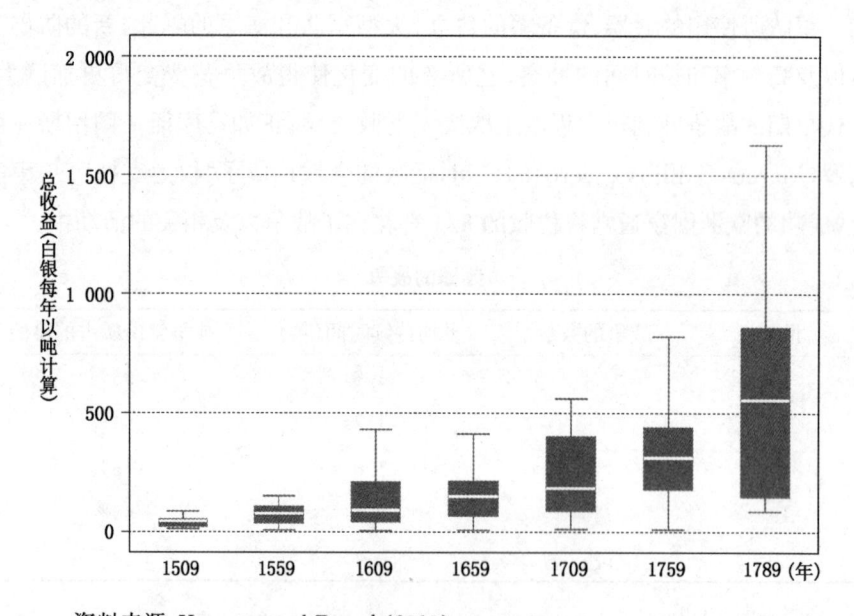

资料来源:Karaman and Pamuk(2010)。

图1 欧洲部分国家的总收入分配

---

[1] 同样,城市越来越多地向公民服役时支付酬金,而兵役最初只是公民的义务(Stasavage,2011)。
[2] 英国海关和税务局是最有效的收入服务机构之一,到18世纪末雇用了8 000多名官员。
[3] 包括英格兰,法国,威尼斯,普鲁士,波兰,荷兰共和国,西班牙,奥地利和奥斯曼帝国(Karaman and Pamuk,2010)。

百分位数的范围。两端的横线描绘了整个分布范围,中线显示中位数。税收总体大幅增长,从 1509 年的每年 214 吨白银到 1789 年的 6 800 吨白银。不同国家的差距急剧增加:一些国家在提高税收方面比其他国家更成功(Besley and Persson,2010)。法国在近代早期增加了 10 倍的收入,而奥斯曼帝国只增加了 50%。

尽管在此期间通货膨胀率和人口增长率都有所上升,但收入增长最重要的驱动因素是人均税收。在 1509 年,欧洲国家人均征税的数额相当于城市工人日平均工资的 3.5 倍;到 1789 年,这个数字已经上升,相当于工人 12 天的工资。一些国家的税收更高。在英国,总收入增长了 8 倍,与此同时人均税收上升了 30 倍。值得注意的是,这些国家如此操作大多不是因为有较高的收入。

建立有效的税收管理是一个国家在近代早期生存的关键。要知道,没有税收能力,就没有借款,没有借款能力,在战场上就无法成功。

一旦统治者拥有了强大的军队,也可以用来消除国内的反对派。以查理五世为例,他成功地在 1520—1521 年间压制了卡斯提尔的公社(Comuneros)叛乱。王室部队在 1521 年 4 月的比拉拉尔战役中制服了反叛民兵,反叛领导人被斩首。卡斯提尔继续成为哈布斯堡领土上征税最多的地区。[①]

对于所有与之相关的事情,绝对主义王权确实反映了权力的部分转移。1500 年之后,这种趋势就是集中力量。王权对暴力的垄断,也使为所有公民制定具有约束力的法律成为可能。历史遗留下来的"福埃罗"(Fueros)[②]和免税(对于神职人员或贵族)受到冲击。建立关税的障碍被外部关税和消费税所取代。尽管进步可能会停滞或反转,就像在西班牙波旁王朝所做的那样——但是在 1500 年之后"潮流明显地涌入进来"。[③]

由成功的军事-财政综合体管理的国家最终主宰了欧洲地图。不同领土

[①] 我们在第二章详细回顾了公社(Comuneros)叛乱的起源和后果。
[②] 从 8 世纪起直到 13 世纪,伊比利亚半岛各王国在收复失地运动中鼓励人们到从阿拉伯国家收回的无人地带上扎根,建立家园城镇,开垦者可获得"福埃罗"(fueros)的优待和好处,享有在王国其他地方不存在的个人自由、权利、特权和义务。8—10 世纪只有 12 个福埃罗,在 12—13 世纪曾发展到 600 个。——译者注
[③] 在阿尔弗雷德·丁尼生勋爵(Alfred Lord Tennyson)的这句话之后:"一个破坏者可能会退去;但潮流正在显现。"这并不是说大多国家轻松克服内部习俗障碍等障碍。在德国和意大利,领土分裂持续到了 19 世纪。在法国,由于旧政权的垮台,习俗壁垒依然存在。定量分析见 Dincecco(2011)。

的拼凑已变成更大的领土单位。例如,英国和苏格兰在1707年的《联盟法》之后统一了,波兰从欧洲地图完全消失。19世纪的整合变得更加迅速,德国和意大利都变成了民族国家。这种整合过程与集权和军事发展相互作用,在发展有效的财政体系和有能力的军队方面落后的国家最终被更成功的大国吸收。

战争的代价并不仅限于公共财政的压力。还可能造成巨大的人口损失和严重的经济混乱。借款将资金的用途从民用转向军事。在英国,导致"挤出效应"——公共支出替代私人投资(Williamson,1987;Temin and Voth,2005)。不过战争的中长期影响很有限。在农业社会,人口损失会有一丝涟漪,提高了人均收入:耕种相同数量土地的人数减少(Clark,2007;Voigtländer and Voth,2013),木房可以快速重建。总的来说,学界一致认为,战争的影响对于产出来说并不是绝对的消极影响。以扬·德弗里斯(Jan De Vries,1976)的话来说,"很难证明军事行动抑制了欧洲经济总产值的增长"。[1]

一些学者甚至认为,18世纪重商主义者对军事力量的极度追求延伸到贸易关系,也为更大的经济财富奠定了基础。可能是由于高度好战的环境,欧洲在1500年以后,军事技术的进步速度比世界其他地区更快(Hoffman,2011)。除此之外,私营企业可能更容易使得技术溢出成为可能。[2]

埃伦伯格(Ehrenberg,1896:6)认为,在近代早期的城市国家,"信贷是争取自由的最大武器"。国王们相当依赖信贷来支配和远离对手。如若没有在战时迅速增加支出的能力,除了军事失败还会遭受巨大的声誉、财富和领土损失。对于每一个政治实体来说,能够借款是天赐之物。然而,随着国家和城邦之间的竞争越来越激烈,战争的长度、强度和成本都在增加。财富耗尽和战场上的失败决定了实力较弱的竞争者的命运;正如一位西班牙军事指挥官雄辩地指出:"谁拥有最后的埃斯库多,胜利就属于谁。"[3](Parker,1998)正是在这样的背景下,菲利普二世背负着巨额债务,违约了四次,同时继续扩张那个已

---

[1] 迈伦·古特曼(Myron Gutmann,1980)认为,在法国的下萨默斯地区等发生扩张战争的地区,经济结构可以成功地适应军队的存在和偶尔的战斗。

[2] 奥布莱恩(Patrick O'Brien,2003)认为英国作为工业强国的崛起很大程度上归功于其好战和重商主义政策。支持这一说法的证据充其量是混合的。

[3] 这是16世纪的军人和外交家唐·贝纳迪诺·德·门多萨(Don Bernardino de Mendoza)的话。埃斯库多Escudo,简写为埃居(ecu)是整个欧洲使用的硬币和记账单位。

经是世界上最大的帝国。

西班牙的案例：菲利普二世的债务与违约的比较研究

我们的书是一个以西班牙的菲利普二世为案例、关于主权债务的研究，究竟他的借贷历史与1800年至现在的跨境债务以及违约的一般模式相比有哪些不同？表2列出了过去两个世纪的主权债务关键指标的汇总统计数据，并列出了菲利普二世统治时期的相同数据。

菲利普二世统治时期经常出现违约，大约每五年中就有一年可以看到某种暂停还款，而在1800年以来主权债务的动荡历史中也记录了类似的比率。在莱因哈特（Reinhart）和罗格夫（Rogoff）使用的数据集中，在任何给定年份平均约有20%的国家违约。一般来说，有违约历史的国家会再次暂停还款即再次违约（Lindert and Morton, 1989; Reinhart, Rogoff and Savastano, 2003）。在菲利普二世的案例中，有一系列的四次违约，并构成了随后成为创纪录的13次停止还款：在有记录的历史上，没有哪个国家的违约次数比这更多。这些将在第四章中进行详细的探讨。

表2　菲利普二世以及1800年以来债务和违约的一般模式

议题	一般模式	菲利普二世
违约的频率	20%[a]	21.4%[i]
串行违约的概率	35~80%[b]	100%
估值折扣	6.9%~72.9%[c]	20~38%[j]
重组期间平均长度	8年[d]	2.25年
违约后的利率惩罚	无	无
平均债务占gdp的比率	52.8%[e]	~60%[k]
财政税收占gdp的比例	16.3%[f]	~10%[k]
收益率（名义收益率和事前承诺收益率）	4.9%~6.9%[g]	10.3%~24.1%[l]
超额回报（实际及事后）	−1.92~2.53[h]	3.16%

a. Reinhart and Rogoff(2009), Michael Tomz and Mark Wright(2007)。计算自1820年以来，在175个国家/地区中有250起违约事件。这意味着违约率要低得多；如果违约的平均持续时间是8年，那么在全国只有6.3%的年份会发生违约。造成这种

差异的原因很可能是其数据库中的 175 个国家中的许多国家相对年轻,并且潜在违约年的真实数量远低于我们计算中所暗示的。

b. Tomz and Wright(2007)。计算为违约频率,给定较早的违约事件。

c. Sturzenegger and Zettelmayer(2008)。

d. Benjamin and Wright(2009)。

e. 世界发展指标。包括拥有中央政府余额和广义政府债务信息的国家。

f. 世界发展指标。1960—2000 年所有观测国家的平均值。

g. Lindert and Morton(1989)。

h. Lindert and Morton(1989)。

i. 菲利普二世在位 42 年,其中 9 年(四次破产)违约。

j. 仅第三和第四默认值。

k. GDP 数据具有高度不确定性;我们使用 Alvarez Nogal and Prados de la Escosura (2007)中的估计值。

l. 修正内部收益率(MIRR) 的 25 至 75 个百分点。

纵观历史,估值折扣(haircuts)的规模至少是 1/10,从小于 7% 到 70% 以上。按照现代标准,菲利普二世的违约相对温和,最大和最严重的一次即 1575 年的平均水平,也只是导致了平均损失 38%。1596 年的违约更为温和,以净现值(NPV)计算为 20% 的损失。

菲利普二世统治下的债务重组也惊人地迅速,历史上债务重组的平均时间是 8 年(Tomz and Wright,2007),[①]菲利普二世和他的银行家们通常在 26 个月内决定借贷事宜——每次违约之后重组谈判的时间都会有所缩短,1596 年的事件在一年内就解决了。有趣的是,过去违约的国家在恢复贷款后,通常不会经历借款利率的上升(Lindert and Morton,1989),而在菲利普二世的案例中也是如此,在 1575 年和 1596 年有详细记录的违约前后,贷款条件基本上没有变化。[②]

历史上,债务与 GDP 的比率波动很大。平均而言,各国能够借入略高于其产出的 50%,菲利普二世累积了大量债务,未偿债务总额接近国内生

[①] Reinhart and Rogoff(2009)表明,自 1845 年以来的范围是 1~8 年,中位数为 1946 年之前的 6 年,之后是 3 年。

[②] 有关这一点的详细讨论,请参阅第六章和第七章。

产总值的60%,这个水平刚刚达到今天欧盟的负债平均水平。对于近代早期的国家来说,积累这样的债务或许应该被认为是成功标志——行政机器产生的财政收入规模大到足以让贷款人认为还款成为一种明显的可能(Besley and Persson,2010)。当然,当时西班牙王室能够提高以及分配国民生产总值10%左右的能力在当时是不寻常的,必须被认为是一个重大的成就。

自19世纪以来,平均而言向主权国家放贷一直是有利可图的,但这种总体上积极的经历也被一段时期的严重亏损所打断,向菲利普二世借贷也是如此。经我们计算,银行家们的利润高于其他领域——(第六章),而且利润率也比最近发现的略高。① 彼得·林德特和彼得·莫顿(Peter Lindert and Peter Morton,1989年)记录了高达每年2.5%的超额回报,但我们发现30年期的年化回报率为3.16%。②

总而言之,西班牙菲利普二世的借款在现代人眼中似乎非常熟悉。其债务水平、减值规模、回报率、还款暂停后的利率处罚以及违约频率与1800年以后两个世纪以来学者们的记录没有本质的区别。如此多的相似结果表明,今天发挥作用的力量,正是16世纪哈布斯堡王朝时期西班牙主权债务市场繁荣发展的力量。

四个关键问题

这本书的中心问题——为什么菲利普二世可以借这么多,并且能够经常违约,这一系列问题是广泛而复杂的。我们试图将其分解成更小、更易消化的问题,并将围绕这四个关键问题构建本书。菲利普二世有足够的资源偿还债务吗?如果是,什么阻止了他的投机行为?(也就是说,他为什么不干脆违约让自己过得更好?)对银行家有什么好处?我们如何解释重复出现的默认值?用经济学的语言来说,这些问题涉及债务的可持续性、激励机制的兼容性、贷

---

① 在20世纪后期,有一些主权债务对投资者而言(在相对较短的时间内)更有利可图,而不是向菲利普二世提供贷款;我们在第八章中更详细地讨论它们。

② 虽然菲利普二世统治40多年,但我们只有31年的统计数据。

款的盈利能力以及合同的性质。

菲利普二世能够偿还债务吗？

我们的首要任务是确定卡斯提尔王国政府是否有能力实际偿还债务,如果银行家借款给不能偿还债务的君主,那么破产就成了定局(从经济学的意义上来说)。金融机构将信贷扩大到这样一个主权国家,这在经济上势必是不合理的,但这也不可能是贷款人第一次或最后一次不以自己的最佳利益行事。事实上,多次违约被许多历史学家和经济学家视为非理性的标志。

在宏观经济学中,"可持续性"一词描述了债务在将来无限期地得到维持的情况。因此,我们使用现代国际金融的标准和测试工具来探寻卡斯提尔的债务负担是否可持续。为此,我们编制了一套1566—1596年期间每一年的国民账户,这个为期31年的数据系列是迄今为止历史上所有主权国家中最早的数据系列。

根据我们的财政数据,卡斯提尔通过了几项债务的可持续性测试,这些结果经得起各种稳健性检验。在许多方面,我们的会计实践结果过于悲观,无法判断16世纪行动者的行为。我们的可持续性标准与国际货币基金组织(IMF)在评估现代国家的财政偿付能力时采用的标准相同。它既是严格的,又是历史的;菲利普二世的财务状况出色地通过了这一考验。

16世纪下半叶,卡斯提尔的税收远远超过了军队、宫廷和执法部门的支出。换句话说,它拥有大量的基本盈余,这些盈余本可以(也曾被)用于偿债。平均而言,1550—1600年间,卡斯提尔不断增长的债务得到了税收收入增长的支持;随着债务负担的增加,该国产生的基本盈余越来越多。税收的增加和来自美洲的白银收入都有助于控制不断上升的债务负担。并且,比起19世纪以及20世纪90年代那种非常成功的经济体来说,16世纪卡斯提尔的债务负担也并不算高。

当然,卡斯提尔在战争中的花费也远远超过预期,并且几乎没有收到财政上的回报。如果一些战役更成功或者更短,支出的下降会大大提高王国政府现有的贷款能力。贷款人(债主)并没有错,他们期望菲利普二世有足够的资源来偿还他们的债务,虽然有一段时间流动性紧张,但平均来说,毕竟服务于阿西托恩短期贷款的钱在那里。而王国政府在支持其发行的各类债务的市场运作方面的成功恰恰证明了其稳健的财政基础。

为何菲利普二世想要偿还他的债务？

长远而言，官方可能能够偿还所有债务，但这并不意味着这样做符合利益。一个主权国家是一种特殊的借款人，不可能被带到法庭或被迫履行合同，而这也可能导致投机行为。许多欧洲君主会拒绝偿还债务，有时甚至会剥夺债权人的生命以及他们的金钱。如果菲利普二世具有同样的动机，那么贷款给他在经济上来说可能不仅是不合理的，而且是愚蠢的。当一个君主平均每十年就违约一次时，就有足够的证据来怀疑他怀有机会主义了。

机会主义违约仅在借款人有外部选择权时才起作用。国王在没收一组贷款人的贷款后，必须能够转向有能力满足其融资需求的人，或试图在内部寻求能提供贷款的人，然而菲利普二世没有做这样的选择。16 世纪的贷款发生在一个"无政府状态"的环境中（Kletzer and Wright, 2000）；国王和银行家都不能做出令人信服的承诺。实际上，银行家和国王都违约了，一个银行家破产，将很难返还菲利普已存入的资金，这意味着国王不能简单地违约，节省利息，并在需要时减少余额。如果还没有找到贷款人的其他替代者，忠实地偿还债务是保持获得平滑服务的唯一途径（Cole and Kehoe, 1995）。

热那亚银行家们清楚地理解了这一点，并据此采取行动。我们研究的文件显示了一个紧密交织的银行家网络，贷款人的激励机制是精心组织的，以确保他们能够相互支持。至关重要的是，暂停还款（即违约）期间也没有成员会私下达成协议，要知道由于没有其他贷款人进入市场，暂停向国王借贷已经令银行家们很痛苦。热那亚的银行网络成员是如此，外部的同行们也是如此，例如，富格尔的奥格斯堡银行，他们的应对措施表明，一个"欺骗骗子"（cheat-the-cheater）机制（Kletzer and Wright, 2000）在负责这一点。真正令人恐惧的是，如果奥格斯堡银行扩大新信誉，国王将暂停支付热那亚人，而奥格斯堡银行又将会步热那亚银行的后尘。那么这种情况则确保了国王和银行家们激励措施的一致性，一旦有资源就可以用来偿还债务。①

为什么被剥夺贷款资格对菲利普二世而言如此痛苦？答案用一个词来说，就是战争。所有借入的贷款都打破了收入和支出之间的联系，当经济需求确实紧迫时，从一个时期向下一个时期转移支出就显得特别有用，尤其在战争时期。菲利普二世时代是有记载的历史中最好战的时期之一，在军事需要时加大支出能力是有价值的。在没有一个可行的替代方案的前提下，与热那亚银行家的工作关系就更加至关重要了。

詹姆斯·康克林（James Conklin，1998）认为，菲利普二世老实地偿还债务的原因是，热那亚人可以对他施加昂贵的制裁。在他的解释中，1575年违约后暂停还款导致西班牙在荷兰的军费难以维持；未领军饷的部队哗变并洗劫了安特卫普，给西班牙统治造成了很大的冲击，尽管不久之后，国王迅速整顿了局势。我们没有找到对康克林解释的支持，仔细阅读文献表明，热那亚人的"转站"没有造成实质性伤害，在银行家抽离资金继续有增无减的时候，国王的荷兰司库还是有充足的资金支付军队。佛兰德斯总督的死亡造成的权力真空是促使事情失控的真正原因，这也能解释为什么安特卫普的叛乱事件对最终的违约结算几乎没有产生影响。

银行家为什么放贷？

国王可以付出代价，而且有这样做的动机，但任何贷款关系都需要情愿参与的双方。1575年的违约使所有未偿债务平均损失了38%，这是一个巨大的打击，可能会打消贷款人再次碰碰运气的想法。然而，我们的数据显示，同一家族的银行家在菲利普统治期间持续向国王借贷，无论他们的成员有多少被困在违约中或他们的资本损失多少。那么为什么向历史上第一位连续拖欠的国王借贷如此有吸引力呢？

为了回答这个问题，我们逐条分析了阿西托恩短期贷款，重新建立了他们商定的现金流。这样我们可以计算承诺的回报率，然后我们根据合同是否受到违约的影响进行修改。当我们通过银行家家族来汇总贷款时，这个难题就

---

① 对于主宰贷款的"欺骗骗子"策略的标准应用，参见 Kletzer and Wright（2000）。热那亚网络本身就是一个由 Avner Greif（1993）描述的风格的联盟。

解决了。以任何标准来看，正常时候的回报是非常高的，足以弥补银行家暂停还款期间的损失。暂停可能造成严重的短期损失，只要家族继续借贷给国王并持续足够长的时间，这些损失将得到充分补偿。值得注意的是，按照当时的标准，没有一个借贷给菲利普二世的银行家失去生命（即使是波萨侯爵已经萌生了谋杀的想法）。[①] 除此之外，我们还发现更令人震惊的事情：尽管王国政府的还款记录不多，但几乎没有银行家族亏钱。

违约的性质是什么？

卡斯提尔的债务是可持续的，国王有适当的激励措施来奖励他们，银行家在贷款上赚取了良好的利润。那么为什么菲利普二世在他的统治期间会有四次违约呢？我们应该如何看待这些情节呢？了解这些违约的性质及其对主权金融理论的影响是本书的最终目标。

如今，只要一个国家未能偿还构成其债务总额的任何一笔债务，从技术上讲，这个国家就是违约。[②] 然而16世纪的标准却比现在灵活一些。国王和他的借款人都经常违背合同书，还款和发放贷款都可能会延迟或者只是发放一部分，随后经过连续的协议来补偿先前的这些违约。情况看起来非常像杰瑞米·布洛和肯尼斯·罗格夫（Jeremy Bulow and Kenneth Rogoff, 1989）所说的"不断重新签约"——合同的作用更多是作为指导方针，而不是铁定的承诺——无论情况如何都要遵守。[③] 在这种情况下，违约的概念变得有些模糊。合同几乎没被严格履行，同样，也没有任何合同被完全否认。有些部分按照协议予以遵守，其他部分则根据需要重新谈判，合同的结构为如何管理不确定性打开了一个窗口。鉴于签订合同后如何随意处理条款，双方都非常重视确定某些事件将会如何发生。大量贷款包含试图解决可能发生的偶然事件的条

[①] 国王也不甘示弱地杀死了他的对手，埃格蒙特和霍恩的罪名就是例证，他们在布鲁塞尔被操纵审判后被斩首。

[②] 2011年的希腊债务危机表明，债权人愿意在某种程度上放宽这一标准，同意减免一定数量的债务，从而不遵守承担的义务，以避免彻底违约。

[③] 在不断重新签约理论中，当事人可以做出的唯一坚定的承诺是在签署时交换付款。其他一切都是意向的表达，可能会或可能不会被尊重。按照经济学的说法，这些意向表达被称为"便宜的谈话"。我们避免这个词，因为它表达了合同的信件是毫无价值的。事实上，这是银行家和官方可能对未来高度不确定的最好猜测。在第五章中，我们回顾了主权债务理论，包括不断"重新签约"的作用。

款——例如运宝船的延迟、不合格的税收流或国王方面突然需要流动性。如果发生触发这些条款的事件,贷款支付将重新安排,利率也根据情况降低或者增加。

菲利普二世及其银行家在一个非常不确定的环境中签订合同。他们充分意识到未来可能会发生的各种各样局面,并且已经开发出正式的工具来处理这些情况。一些偶然事件,例如运宝船的延迟,可以合理地预测、记录和计划。有些情况,例如 1568 年在格兰纳达摧毁丝绸产业的摩里斯科人群的暴乱,实际上很难预见。然而其他一些则是截然不同的可能性,但也可能太危险而难以体现在纸上。很难想象,例如会有王室官员起草一份合同时这样开头:"如果我们的大舰队被敌人彻底摧毁的话……"

当合同上的意外事件被触发时,他们就重新计划付款,修改利率。破产的本质没有什么不同。当卡斯提尔的财政受到重大的、不可预见的事件的影响时,王国政府和银行家都明白,重组是必要的。正如应急条款一样,期限通过债券互换延长,同时相应地减少了回报。主权债务的文献显示这种类型的违约情有可原,因为统治者的行为并非投机取巧(Grossman and Van Huyck, 1988)。这种违约行为通常会导致适度的本金减少和贷款迅速恢复,债权人通常不让借款人对违约行为负责,因此不会将其从资本市场中排除很长时间。可原谅的违约必须由借款人无法控制的可观察事件触发。在卡斯提尔的案例中,出现违约是由于白银输入的大量短缺或者几次军事挫折的结合。

银行家知道他们正在为危险的军事冒险融资,国王的财政状况可能会受到巨大的负面冲击。由于预料到这些情况,他们对贷款收取了溢价,这在平静时期产生了相对较高的利润。然而一旦破产被触发,银行家就有可能推迟收取贷款并降低利率。实际上,这笔贷款就如同银行家向国王提供保险,在好的时候收取保险费,在不好的时候则支付保险金。我们发现,菲利普二世的违约行为可以被原谅,原因在于他的债权人在很大程度上已经预料到了他的违约,这就解释了为何贷款违约能被温和、快速地解决,并且几十年来同一银行家族还能不断参与市场的情况。

现代视角

在我们的整个工作中,我们收集到的数据比任何时候的国王及其部长接触到的都要多。我们设定了当时未知的宏观经济总量的财政数字,并使用几个世纪以后才开发出来的方法来计算债务可持续性和贷款收益率的衡量标准。完全不用质疑我们的研究结果是否存在视角问题、是否使用了不合时宜的工具来评估经济行为。

我们的第一点是,不要低估王国政府及其银行家财务的复杂程度。例如阿西托恩短期贷款中的条款清楚地表明,现值的概念已经确立。复利虽然由于高利贷限制而很少使用,但同样被很好理解。年金和长期债券(perpetuities)的价格是正确的,甚至考虑到发行和第一笔利息支付之间的部分期限。这应该可以减轻人们对我们使用现值公式来计算单个合同的盈利能力的担忧。即使当时人们由于缺乏计算能力而无法对最复杂的合同进行全面评估,他们不过也只是错过了各种替代工具中的最优解而已。总体而言,一个合同是否有利可图是显而易见的。[①]

可持续发展是另一回事。人们对债务总额与财政能力之间的关系并没有明确的认知,更不用说寻求可持续的债务路径了。然而,决策者不必了解这些概念。如果卡斯提尔的债务是可持续的,那么王国政府应该发现自己有足够的现金偿还债务。如果债务是不可持续的,那么资金就会用尽。适当的财政调整可以通过对年度财务需求的简单观察来指导。尽管我们使用了现代工具,但我们的结论只是对事实的陈述,并不依赖于当时的知识状况。

超越金融:政治和经济的后果

到目前为止,我们讨论的焦点集中于了解卡斯提尔的主权金融系统和解释菲利普二世的债务违约。在本书的最后一章,我们将介绍菲利普的财政政策对西班牙长期发展的影响。卡斯提尔能够发行大量债务,同时在国王违约

[①] 有令人信服的证据表明,即使没有必要的数学知识,经济主体也可以相当准确地评估复杂的金融衍生工具。关于在布莱克—舒尔斯公式发展之前涉及权证定价的例子,见 Moore and Juh(2006)。

之后仍能保留进入资本市场的机会。然而，这些壮举经常被认为是阻碍西班牙经济发展的原因之一。毕竟，卡斯提尔作为一个拥有可怕的军事力量的繁荣经济体进入了近代早期。两百年后，它已是昔日的影子、经济上的失败者，它的西班牙王位在王位继承战争中被欧洲列强争夺。直到20世纪下半叶，西班牙的经济表现才能赶上可比的欧洲国家。到底出了什么问题，政府财政在其中又发挥了什么作用？

尽管有相反的刻板印象，但事实上16世纪初的卡斯提尔政府机构远行得比其大多数竞争对手都要更好。[1] 在整个16世纪和17世纪，国王权力都受到相当的限制。没有真正的封建制度，卡斯提尔城市的商人精英们通过其代表大会（议会）——"科特"（Cortes）掌握了大量的权力。除其他特权之外，"科特"有权否决增税并限制长期债务问题。[2] 尽管没有达到英国法院的独立程度，但是卡斯提尔的司法机构也是相当独立的，同时有效地主持正义。[3] 在早些时候，卡斯提尔的国家展示了新制度经济学与成功经济成果相关联的所有标志。然而，在经历了16世纪中叶相当短暂的辉煌时期之后，卡斯提尔进入了长期表现不佳阶段。

一种说法将卡斯提尔的"衰落"归咎于哈布斯堡王朝的财政管理不善和过度的帝国野心。这含蓄地接受了卡斯提尔制度的传统智慧，推理是：不受约束的君主被允许承担巨额债务，同时将收益用于非生产性的战争，由此产生的财政压力扭曲了经济，导致了长期的不利结果。这个故事线的问题在于，它的第一个前提经不起更仔细的观察：卡斯提尔国王与其他近代早期的君主一样受到限制。

尽管如此，还有一个漏洞。中世纪法律授予国王独家控制矿产资源的征税和支出。虽然这通常是一个无关紧要的特权，但美洲银矿的发现使其对西班牙至关重要。它的国王突然获得了一大笔收入来源——不受城市、

---

[1] 道格拉斯·诺斯和罗伯特·保罗·托马斯(Robert Paul Thomas,1973)以西班牙为例来说明寻租社会。Daron Acemoglu, Simon Johnson 和 James Robinson(2005)将卡斯提尔称为绝对主义国家。有关这种观点的其他例子，请参见 Landes(1998); De Long and Shleifer(1993); Ekelund and Tollison(1997). North(1991)后来认为他的立场反映出国王实际上受到了"科特"的限制。

[2] 第三章探讨了王权与"科特"之间的权力平衡。

[3] 有关概述，请参阅 Kagan(1981), 有关司法决策如何影响经济效率的示例，请参见 Drelichman(2009)。

贵族或商人精英控制的收入来源。白银税可以作为对阿西托恩短期贷款的偿还来源，允许君主在没有太多监督或来自"科特"的挑战的情况下利用其进行大规模的军事冒险。因此，制度主义主张的一部分以修改后的形式存在：卡斯提尔的制度在16世纪初并不"糟糕"，但是由于白银的发现，他们的质量也恶化了。

我们接下来挑战争论的第二个前提：国家的债务负担压制了卡斯提尔的经济。1500年以后的欧洲只有极少数的霸权国家，西班牙哈布斯堡王朝肯定是其中一个。保罗·肯尼迪（Paul Kennedy，1987）指出，过度扩张（一个过于雄心勃勃的领土扩张和军事建设计划）注定了西班牙（和许多其他国家）这样的帝国。根据这一观点，成为帝国的成本最终削弱了国内经济的活力。帝国野心与财政资源之间日益扩大的差距首先导致了债务的累积，然后出现违约。为了检验这个说法，我们进行了一组国际比较，我们以另外三个近代早期强国（英格兰、荷兰和法国）来分析它们在权力鼎盛时期的财政状况。[①] 在每一次比较中，卡斯提尔的财务状况要么平淡无奇，要么甚至表现良好。值得注意的是，英国债务负担总是高于卡斯提尔，而可持续发展的指标则较低。没有证据能表明英国或任何其他近代早期的国家在这方面表现出比菲利普二世统治下的卡斯提尔拥有更大的财政责任。即使卡斯提尔的行政制度在16世纪末还远没有达到最佳水平，但它们是否产生了与其他国家相差甚远的财政结果还不清楚。

如果卡斯提尔的财政状况与其他近代早期国家相比没有根本的不同，那么为什么西班牙这一"巨人"从17世纪开始失去势头了呢？白银是卡斯提尔建设成为英国式成功的核心阻力（Brewer，1988）。同样重要的是分散的地方和区域政治权力体系，这些抵制了每一次有意义的集权化尝试（Grafe，2012）。

第三个同样重要和突出的因素是：英国赢得了战争，而西班牙则输了很多。战争的成功没法预先确定，运气——被拿破仑强调为一个好将军最重要的属性——起着至关重要的作用。人们通常认为法国和西班牙都经常违约而英国却没有，这只是因为英国赢得了战争。我们认为，因果关系与帝国过度扩

[①] 这一选择在很大程度上取决于数据可用性，但它也是有意义的。在权力的峰值期查看每个状态提供了比使用与基线相同的周期更可比的方案。有关详细的分析，请参见第八章。

张所暗示的方向相反。西班牙和法国由于军事不幸而输掉比赛,另一方面,英国则很幸运,如果滑铁卢的结局扭转,英国累积的债务将会相当于国内生产总值的200%以上,也会走上违约之路(并失去其帝国的很大一部分)。在本书中,我们探讨了军事结果的一些决定因素,并思考战场上的更好的运气是否可能导致了第一个日不落帝国的不同结局。

本书的计划

在第二章中,我们简要介绍了从中世纪晚期到菲利普二世统治末期的卡斯提尔崛起史。第三章描述了官方提供的财政机构和借款工具,并详细介绍了阿西托恩短期贷款数据。接下来,我们开始回答我们的四个核心问题。第四章讨论债务的可持续性。第五章讨论还款的激励因素。第六章研究银行家族的盈利能力。第七章分析了偶然情景的作用和违约的性质。第八章提供国际比较,并研究了债务杠杆对卡斯提尔长期发展的影响。

第二章　菲利普二世的帝国

帝国的建立

1469年10月的一个寒冷秋夜,经过漫长一天的旅途劳顿,两位卡斯提尔绅士在紧邻阿拉贡边境附近的一家旅馆坐下,点了一顿热餐。他们的仆人,一个衣着破烂、约莫十几岁的年轻人,拿着主人的旅行衣服,然后去照料外面的骡子。几张桌子后面,两个邋遢的男人正在喝廉价的葡萄酒赌牌。伊比利亚半岛是一个有趣的地方,这里任何旅馆的日常生活场景都可能隐含着高层政治的戏剧因子。这些看起来邋遢的男人实际上是为主教佩德罗·冈萨雷斯·德门多萨(Pedro González de Mendoza)工作,德门多萨是一位与恩里克四世国王关系密切、显赫的卡斯提尔贵族。他们设置的许多间谍密切关注着任何即将越境的不寻常旅行者。然而他们却没发现他们正在寻找的那个人就在他们的眼皮底下,和骡子一起睡在马厩里。这两位卡斯提尔绅士正是当时卡斯提尔公主伊莎贝拉的心腹顾问——古铁雷·德卡德纳斯(Gutierre de Cárdenas)和阿隆索·德帕伦西亚(Alonso de Palencia)。他俩身旁那位衣衫褴褛的年轻小仆人,其实是阿拉贡的斐迪南王子,伊莎贝拉无视伊比利亚半岛政界大部分人士的愿望,选择了他作为自己的丈夫。[①]

伊莎贝拉有众多追求者,她同父异母的兄长恩里克四世国王(英语文献中

[①] 斐迪南与伊莎贝拉的婚礼是鲁宾(Rubin)在2004年考证的。虽然在旅馆的场景是作者虚构的,但所有其他细节在历史上都有明确记载。

表述为 Henry IV)表示,希望她与鳏居的葡萄牙国王阿方索五世结合,这也得到了大部分卡斯提尔贵族的支持。其他候选人包括纳瓦拉国王和法国路易十一的兄弟贝里公爵。而自 1469 年 1 月以来,伊莎贝拉的顾问一直在与阿拉贡国王胡安秘密谈判她与斐迪南的婚姻条件。1469 年 5 月,在奥卡尼亚镇(Ocaña)被恩里克四世国王的手下密切监视的公主设法逃到了巴利亚多利德(Valladolid),然后公主住维韦罗家族(Vivero family)戒备森严的城堡中等待着斐迪南,新郎终于在 10 月初抵达。在完成介绍和签署所有重要的婚姻法案之后,他们在 10 月 19 日完成了婚礼。虽然根据传统说法这是一场"秘密"婚礼,但传统说法与庆祝活动并不相符:约有 2 000 名嘉宾出席了婚礼宣誓仪式,斐迪南和伊莎贝拉的婚姻很快在全世界产生了重大影响。

通过表露彼此的内心,斐迪南和伊莎贝拉做出了大胆的举动。早在伊莎贝拉婚前还未取得恩里克四世的同意之时,他二人就疏远了恩里克四世。而且,因为是表亲关系,他们还冒着被开除教籍的危险,而教皇又怕惹怒恩里克四世而不愿意授予他俩豁免权。[1] 更重要的是,由于他们违背了卡斯提尔大部分贵族的意愿,所以在恩里克四世死后,自然免不了会有一场争夺继承权的战争。他们成为卡斯提尔—阿拉贡的联合君主的巩固性胜利直到 1479 年才实现,当时他们与葡萄牙缔结和约,解决了卡斯提尔王国政府的主权问题。

尽管伊莎贝拉和斐迪南的婚姻非常大胆和不寻常,但是其重大的影响却谁也无法预料,要知道在随后二十多年的时间里发生了与他们相关的伟大的航海大发现和权力斗争。倘若伊莎贝拉与葡萄牙的阿方索五世结婚的话,则或许会出现一个持续几世纪的伊比利亚商业帝国。然而后来的事实却是,卡斯提尔和葡萄牙继续相互竞争,1494 年的《托德西拉斯合约》(treaty of Tordesillas)还划定了彼此在新世界的势力范围。此外,斐迪南和伊莎贝拉结婚后,通过了一系列协议——既有默认的,也有明确的——承认卡斯提尔对未来征服的所有领土拥有独立主权。[2] 在中世纪与近代早期欧洲的征服通常涉

---

[1] 实际上,在获得罗马教皇颁布的特许状之前,伊莎贝拉拒绝与斐迪南结婚。罗马教廷特使安东尼奥·威尼斯(Antonio Veneris)提供了一种特殊的安排,在仪式中被错误地称为合法的敕令。1471 年,教皇 Sixtus IV 终于颁布了合适的特许状。

[2] 关于卡斯提尔主权之源起、新征服之领土的解释,请参看 García Gallo(1950)。

第二章　菲利普二世的帝国

及的是小块领土,谈判代表显然考虑到了"收复失地运动"的完成或北非的小块领土占据。但他们却很难想象,在短短几十年的时间里,全球三大洲的大部分领土都处于卡斯提尔的影响之下。

一般来说,卡斯提尔和阿拉贡之间是以平等的关系来管理国家机构,双方各自都保留着独立的王国政府、委员会和议会。然而,他们的联合力量以及消除竞争的能力使得斐迪南和伊莎贝拉能够将大量的权力集中在他们手中,这就加强了君主专制。斐迪南和伊莎贝拉还摆脱了许多中世纪式的行政管理结构,使国家机构趋向现代化,并为今后的扩张做足了准备。

他们的第一步是控制贵族。即位后不久,伊莎贝拉和斐迪南便对年金制(annuities)进行了大刀阔斧的改革,使许多贵族家庭从中获得了相当一部分收入。1480年的德·梅赛德斯(de mercedes)改革产生了双重影响,取消了许多年金——从而限制了上层贵族的经济权力,同时将收取农民租税的权力重新置于王室会计手中。① 两位君主还撤销了恩里克四世为支持自己的统治而授予的大部分小贵族特权。② 最后,他们还创建了一支全国性的民兵组织(the Santa Hermandad,神圣兄弟会)和一支职业常备军(tercios,著名的西班牙步兵大方阵),从而剥夺了封建贵族作为军事支柱的中心角色。③ 神圣兄弟会是在地方民兵或者兄弟会的基础上建立的,这些组织在中世纪时期是作为地方执法机构存在的,他们通常被视为乡村居民反抗领主权力的象征。而此时,两位天主教国王把他们团结于一个拥有更坚实的金融体系的全国性组织中。④ 西班牙步兵大方阵首次被用于15世纪90年代的意大利战争,这支军队由专业人士组成,采用了一种改进版的瑞士长矛兵战术来抵御骑兵的冲锋。在荷兰独立战争中,这支军队是令人闻之色变的力量。尽管改革过后贵族确实还保留了相当大的影响力,但这种影响越来越多地受到君主的约束、审查和监管,而不是像中世纪时期贵族能够在国家结构内拥有独立的军事和财政特权。

----

① 关于"解除年金制度改革"的讨论,请参看 Haliczer(1975)。
② 16世纪下半叶,当 hidalguía 或小贵族的特权被用于(并被滥用)几次地方性政治控制的斗争中(Drelichman,2007)时,将会重新焕发活力。
③ 请参见 Parker(1972)。
④ 关于神圣兄弟会,请参见 Lunenfeld(1970)。

来自地狱的债主

卡斯提尔和阿拉贡联合王国成立后的第二大改革就是将教会坚决地置于王权的控制之下。自14世纪以来，教会阶层中有些激进分子通过对犹太人和穆斯林进行大屠杀来表达他们对国王的不满。为了有一个镇压异教徒或者宗教少数群体的正式渠道，1484年设立了宗教裁判所，该机构后来有效控制了民众起义。因此，宗教裁判所由一个对君主统治的威胁转变为展示王权的工具。① 伊莎贝拉和斐迪南在其统治前期是宗教裁判所的坚定捍卫者，这样一个立场也促成了教皇亚历山大六世授予他们天主教国王的称号。接下来，斐迪南在1508年获得了王室庇护权，这赋予了国王对教会运作的巨大权力，包括任命其当政者、为其工作和活动提供资金，以及控制其一些收入来源等。就在半个多世纪后，菲利普二世在这一权力的基础上有效地将教会转变为了王国政府的财政部门。

王室政策是两位天主教国王进行国家建设的第三个也是最后一个支柱。像所有的王子一样，斐迪南力图将他的儿孙通过联姻的方式送去欧洲的统治家族，与多数人不同的是，他在这方面取得了辉煌的成就。阿拉贡的凯瑟琳与都铎王朝未来的亨利八世之联姻，以及卡斯提尔王国的公主胡安娜与哈布斯堡王朝"美男子菲利普"的婚姻皆是非常重要的。在伊莎贝拉驾崩之后，胡安娜成为卡斯提尔的女王，而斐迪南则只保留了阿拉贡的冠冕。1506年，卡斯提尔菲利普一世② "美男子菲利普"撒手人寰，留下胡安娜一个人独自管理王国。不幸的是，由于胡安娜无法承受丈夫过世之悲痛，很快变得精神不正常。对于女王是不是精神病、抑郁症患者或者只是被伤痛给击垮了，一直以来都是一个争论不休的话题。可以肯定的是，她的情况给了斐迪南一个借口——他把自己的女儿锁在了一座城堡，宣布自己摄政，并有效地统治了卡斯提尔十年。胡安娜与菲利普一世的六个孩子是天主教国王王朝战略的真正回报，他们的两个儿子成为神圣罗马帝国的皇帝——查理五世与斐迪南一世，而所有的四个女儿都嫁给了国王（其中一个是两次）。菲利普一世留下的哈布斯堡遗产将成为查理

---

① 例如，参见Rawlings(2006)，Pérez(2003)，Kamen(1999)。有广泛的文献认为，宗教裁判所的作用主要是一个投射王权的渠道，但这个观点并不是没有争议的。主要的反对者认为宗教裁判所是一个基本的文化现象（参见Netanyahu, 2001）。

② 又译"腓力一世"，奥地利大公，勃艮第公爵，尼德兰领主，通过与胡安娜公主的婚姻成为卡斯提尔的共同统治者，是哈布斯堡王朝在西班牙的始祖。

五世在1519年加冕神圣罗马帝国皇帝的主要依据,而卡斯提尔将于1580年再次受益于斐迪南的王朝精神,当时通过几代卡斯提尔和葡萄牙王室之间的重复联姻,为菲利普二世成功争得葡萄牙的统治权留下了重要的法律依据。

斐迪南和伊莎贝拉的婚姻对西班牙的命运来说是决定性的。斐迪南在1516年去世之后,西班牙君主再未将卡斯提尔和阿拉贡分开统治。然而,这两个王国仍然保持了相对独立,每个王国都有自己的议会、行政机构、司法和财政机构。在1516年至1700年间,这两块土地成为所有哈布斯堡君主的"共主邦联"的一部分。在1707年西班牙王位继承战争期间,菲利普五世颁布了《新基本法令》(Decretos de Nueva Planta),取消了阿拉贡的独立政权机构。

尽管国内动乱和地方起义时有发生,但是在中世纪晚期持续发生的低级别战争,已经不会再出现于伊比利亚半岛了。新的政治框架尚未完全融合、独立政权机构持续存在最终将成为西班牙经济长期表现不佳的关键原因。[①] 但在近代早期,斐迪南和伊莎贝拉却成功地赋予了他们的王国相对强大的君主制和精简的国家机构。改革特别深入、和平红利可观的卡斯提尔在经济上蓬勃发展,它开始将其力量投射到整个已知世界,并强行向未知世界推进。

经济成就

从15世纪90年代开始,西班牙大部分地区进入一个持续到16世纪末的显著增长期。在这种普遍上升的趋势下,区域经济的发展格局差异很大。菲利普二世决定让马德里成为首都,而新卡斯提尔及其周边地区经济增长最快,每年的增长率可能会超过1%。[②] 相比之下,阿拉贡王国却开始了长期的相对停滞,瓦伦西亚和加泰罗尼亚的产出几乎没有任何增长。除此之外,西班牙的总体人口呈较快的速度增长。1530年,西班牙的人口总数约为480万人,到1590年达到了680万人。[③] 人口增长率长期保持在0.58%,这对于前现代经

[①] 格拉芙(Grafe)在2012年发表的作品中阐述了这一点。

[②] 在这次讨论中,我们关注了阿尔瓦雷兹·诺盖尔(Alvarez Nogal)和普拉多斯·德拉埃斯克苏拉(Prados de la Escosura,2007),他们对西班牙所有地区的人口,城市化率,部门产出及总体增长进行了彻底的重建。

[③] 文献中的人口估计差异很大。我们使用 Alvarez Nogal and Prados de la Escosura(2007)中的共识数字。另见 Nicolau(2005), Carreras(2003), Nadal i Oller(1984)。Paul Bairoch, Jean Batou and Pierre Chèvre(1988)提供了更高的数字——1530年约750万——但是他们的数字没有得到广泛认同。

济体来说是一个较高的数字。城市化率是衡量前现代经济发展的一个常见标准,西班牙的城市化率在当时也得到了整体提高,从1530年的大约12%增加到1590年的15%。安达卢西亚地区受到塞维利亚垄断美洲贸易的强烈推动,其城市化可能高达50%。①

农业是经济生活的支柱。此外,西班牙还受益于正处在上升期的大西洋贸易。② 16世纪上半叶,西班牙王国见证了充满活力的商业经济的增长。卡斯提尔的主要出口物是高档的美利奴羊毛,这为低地国家的服装行业提供了大量原料。③ 虽然该行业并不像中世纪的全盛时期那样强劲,但在16世纪中叶,北方港口的羊毛出口额仍可达到每年3万袋(超过240万千克),南部港口也可能出口类似的数额(Casado Alonso,1994)。④ 此外,铁器、革制品以及毛皮和橄榄油也是重要的出口产品;安达卢西亚是一个独立的关税区,主要生产葡萄酒和橄榄油;巴斯克自治区主要向欧洲市场提供鳕鱼、明矾和铁器,而阿拉贡则主要出口丝绸、大米和盐(Rich and Wilson,1967;Braudel,1966;Lynch,1991;Grafe,2001)。尽管白银交易将在16世纪下半叶成为贸易交换中的"主角",但西班牙几个地区的经济在殖民地的矿产商业发展之前,呈现出强劲、健康的增长趋势。

跨大西洋和印度洋航线的开放为西班牙的工业和贸易带来了深远的变化。从西印度进口的白银起初是一股涓涓细流,不久之后便汇聚成一场名副其实的滔天洪水,从而造成了相对优势的巨大转变,这也使传统出口处于不利地位。同时,西班牙人对远东地区的奢侈品进口产生了巨大的需求,蔗糖和胭脂虫(cochineal)在殖民地的再出口,也在国际市场上获得了突出地位(Rich and Wilson,1967)。⑤

---

① 8世纪和15世纪之间的替代城市化数据来自于Bairoch,Batou and Chèvre,另请参见于Buringh and Van Zanden(2009)。

② Daron Acemoglu,Simon Johnson and James Robinson(2005)展示了如何将大西洋和参与机构相结合是欧洲崛起的关键因素。

③ 关于西班牙羊毛工业的标准参考,见Phillips and Phillips(1997)。另见RuizMartín and GarcíaSanz(1998);Grafe(2001);Munro(2005);Drelichman(2009)。

④ 南方港口的数据是不可用的,因此通过它们的出口量只是一个实验性的猜测。

⑤ Drelichman(2005)记录了西班牙传统出口品比较优势的丧失。Flynn and Giráldez(2004)探讨了西班牙白银全球贸易网络的性质。

健康的农业经济,人口的不断增长,白银和殖民地产品贸易的迅速增长,为西班牙帝国扩张提供了物力。我们将在第三章中详细探讨这一扩张的财政方面。

查理五世与帝国的开端

在讲述帝国之前,必须提到这样一位皇帝。哈布斯堡的查理在1516年继承了他的外祖父天主教国王斐迪南的卡斯提尔和阿拉贡之冠冕。他的这种继承并非众望所归,而是引起了诸多的争议。他的母亲"疯女王"胡安娜,即使身陷于托德西拉斯的城堡中时,也仍然是合法的女王,同时卡斯提尔贵族也不愿意接受一个不会说西班牙语的外国王子,并且出于怀疑还特地调查了查理在佛兰德斯的核心顾问以及部长。当1519年神圣罗马帝国的皇位虚悬之时,查理则成了接替他祖父马克西米连(Emperor Maximilian)的主要候选人。他在富格尔银行家族的帮助下有效地买通了此次选举,富格尔提供了贿赂选民的大笔资金,同时还拒绝向查理的主要竞争对手法兰西斯一世(Francis I of France)提供汇票(Parker, 1999)。① 所以,查理最终获得了被永载史册的名字——查理五世,而在西班牙,他被称作卡洛斯一世进行统治,不过很快就会被称为皇帝陛下。

查理的当选引发了卡斯提尔社会的忧虑。由于选举法案规定,不得将帝国收入用于帝国范围之外的事务。此外,自1356年以来的神圣罗马帝国的宪法文件——《金玺诏书》(Golden Bull)还规定,通行费、矿产财富、铸币和对犹太人的税收仍属于德国王子的专属领域(Henderson, 2010)。这意味着查理的战争耗费必须从其他来源筹集,而明显的替代方案是卡斯提尔及其蓬勃发展的经济。② 现实也的确如此,不久之后,查理在位于圣地亚哥·德·孔波斯特拉(Santiago de Compostela)的召开"科特"特别会议,为他的加冕之旅申请资金时,情况达到了顶点,不过,议会代表们最终投票支持了查理的旅行。

虽然结果并不意外,但却引发了极度不满。卡斯提尔的城市下层贵族和

---

① 亨利·科恩(Henry Cohn, 2001)认为,支付给选民的贿赂并不影响结果,军事和政治考虑更加重要。

② 总的来说,理论上君主治下的所有领土在危机时期都将会得到援助(Rodríguez-Salgado 1988)。德国王子有效地解决了集体行动问题,使他们摆脱了这个统一战线的束缚,从而增加了查理其他领域的负担。

资产阶级感受到他们的经济和社会地位受到了君主及其支持者手中集权的威胁,一场始于1520年5月至1521年4月的叛乱发生了,当时保皇党在比利亚拉尔战役(Battle of Villalar)中果断地击败了反叛势力。① 在叛乱的高峰期,有十三个城市公然挑战王室的权威。然而,随着时间的流逝,这场叛乱的反贵族性质却迫使先前立场并不明确的上层贵族最终选择了站在国王这一边,这注定了这场叛乱失败的命运。这场胜利巩固了查理对卡斯提尔的军事支配,确立了王室对城市的霸权,并削弱了议会(科特)控制王室支出的能力,最终使得卡斯提尔成为帝国建立的主要资金来源。

在他的整个统治期间,查理渴望在西欧建立一个统一的基督教帝国。② 然而这个目标在当时的军事和政治现实中根本没有实现的可能。所以查理后来发现自己在意大利战争中花费了大量资源来对抗天主教法国,而不是剪除异端或异教徒。尽管他在米尔贝格战役(Battle of Mühlberg)中击败了新教诸侯领袖,但最终还是在1555年被迫同新教诸侯签订了《奥格斯堡和约》(the Peace of Augsburg)。这项条约体现了"教随国定"(cuius regio eius religio)的宗教信仰原则,有效地承认了新教王位的合法地位,只是名义上还保留着"神圣"和"罗马"。③

在近代早期欧洲,战争是统治者参与的所有活动中最昂贵的一项,1500—1800年之间的几个世纪里,统治者们通常将3/4的收入用于武装部队。当进行一场军事冲突时,其支出总是远远超过收入。查理的战争使他的各个领域的财政紧张,所以他严重依赖他的勃艮第遗产——低地国家,他在那里增加了税收。这种行为等于埋下祸根,最终导致他儿子菲利普二世统治期间的荷兰

---

① 见Pérez(1970);Haliczer(1981)。这个解释与马克思主义史学形成鲜明对比,马克思主义史学把这种群体性暴动看作是被压迫的群众反对皇权的起义,也是20世纪共产主义革命的先驱(Maravall,1963)。

② 查理五世的统治已经从各个角度进行了详尽的研究。对于近期的一些英语综合资料,请参阅Tracy(2002);Blockmans(2001);Blockmans and Mout(2005)。关于更全面的参考书目,参见Biblioteca Cervantes Virtual,http://bib.cervantesvirtual.com/historia/CarlosV/fuentes_y_biblio.shtml。曼努埃尔·费尔南德斯·阿尔瓦雷斯(Manuel Fernández Alvarez,1979)曾在他的《卡洛斯五世文献记录》(*Corpus Documental de Carlos V*)中抄录和编辑了与查理统治有关的大量文献。

③ 罗德里格斯·萨尔加多(M. J. Rodríguez-Salgado,1988)写道,天主教国王斐迪南曾警告年轻的查理,不要总想着与法国进行一场旷日持久的战争。查理不理会这个建议,而他这种无谓之战是以牺牲打败天主教敌人的梦想为代价的。

起义。他还榨取了那不勒斯王国,这是他从外祖父、天主教国王斐迪南那里继承的阿拉贡领土的一部分。尽管如此,查理还是严重依赖卡斯提尔。①当眼下的税收不足以为战争开支提供资金时,查理就会采取许多破坏正式或非正式的财产权的财政措施。其中包括出售长期以来用于公共生产的王室领地、授予一些先前的"福埃罗"城镇的贵族特权,以及没收贵金属的汇款。最重要的是,查理与一些国际银行家[包括富格尔和韦尔泽(Welser)家族的日耳曼银行业家]签约了重大债务。② 按照计划,这些贷款是用卡斯提尔的资源进行抵押的。所以即使菲利普二世在1557年和1560年宣布了财政违约,按照索赔程序还是将卡斯提尔的资产转让给了银行家,包括在阿尔马登(Almadén)的骑士团和战略汞矿的有利可图的所有权。

克里斯托弗·哥伦布于15世纪90年代经横渡大西洋发起的探索新世界之热潮,在天主教国王统治期间得到了飞速发展。他们第一次航行只带回少量的战利品,主要是从土著身上夺下来的一些黄金首饰。然而,对于那些为了广阔、未知的美洲大陆而出海航行的人们来说,真金白银的诱惑总是很强烈。当地土著很快意识到西班牙人对黄金的痴迷,他们经常编造不为人知的偏远地区的宝藏故事,以摆脱不速之客。例如,埃尔·多拉多传说(El Dorado)的起源就与此有关——理想中的黄金国,为此,后世几代探险家们在寻金的路途中付出了他们最好的年华、财富甚至生命。

探险活动的前二十年主要集中在加勒比群岛,哥伦布在伊斯帕尼奥拉岛(Hispaniola)建立了他的第一个基地。到16世纪初,西班牙人已开始定居古巴,虽然此处矿产资源并不丰富,但该岛是新来者第一次了解烟草及其用途的地方。哈瓦那始建于1514年,并且很快成为了进一步探索的主要基地。当查理五世于1516年登基时,征服者们正准备前往美洲大陆,并即将收获他们真正的战利品:阿兹特克和印加帝国。

西班牙人和这两个主要的中美洲文明之间的冲突,象征着欧洲人在海外探索时代的巨大优势。这两次冲突,都是大型的、相对优势较大的政治和军事

---

① 詹姆斯·特雷西(James Tracy,2002)分析了查理的不同领地对他的战争努力所付出的相对贡献。

② 查理与国际银行家贷款的标准来源,请参见Carande(1987)。

来自地狱的债主

系统在遭遇了一小撮人的武装入侵之后，在几个月内就崩溃的案例。贾雷德·戴蒙德(Jared Diamond,1997)在他的名著《枪炮、病菌与钢铁》(1997)中解释了西班牙人最终占上风的因素：优越的军事技术和先进的武器使征服者具有战术优势，由于当地土著对欧洲病菌缺乏免疫力，这导致病菌很快摧毁了当地人的队伍，造成巨大的混乱，即使在当地的统治阶层也是如此。而当弗朗西斯科·皮萨罗(Francisco Pizarro)抵达秘鲁时，他利用内战逐步征服了印加帝国。当时的内战正在争夺华纳·卡帕(Huayna Capac)死后的皇位继承权，而这位先帝正是死于天花——一种经西班牙船只传播到美洲的病毒。

埃尔南·科尔特斯(Hernán Cortés)于1519年的耶稣受难日抵达墨西哥大陆，带领西班牙人征服了阿兹特克帝国。他在到达当地之后很快与土著部落结成联盟，提高自己的军事实力。11月，受皇帝蒙特祖玛(Moctezuma)之邀，他进入阿兹特克的首都特诺奇蒂特兰(Tenochtitlan)，皇帝之所以邀请他，可能是相信科尔特斯是一个神。西班牙人很快就控制了蒙特祖玛，把他作为俘虏以保证自己的安全。这引发了当地人民的不安，皇帝最终在西班牙人和当地人的冲突中被杀。在这场冲突中付出了极大伤亡的情况下，西班牙人被迫于1520年6月30日的"悲伤之夜"离开了这个城市。

1521年8月，特诺奇蒂特兰最终落于西班牙人之手，科尔特斯在特拉特洛科湖(Tlateloco)上建造了一个特制舰队，并且还有一支主要由他的特拉斯卡拉盟友组成的军队，经过八个月的围困，最终击败特诺奇蒂特兰末代皇帝库奥特莫克(Cuathemoc)。① 西班牙人在科尔特斯的胜利中赢得荣耀，得到的财富却不多。阿兹特克人的黄金饰品很少，但也被西班牙人洗劫一空，只是没有得到大量囤积的财富。

另一个大的征服就是印加帝国，其地理范围大约从现代智利中部延伸到哥伦比亚南部。弗朗西斯科·皮萨罗和迭戈·德阿尔马格罗(Diego de Almagro)于1528年首次抵达印加领土，而那时候恰逢华纳·卡帕(Huayna Capac)皇帝的两个儿子阿塔瓦尔帕(Atahualpa)和华斯卡(Huascar)之间发生内

---

① 科尔特斯征服墨西哥的最著名的记录是他的下属伯纳尔·迪亚斯·德·卡斯蒂略(Bernal Díaz del Castillo)编写的《征服新西班牙信史》(Verdaderahistoria de la conquista de la NuevaEspaña)。

第二章　菲利普二世的帝国

战。皮萨罗回到西班牙获得了皇家特许状,成为印加帝国中部领土的总督。[①]他于1531年重返印加领土,慢慢前往帝国的中心地带,1532年11月他在避暑胜地卡哈马卡(Cajamarca)遇到阿塔瓦尔帕的部队。众所周知,在传统的说法中他和当地人发生了冲突,当时的印加皇帝同意在11月16日早上于城市广场接见西班牙人,并与数千名士兵在那里等候。皮萨罗的一名副手和一名修士走近印加皇帝,要求他承认天主教是真正的宗教,并递给他一本圣经。然而皇帝对这种要求感到困惑,便把书扔了,这引发了冲突。西班牙的战马给当地人造成恐慌,他们从来没有见过这么大的动物,枪支和一些火炮也发挥了很好的效果。西班牙人屠杀了阿塔瓦尔帕的守卫,并采用了与科尔特斯同样的手段,俘虏了皇帝以保证自己的安全。阿塔瓦尔帕支付了一笔赎金,金额即是皇帝的牢房里铺满金币直到他伸出手臂的高度,以换取西班牙人的释放。西班牙人接受了赎金,却并没有打算兑现承诺。与此同时,另一个争夺王位的华斯卡被暗杀,阿塔瓦尔帕也于1533年被处决。虽然阿塔瓦尔帕的赎金比从阿兹特克人那里掠夺的黄金要丰厚得多,但印加帝国也无法提供源源不断的黄金。皮萨罗和阿尔马格罗的随从很快陷入自相残杀。两位征服者都在冲突中丧生,导致查理五世在1542年取消了他们所拥有的总督职位,并于1542年设立秘鲁总督辖区。

美洲的宝藏一到达西班牙,就被用来支付军费。第一批阿兹特克黄金于1520年抵达巴塞罗那。当时公社(Comuneros)叛乱使皇室财政严重枯竭,查理五世正好用这笔钱支付了自己的皇帝加冕之旅。1534年,阿塔瓦尔帕的赎金收入被用来支付查理最成功的军事冒险突尼斯战役(Parker,1999)。印加帝国灭亡之后,没有大的财物来到,但是新格兰纳达的金矿开放继续提供了适度的资金流动,使扩张活动得以继续。[②]

尽管偶尔有意外的收获,但是1550年之前,卡斯提尔的矿产资源从来都不是主要的收入来源,要知道波托西和萨卡特卡斯的大型银矿分别是在1545年和1546年才被发现,能够形成商业规模的开矿技术要十多年后才被发明出来。[③]

[①] 该文件被称为Capitulaciones de Toledo。
[②] 新格兰纳达位于现代哥伦比亚和委内瑞拉的部分地区。
[③] 关于卡斯提尔进口贵金属量的标准来源,见Hamilton(1934);Morineau(1985)。

051

直到16世纪50年代中期,查理王朝统治末期,美洲贵金属才开始大量涌入西班牙。

最终,西班牙帝国的发展与查理五世的愿景大相径庭。神圣罗马帝国的皇冠传给了查理五世的兄弟,哈布斯堡家族的斐迪南一世,西班牙的土地将不再由一位"皇帝"来统治。尽管如此,菲利普二世还是第一个能够如实宣称日不落的西班牙统治者,这个帝国在每个已知的大陆上都拥有财产。菲利普二世统治下的卡斯提尔继续试图将其政治意志强加于欧洲。除了西班牙可观的经济资源外,它现在还可以依靠其海外的看似源源不绝的收入。金银汇款成为短期债务体系的关键因素。这样筹集起来的资金大多都用来支付菲利普二世的军队和舰队的耗费,这些资助决定了他能够发动军事行动,并最终决定了他的帝国命运。

菲利普二世统治时期欧洲的冲突

在菲利普二世统治期间,他治下的领域从未完全太平。[1] 战争的关键在于它可能带来荣耀或耻辱,财富或财政毁灭。继续为下一次战争筹集资金,或者偿还最后一笔债务,等等。诸如此类的事情在1500年以后的任何地方都会出现,这给统治者带来了极大的压力。在许多学术研究中,关注的焦点几乎涵盖了菲利普二世的各个行动,而有些超出了我们的研究范围。在这里,我们回顾一下那些对卡斯提尔之财政影响最大的事迹:圣战联盟、荷兰起义、无敌舰队。[2] 在本章最后,我们讨论它们如何对应西班牙帝国的统治逻辑,又如何反过来塑造西班牙的发展形态。

从圣康坦到勒班陀海战

1555年底,越来越虚弱和颓靡的查理五世最终决定转让他的领地。奥地

---

[1] 杰弗里·帕克(Geoffrey Parker,1998)论述了菲利普二世的统治生涯,在他42年的统治下,只有1577年的6个月没有发生重大的军事冲突。

[2] 从技术上来说,"舰队"是在荷兰起义的背景下发起的,其庞大的规模、范围和金融需求赋予了它的命运,历史文献中也经常把它作为一个单独的分析因素。

利的领土传给了他的兄弟斐迪南,斐迪南也有可能接替查理五世成为神圣罗马帝国的皇帝。查理五世给菲利普二世留下了伊比利亚王国及其殖民地、低地国家、西西里岛、那不勒斯和米兰,这些领土一起被称为西班牙帝国。

查理五世将自己视作一名中世纪的战士,率领他的部队参战。提香(Titian)在给查理的肖像画中所显示的便是米尔贝格(Mühlberg)战役获胜后,皇帝披坚执锐,胯下一匹高头大黑马的形象。与其父亲相比之下,菲利普二世是一个完美的管理者。相比战场,他更倾向于书房,他翻阅了数千份文件,其中许多文件都是他亲笔注释。他细致地管理着政府的事务,并在日复一日中与他的官员、利益相关者以及政治、经济支持者打交道。① 菲利普喜欢了解问题的各个方面,在征求和仔细权衡诸多不同的意见后才做出决定。这种以细节为导向的决策方式使他赢得了"谨慎的国王"这个绰号。他的肖像也是提香所绘,描绘了他站在宫殿内一张桌子前的形象,而非在战斗中的戎装像。

菲利普在长期的国外受教育期间,已经能够很充分地驾驭自己的位置,沉浸在国际事务和行政实践中。他熟悉政府事务,自1551年以来一直是西班牙王国的核心人物。虽然他个人对战士的角色不如他父亲那么热衷,但他发动了几乎持续不断的战争。在登上王位之后,他不得不与试图夺取哈布斯堡家族在意大利的财产的法国亨利二世对峙。菲利普二世的部队1557年在圣康坦(Saint-Quentin)和1558年在格里夫林(Gravelines)取得了决定性的胜利。虽然菲利普二世本可以进军巴黎,但他没有这样做,因为维持战争的资金不确定。1559年的《卡托-康布雷齐条约》(Cateau-Cambrésis)结束了意大利的战争,恢复了敌对之前存在的领土平衡,这同时也反映了两个竞争对手的财务枯竭。菲利普二世通过与亨利的女儿瓦卢瓦(Valois)的伊莎贝尔的婚姻换取了和平,西班牙称其为和平的伊莎贝尔,她是在葡萄牙的玛丽亚·曼努埃尔(Maria Manuela)和英格兰的玛丽一世(Mary I)之后,菲利普二世的第三任妻子。

确保与法国达成和平之后,菲利普二世搬到卡斯提尔居住,于1561年建成马德里,并将其定为永久首都。菲利普二世大部分时间都在西班牙,他亲自参加政府事务,与卡斯提尔精英建立联系,而这些举动是他父亲查理五世从未

---

① 查理五世统治时期的最后十年、帝国的转变、查理五世和菲利普二世之间的政治和个人差异,以及菲利普二世在君主制早期给帝国带来的个人印记,见于Rodríguez-Salgado(1988)。

来自地狱的债主

图 2　查理五世

第二章　菲利普二世的帝国

图3　菲利普二世

做到的。他不断直接或间接(通过秘书)地与贵族、僚属互动,使君主的利益与其支持者的利益更加接近。这种文化转型促进了政治和金融交易,使帝国在菲利普二世统治时期或多或少地保持了顺畅运行。

与他父亲的统治有些相似,菲利普二世的军事纪录混合了昂贵的胜利与灾难性的失败。1571年勒班陀(Lepanto)海战胜利之后,菲利普二世开始名声大噪。西班牙王国、威尼斯、热那亚、教皇国和其他小国的联合海军击败了奥斯曼舰队,成为桨帆船之间的最后一场大战。卡斯提尔和菲利普二世的其他王国花费了500万杜卡特来为联合舰队提供资金,这也占据了此次战争总成本中的最大份额。[1] 然而,随着赢得胜利,神圣联盟成员国之间就如何维护东地中海的利益发生了争执,奥斯曼人则利用这些分歧收回了他们失去的大部分前哨和要塞。几年之后,他们又一次袭击了西西里岛的海岸。尽管勒班陀海战最终标志着地中海的力量天平转而有利于基督教欧洲。然而,出于战争的代价和痛苦,在战争刚结束时,基督教欧洲似乎也没有什么值得庆祝和炫耀的地方(Kamen,2003)。

荷兰起义与无敌舰队

荷兰的起义始于16世纪60年代末,终止于1648年《威斯特伐利亚和约》(Peace of Westphalia),和约正式承认荷兰的独立。这场被称为"八十年战争"的暴乱耗费了巨大的资源。西班牙最好的战斗单位、军事指挥官、外交官以及卡斯提尔的大部分自由现金与信贷都曾投入其中。最终,16世纪唯一超级大国的努力失败了。西班牙的衰落是因为经常卷入欧洲的争霸战争,这种衰落最初还是渐进的,到16世纪50年代之后则加剧了,而这一切都可以追溯到它在佛兰德斯的失败。

自中世纪后期以来,低地国家一直是勃艮第公国的一部分。15世纪末,公国南部的土地被法国兼并,此后便不再作为一个独立的政体存在。玛丽成为勃艮第的女公爵之后,低地国家成为她的领地。同年,通过她与查理五世之

---

[1] Parker(1979)重新构建了勒班陀战役的成本,以及维持战果所需的持续支出。他总结说,面对奥斯曼帝国的威胁,战斗本身是唯一合理的行动方式,其总成本也是温和的。然而,维持地中海舰队的持续耗费却是库房亏空的主要原因。

第二章 菲利普二世的帝国

祖父马克西米连二世的婚姻,把她的领地也带入哈布斯堡的遗产之中。查理五世本人是在佛兰德斯的城市根特(Ghent)出生和成长的,所以他认为勃艮第教养是他身份的核心部分(Fernández Alvarez,2004)。① 活跃的工商业、优越的地理位置、良好的治理和新兴的公共体制及私人信贷使荷兰和佛兰德斯人的城市成为哈布斯堡领地内最富有的城市之一。② 因此,查理五世和菲利普二世经常在此寻求资金也并不奇怪了。

低地国家有着强大的城邦政府悠久传统。当他们认为君主越权时,他们会毫不犹豫地宣泄不满(Boone,2007)。即便是查理五世,他也曾亲历他的出生地根特在1537年的反叛,这是由于他为对付法国而过度征税与兵役所导致的。查理五世御驾亲征,于1540年平定叛乱,他处决了叛军的领导者,羞辱了剩下的公职人员,并撤销了一些城镇的特权。尽管如此,查理五世依然被认为是一个维护低地国家利益的统治者,与此不同的是,菲利普二世则相去甚远。荷兰人认为他对低地国家漠不关心,而且由于荷兰各省的新教徒与日俱增,这种情况最终会招致敌意(Parker,1977)。

荷兰的动乱发生在16世纪60年代初,菲利普二世同父异母的姐姐帕尔玛的玛格丽特担任摄政期间。在与法国的战争结束后,西班牙将军要求驻扎在荷兰的西班牙军队撤离。就在其后几年,税收问题、宗教冲突、军事存在以及投诉失德之吏的情况不断出现。然而面对荷兰地方贵族的谏言,菲利普二世表现得有些冷漠,多数情况下,他命令玛格丽特忽略或压制这些贵族的要求。③ 1566年底,荷兰爆发圣像破坏运动,这是新教徒针对天主教教堂的一系列反传统攻击,此事最终迫使菲利普二世介入荷兰。他任命鹰派人物阿尔巴公爵担任荷兰总督。阿尔巴率领1.2万人的军队抵达,并试图恢复秩序。然而叛军魁首奥兰治的威廉逃到了德意志,这等于放虎归山,不久后他便组织军队卷土重来。阿尔巴在布鲁塞尔设立了特别法庭审查叛乱分子,除了处决大批的加尔文宗信徒之外,法庭还审判并处决了两个受拥戴的天主教贵族埃格蒙特和霍恩。他们曾经

---

① 查理五世和菲利普二世统治时期,西班牙法院使用勃艮第议定书。
② 对于早期近代低地国家的一些优势的一般性处理,见 Tracy(1985,1990);Gelderblom(2013)。
③ 帕克(1979)把这种明显不稳定的行为归咎于菲利普二世认为荷兰问题是次要的,而他的精力完全致力于地中海的海战,最终导致了联盟的战争。

与奥兰治的威廉一起,带头反对菲利普二世的政策,然而他们仍然忠于国王(正如今天的荷兰国歌所显示的)。这些人被处决使得低地国家反对西班牙的统治更加坚决,也打破了斡旋和平的最大希望,八十年战争的帷幕拉开。

阿尔巴使用与对付布鲁塞尔叛军相同的严厉态度继续进行镇压,投降的叛军城市被洗劫一空,反抗的城市目睹了自己的人口被处死。有一些城镇为了生存而放弃叛乱事业,但还有一些城镇的抵抗运动却变得更加坚定。虽然阿尔巴在战场上有所斩获,但付出的代价却非常昂贵。最终菲利普二世在1573年任用路易斯·德雷克森斯(Luis de Requesens)为总督。德雷克森斯尝试了一个更温和的路线,但是菲利普二世不愿意考虑对各省的宗教宽容,从而关闭了缔结任何和约的大门。德雷克森斯在1576年去世,当时他正试图解决部队内部由于拖欠军饷而酿成的一次哗变。结果,没有总督与哗变的部队谈判,也没有及时支付下几个月的军饷,反叛的士兵便于1576年11月4日包围并洗劫了安特卫普。[①] 西班牙士兵屠城的恐怖行径促使所有包括效忠和反叛的省份签署了宣誓和平的《根特协定》,目的是驱使低地国家的西班牙军队停止宗教迫害。而此时,菲利普二世也暂时无法出资来继续平叛,面对各省份的统一战线,他只好暂时撤军。1578年,菲利普二世在奥地利的异母弟唐·胡安不幸逝世,这也是他两年之内失去的第二任荷兰总督。

到1579年,风向开始扭转。1575年破产的解决,新大陆白银的流入以及地中海战争的缓和使得菲利普二世为再征服荷兰筹足了资金。由于皇帝鲁道夫二世赞助的和平谈判发生破裂,荷兰各省分裂为阿拉斯联盟(忠诚)和乌得勒支联盟(反叛),与此同时,新的部队也被派往低地国家。菲利普二世的新总督帕尔马公爵逐渐夺回了南部省份,六年之后终于再度夺回安特卫普,并开始进入反叛的中心地带。

就在此时,北方各省于1581年的《誓绝法案》(Act of Abjuration)中正式拒绝菲利普二世作为其统治者。他们将王位提供给其他各个统治皇室,但是却没有王子愿意接受,要知道接受该王位即意味着立即与基督教世界最强大的君主发生冲突。在没有任何接受者的情况下,北方各省最终决定以共和国

[①] 见第五章,我们在这里详细探讨包围安特卫普背后的原因。另见 Drelichman and Voth (2011a)的在线附录。

的形式自治。"西班牙潮"(Spanish surge)再加上1584年奥兰治亲王威廉遇刺,使北方各省的政治动荡不安。为加强自己的军事地位,北方各省同意与英国缔结《诺萨其条约》(Treaty of Nonsuch),接受莱斯特伯爵为总督,以换取军事援助,结果证明这是一个不愉快的安排。尼德兰联省共和国的执政、拿骚的莫里斯(Maurice of Nassau)立即开始收回行政和军事权限,在军事和外交活动取得一些喜忧参半的成功之后,莱斯特于1587年返回英格兰。结合英国私掠船对西班牙贸易的破坏性袭击、英国对荷兰叛军的援助增加以及弗朗西斯·德雷克(Francis Drake)爵士于1587年袭击加的斯,《诺萨其条约》促使和加强了菲利普二世入侵英格兰的决心。这个想法的初衷是要斩断反叛者的生命线,或许在军事打击下还会迫使英国的新教君主进行宗教改革(De Lamar,1988)。

被英格兰击溃后受奚落的"无敌舰队"(Armada)是圣克鲁斯侯爵阿尔瓦罗·德巴赞(Alvaro de Bazán)的心血结晶。德巴赞是一位专业技术精湛的海军战略家,在包括勒班陀在内的众多海战中脱颖而出。作为跨大西洋运送白银的武装舰队护航系统的策划者,他对将大量军舰和运输船结合在一起的复杂行动并不陌生。"无敌舰队"计划早在1583年就开始提出,并经历了无数次的反复。圣克鲁斯侯爵、帕尔马公爵和国王试图协调一个巨大的事业时,经历了挫折、重新设计和转移。有时候,部分组装的舰队被派遣去做其他任务,从而将入侵计划延后了几个月。① 该计划最后的蓝本要求,127艘战船装载入侵英国所需的所有物资,舰队将从西班牙航行到荷兰。从那里,它将护送一支由帕尔马公爵统领的16 000人组成的军队,乘坐平底驳船穿过海峡,而其他的西班牙人马将在肯特附近登陆,然后向伦敦进发。

取得陆战胜利的优势是板上钉钉的事情,未经训练的英格兰民兵自然无法抵挡帕尔马的强悍老兵,英国人非常清楚这一点。1614年,沃尔特·罗利(Walter Raleigh)爵士与理查德·格伦维尔(Richard Grenville)爵士一起受命担负德文郡和康沃尔郡的防御工作,沃尔特写道:"当帕尔马公爵登陆英国时,我们真的没有一支像样的武装能够抵挡这样一个强劲的对手。"正如帕克所

---

① 关于"舰队"的多重重叠计划,以及它所经历的延误和挫折的讨论,请参阅De Lamar(1988)。

说,如果舰队登陆成功的话,西班牙将获得可观的利益,这一行动也将被视为菲利普二世最辉煌的时刻。①

当然,困难正是在于如何按计划登陆。由于资金投入缓慢,菲利普二世及其指挥官不断地在规模和目标的确定方面摇摆不定。由于多年的延误,1587年英国人袭击加的斯之时,圣克鲁斯竟无法获得足够多的适航舰船。而荷兰方面,帕尔马也很难使他的入侵之师长期保持战斗准备,况且在等待船只的时候他们还要因为伙食和军饷而耗费开支,糟糕的是,他们望穿秋水也没有等到船只的到来。

1588年冬天(西方人将12月—2月视为冬季),德巴赞意外离世。国王已经决定,无论付出多少费用,这一年的行动都将继续,国王让麦地那-西多尼亚(Medina-Sidonia)公爵接手此事。虽然麦地那-西多尼亚被当代的历史学家唾弃为将"无敌舰队"葬于其手的无名贵族,但实际上他是一位优秀的军事组织者和管理者。他设法在几个月内完成了船队的装备,并在开春之时开进佛兰德斯。

麦地那-西多尼亚是一位谨慎的指挥官,并非像前几代作家所描述的是一个晕船的拙笨之人。他的行动完全符合无敌舰队的目标,包括菲利普二世在内的每一个人都知道这项事业是有风险的,并且西班牙人认为风险是值得的,因为潜在的收益是巨大的。舰队遭遇耻辱的结局并不是无能的结果,其实是反映了执行该计划在逻辑上的困难,再加上执行过程中出现了一系列意想不到的负面冲击。②

1588年7月,无敌舰队穿过海峡驶入佛兰德斯,它本应在48小时内与帕尔马的部队联手,但事实上却没能发生。格里夫林海战(Battle of Gravelines)之后,无敌舰队在英国火船和飓风的摧残下支离破碎,舰队被迫绕过不列颠群岛,在苏格兰和爱尔兰海岸遭遇了沉船事故。最近的计算表明,有43艘船只失踪或损坏,大约是船队的1/3(Casado Soto,1988)。人员损失更难以量化,无法确定最初有多少水手和士兵参与了航行。粗略估计,伤亡人数为8 700

---

① 罗利的言论和帕克的评价见于Parker(1979)。
② 这个观点已经可以在Mattingly(1959)找到;Thompson(1969),Rodríguez-Salgado(1990)调查了更近期的工作,支持这样一个观点,即舰队的灾难更多是因为出现负面风险,而不是自大和无能。

人,约为初始兵力的50%。① 命运的转折其实早已注定,灵活而高效的英国船只早在16世纪50年代就曾经挫败过西班牙船队。历史就是这样吊诡,这些船只是在当时英格兰女王玛丽一世的配偶向枢密院的推荐下建造的,这个"配偶"不是别人,正是菲利普二世本人(Parker,1996:91)。②

作为一场重大的灾难,舰队的失败对于西班牙的军事地位的负面影响其实远低于人们想象中那般重大。一年之内,舰队的实力就得到了补充,英军反击的威胁也被有效地阻止。当然这一系列操作仍然非常昂贵,花费了1 000万杜卡特,而这是两年的皇室收入。值得注意的是,这个计划的失败并没有导致破产。③ 可见菲利普二世的帝国可以承受这样的经济损失,并能在未来的战争中幸存下来,这也说明了它可以聚集巨大的资源。在财政和军事决策中要充分考虑到失败的危险。1589年德雷克·诺里斯远征队(Drake-Norris expedition,同样是因对抗"无敌舰队"而著称)的失败给了西班牙人一个喘息的机会,两国继续进行海上征战以及互相袭扰沿海城镇。敌对行动在1596—1597年间达到高峰,当时英国的一次远航占领了加的斯两周。菲利普二世派出两个报复性的武装舰队,其使命与他们的"无敌"前任有些相似。这种消耗战加上与法国亨利四世的持续敌对行动,最终使卡斯提尔的财政严重受损。意识到卡斯提尔无力继续在两条战线上进行战斗,菲利普二世最终派出特使促成了"韦尔万的和平"(Peace of Vervins,即《韦尔万条约》),在1598年终止西班牙与法国的战争,而菲利普三世最终也在1604年停止了同英国的战争。④

菲利普二世统治下的领土扩张

菲利普二世在任期间,花费了大量的资源来发动战争,产生的领土收益却

---

① 罗德里格斯·萨尔加多(Rodriguez-Salgado,1990)提供了对现有估计的调查。
② 菲利普于1554年(当时他还是王子)到1558年(当时血腥玛丽去世)之间与玛丽一世结婚。她是菲利普二世的第二任妻子。
③ 尽管如此,这次失败还是使议会目标明确,为新的行动积蓄力量,即毫无保留地为王国辩护。有关深入的分析,请参阅第三章。
④ 关于1596年破产和皇室财务在韦尔万之和平中的作用,参见Gelabert(2013)。

很少。但是另一方面,西班牙帝国最大的扩张却来得很廉价,其中值得特别注意的有两点:美洲和亚洲的殖民地,对葡萄牙及其帝国的兼并。

海外领地

哥伦布远航之后不久,西班牙就开始了征服新大陆的征程。在这个努力中,西班牙面对的不是欧洲对手。英国人只是在16世纪下半叶才闯入西班牙进行私掠船突袭,直到17世纪才有了领土要求。法国人主要集中在新法兰西,除了佛罗里达州的卡罗琳堡(Fort Caroline in Florida)短暂定居点外,并没有与西班牙发生直接冲突。葡萄牙是仅有的发现新大陆的竞争者。伊比利亚两个邻国之间的关系受到1494年的《托德西拉斯合约》的约束,这使得他们处于双方商定之"教皇子午线"的不同侧面。由于在新大陆与其他欧洲大国发生冲突的威胁不大,使得卡斯提尔能够使用私营企业制度,以较低的成本对新大陆进行勘探、征服和殖民。探险家获得官方的特许状,这赋予他们管理领土或掠夺战利品的权利。这次探险大部分是由私人资助的。王室通过强制手段在塞维利亚开展殖民地贸易垄断,设置西班牙贸易署(Casa de la Contratación)进行监督。按照皇家第五税,它对美洲和西班牙之间的贵金属流动征收平均20%的税,对所有其他商品征收2.5%的税(avería)。而塞维利亚和卡斯提尔其他地方之间的贸易要征收额外的税(the Almojarifazgo Mayor de Sevilla)。

随着西班牙在新大陆的足迹不断扩大,跨大西洋的贸易额也在增长,建立官僚机构和军事存在成为紧迫的事情,最重要的问题之一是保护船只。这些满载贵重金属和贵重商品的船只,是海盗的目标。穿越大西洋时,会有武装的大帆船随行护送,由前面提到的商品税(avería)资助。由于护送人员的数量和规模都有所增加,最终演变成一个运宝船系统。从1565年起,这些船在塞维利亚和殖民地之间每年航行两次(Hamilton, 1929)。武装船队还确保返回航行的船只停靠在塞维利亚,指定在那里对船只上的货物进行监测和征税。尽管如此,走私活动仍然很严重,船长们愿意收受贿赂,携带一些未申报的财宝。他们趁夜里在瓜达尔基维尔河口将这些货物卸下,也就是在前往西班牙贸易署的前一站。[1]

政府建设也在新世界中不屈不挠地推进,但是在雷吉纳·格拉夫和玛丽亚·亚历杭德拉·伊里冈(Regina Grafe、María Alejandra Irigoín,2006)的论述中称之为"西班牙君主制的各种制度先例的折中混合体"。探险家和征服者很快让位于职业官僚,征服时设立的长官被归为新西班牙和秘鲁的总督。[2] 除此以外,为解决争端设立了法院;为解决殖民地的税收设置了银行(cajas)。1524年,一个位于西班牙法院的皇家机构——西印度群岛委员会(Council of Indies)成立,负责监督新大陆的政府。实际上,殖民地单位保留了很大程度上的自治权。要知道,新大陆与西班牙相隔甚远,直接统治是不可能的。从秘鲁到西班牙的信件如果按照航行时间表的最快航班发送,也需要几个月才能到达,回复至少需要一年,通常还要花费更多时间。

日益增长的经济影响力增强了殖民官员的力量。随着殖民时期的到来,地方政府建立了一个税收和财政转移网络,只是象征性地在运作中提到西班牙中央政府。尽管如此,新世界还是为卡斯提尔带来了实质性的利润。支付薪水作为殖民地政府最大的支出,仅占新西班牙收入的3%,到16世纪占新格兰纳达和秘鲁收入的12%。[3] 除此之外,卡斯提尔还要对贸易和在塞维利亚登陆的货物征税。因此,行政费用的负担相对更低,而从美洲殖民地获取的净收益更大。也就是说,管理殖民地的总体成本远远低于卡斯提尔从殖民地获得的收益。[4]

菲律宾是卡斯提尔第二个重要的殖民地前哨,斐迪南·麦哲伦(Ferdinand Magellan)于1521年首先对此地进行了勘察。1565年,此地成为西班牙人的永久基地。马尼拉于1571年建成,它主要作为一个通商港口来满足中国对塞维利亚白银的巨大需求(以及后来直接来自阿卡普尔科)。黄金和各种奢侈品回到

---

[1] 米歇尔·莫里诺(Michel Morineau,1985)报告说,贿赂约占未分类宝藏价值的7%。因此净储蓄是13%("储蓄"皇家第五税减7%)。也许还有一点时间上的优势,因为贸易署经常保存宝藏长达一个月。未经申报的宝藏被罚四倍的价值(Hamilton,1929)。监测的风险似乎相当低。关于没收的违禁品的通知很少,荷兰的商业出版物和意大利的外交函件详细讨论了违禁品。

[2] 新西班牙指的是现代墨西哥。

[3] 关于西属美洲的制度特征、政府间转移和行政费用的精彩讨论,见Grafe and Irigoín(2006)。

[4] 然而,并不是所有的宝藏都在塞维利亚征税。一部分是在殖民地测定、征税。这个比例随着殖民地对税收和货币需求的增加而增加。

西班牙,有一些还被转送到殖民地。然而,管理菲律宾群岛与管理美洲总督有很大不同。当地人民在军事上更加先进,地理环境更加复杂,导致不断出现小规模的冲突和袭杀。由于高昂的安全成本和缺乏资源型经济,这个殖民地努力维持着收支平衡。它对帝国的经济利益主要是以"白银贸易圈"的形式出现的,这也有利于为西班牙商人和卡斯提尔王国赚取巨额的利润。[1]

葡萄牙

1578年,葡萄牙年轻的国王塞巴斯蒂安在阿尔卡塞尔·基比尔战役中丧生,他尚未婚娶,自然没有留下一男半女。他的去世引发了继任危机,这个位置不亚于世界上最大的商业帝国。塞巴斯蒂安伟大的叔叔"纯洁的亨利"(即恩里克)接替了他成为葡萄牙国王,恩里克这位枢机主教担任国王期间也没有选定自己的合法继承人。两年后,他的去世招致了又一轮对葡萄牙王位继承权的争夺。

葡萄牙的继承问题反映了复杂的王室阴谋和近亲联姻在欧洲皇室家庭中的普遍存在。在过去的三代中,卡斯提尔和葡萄牙的统治家族曾多次通婚。阿拉贡的玛丽亚,天主教国王的女儿,嫁给了葡萄牙的曼努埃尔一世。他们的儿子葡萄牙国王约翰三世娶了奥地利的凯瑟琳,凯瑟琳是疯女王胡安娜和美男子菲利普的女儿,也是约翰三世的表妹。他们的儿子约翰·曼努埃尔(John Manuel)娶了奥地利的琼,琼又是查理五世与葡萄牙伊莎贝尔(又是曼努埃尔一世的女儿,阿拉贡玛丽亚的女儿)的女儿。约翰·曼努埃尔在继位之前就去世了,王位由塞巴斯蒂安继承。后来也参与争夺葡萄牙王位的菲利普二世,其实是塞巴斯蒂安的叔叔。在塞巴斯蒂安逝世的时候,世俗上接替他的更强烈的主张是布拉甘扎家族(House of Braganza),因为其成员,布拉甘扎的凯瑟琳和拉努西奥·法尔内塞是从曼努埃尔一世国王直系男性世代相传的后代。[2] 受益于他的母亲伊莎贝尔,菲利普二世只能算是曼努埃尔一世的旁支,从而使他的夺位法理变

---

[1] 关于菲律宾在西班牙贸易中的作用的讨论,见 Flynn and Giráldez(2004)。

[2] 拉努西奥(Ranuccio)是帕尔马公爵和荷兰总督亚历山大·法尔内斯(Alexander Farnese)的儿子。考虑到他父亲作为菲利普二世的直接下属的地位,雷鲁乔的权利没有被追究。他的姨妈凯瑟琳(Braganza)试图说服菲利普支持她的事业。在1640年伊比利亚联盟的解散之下,凯瑟琳的后代将被誉为葡萄牙的盟友统治者。

弱。另一个争夺继承权的是克拉图修道长(Prior of Crato)安东尼奥,是曼努埃尔一世国王的直孙,但他是非婚生的。①

这场危机是贵族分裂的结果,这反映了对十多年来软弱腐败的政府、不断增加的税收和萎靡不振的经济的深深不满。希望将王位保留在葡萄牙人头上的民族主义派别贵族站在克拉图修道长一边,但他缺乏民众支持。商人贵族则逃到西班牙并支持菲利普二世,寻求引进他们认为的卡斯提尔政府的卓越模式。菲利普二世无视他争夺王位主张的血统弱势,以退休为名召回阿尔巴公爵,任命他为入侵葡萄牙的军队的首领,阿尔巴在阿尔坎塔拉战役中轻而易举地击败了克拉图修道长训练有素的部队,1580年底,托尔马尔爵士宣布菲利普二世为葡萄牙国王。为了换取贵族的支持,菲利普二世承诺尊重葡萄牙在语言、货币、贵族特权和财务管理方面保持独立。这样,商业帝国将继续由葡萄牙国民经营,作为葡萄牙国王,菲利普不能将葡萄牙的特权授予西班牙人,也不能指定西班牙人(王室成员除外)担任葡萄牙要职。在菲利普二世余下的统治时间里,两个王室依然严格隔离,国库之间没有直接的转移,也没有出现对葡萄牙财政管理的其他重大干扰。

葡萄牙确实为伊比利亚联盟付出了重大代价:丧失了独立的外交政策。现在,它必须向菲利普二世提供军事支持,这在无敌舰队时代是一项沉重的义务。德巴赞利用当地资源和海军专业知识,在葡萄牙港口组建了这支舰队。葡萄牙提供了舰队1/5的船只,包括4 500名水手和士兵(Boyajian,1993),因此,葡萄牙商人也成为英国私掠船的目标,这些私掠船对较小港口的袭击以及偶尔对里斯本的威胁一直持续到英西战争结束。

伊比利亚联盟对葡萄牙经济的第二个影响是亚洲贸易的衰退。最终,葡萄牙被荷兰取代,成为东方主要的商业帝国。卡斯提尔在自由企业的基础上组织殖民扩张;由皇家特许的个人探险家承担了所有的风险,并获得最大的利润份额。另一方面,葡萄牙帝国由王国政府直接打造和管理(Rei,2011)。当西班牙人接管葡萄牙帝国时,因为他们没有能力处理其商业模式,导致了亚洲贸易因此而受损。

---

① 我们在这一部分的记录是来自葡萄牙历史的两个经典来源Marques(1979)和Serrão(1982)。

葡萄牙的精英阶层最终会对自己国家在17世纪与卡斯提尔的结合感到不满。然而，菲利普二世——在葡萄牙被称为菲利普一世——遵守了他的约定，将两个王国政府严格分开(Serrão,1982)。葡萄牙在军事方面做出了巨大的贡献，伊比利亚贸易帝国在亚洲面临挑战的同时，在东方和西方仍然没有任何竞争对手。伊比利亚联盟是菲利普二世帝国极具成本效益的扩张，它以单一的、有限的军事行动为代价，为国王的个人财产增加了一个贸易、权力和海军力量的世界，并为卡斯提尔的军事行动提供了有利的帮助。

帝国的逻辑

军事选择

菲利普二世的财政问题经常被归咎于他的皇权野心。西班牙从16世纪霸主级超级大国走到18世纪初成为一个被法国、英国和荷兰争夺的对象，也是由于帝国的过度扩张造成的。这个论点很简单：西班牙在权力鼎盛的时候，没有按照其他欧洲列强所倡导的方式，改革财政和行政结构。根据这个模式，西班牙的失败是由于自满、无能和迷信所导致的，或者是因为花费了如此多的生命和资源之后，寻求改变已难以实现。约翰·E.艾略特(John H. Elliott, 1963a)曾说过："在帝国事业本可以被缩减的关键时刻，卡斯提尔似乎发现自己处于这样一种境地：调整并且适应新的经济现实，只能以牺牲其最珍视的理想为代价。"[1]在过去的选择逻辑中，西班牙即使遭到了雄心壮志无法实现的打击，最后也没有力量或意愿去选择全身而退。

最近的文献反而将帝国视为一个跨国企业，总部设在卡斯提尔，由相当自主的"商业单位"组成。[2] 关于在何处扩张边界的决定是由机会和预期收益共同决定的。这是一个必要的特征，因为大多数帝国企业都是由第三方支持、赞助和执行的，这些第三方必须把他们的命运与西班牙的命运联系起来。亨利·

---

[1] 对于帝国过度扩张的另一位说明者，见于Kennedy(1987)。
[2] 帕克(1998)是第一个在阐明菲利普二世帝国战略指导原则的背景下支持这一理论的学者。卡门(2003)把它扩展到整个西班牙帝国。

卡门（Henry Kamen，2003）指出，西班牙帝国是由德国、热那亚和那不勒斯的金融家，佛兰德斯、荷兰和葡萄牙的造船商，来自欧洲和亚洲各个角落的贸易商以及各民族的士兵，包括在美洲的土著人民以及来自西班牙自己敌人的雇佣军共同造就的。他们每个人都以自己的方式冒着生命和财产危险，从事在当时看来是很有前途的事业。当一个热那亚银行家向佛兰德斯陆军的出纳员提供大笔贷款时，他完全清楚这些资金将被用于什么目的，并且相当清楚这笔钱将从帝国的哪一部分偿还。军事指挥官为胜利而谋划和战斗，即使是在最具标志性的无敌舰队的失败上，军事史学家的共识也是：西班牙舰队在肯特登陆建立滩头堡并迫使英国谈判的目标是可行的，而且很有可能实现。

　　军事史学家也研究了菲利普二世所进行的对抗模式。帕克提出了"多米诺骨牌理论"。[①] 帝国的欧洲部分尽管在地理上比较分散，但建立起来的局面并不松懈。考虑到低地国家和意大利北部的财产非常丰富，必须加以捍卫。而把这两者联系起来的"西班牙之路"是至关重要的，这也给法国统治者造成了一种包围感，促成了两国间几乎永久的冲突状态。如果尼德兰得到安抚，那么也不需要去对抗了。同样，当奥斯曼帝国向西进入地中海时，从军事和经济的角度来看，主要的选择是反击。菲利普确实拒绝放弃任何领土，因为他认为这是他遗产的一部分，最后归上帝所有。当然，在没有危及帝国领土其他部分的情况下，菲利普二世也不会轻易地将某一块领土拱手送出。

　　西班牙现今的景象容易使人们幻想帝国当年的过度扩张和衰落，值得一提的是，在菲利普二世漫长的统治时期，几乎没有出现过这种被长期肢解的先兆。卡斯提尔继续在17世纪进行扩张，甚至在菲利普四世统治时期还深入荷兰。当然卡斯提尔并不是在每一次对抗中都取得了胜利，但是一些负面的结果不会影响到帝国的大局，如果无碍于整体的完整，一些事业出现亏损也是可以接受的。

回到卡斯提尔

　　西班牙帝国的日常业务往往非常分散。按常理来说，每块领土上的负责

[①] 在这里，我们大部分遵循Parker（1972，1998）。Pierson（1989）对导致无敌舰队的战略选择提出了类似的观点。

人都很期望提高自己辖区的收入,用来支付包括地区防卫、满足君主所需在内的大部分开支(Rodríguez-Salgado,1988)。① 然而,帝国军事和地缘政治战略的执行,往往需要在领土之间进行大规模的资源转移。这些转移是政府最高层决定的,由卡斯提尔的中央财政署直接处理,卡斯提尔王国政府还承担进行这些转账所需的贷款和兑换业务。这些贷款的支付几乎完全来自卡斯提尔的殖民汇款、国内生产和消费、国际贸易的增长以及直接对其臣民征收的税收。因此,卡斯提尔既是中央票据交换所,也是最后的出资人。② 为了保持帝国的稳步发展,卡斯提尔需要一个运转良好的财政和金融机构,而这正是本书剩余部分所关注的焦点。

---

① 这一规则的例外是新大陆的殖民地,如(Grafe and Irigoín,2006)所示。西班牙和美洲之间巨大的地理障碍可能导致该地区出现了殖民地转让系统。
② 迪金森(P. G. M. Dickson,1987)对哈布斯堡治下之德国的财产也有类似的看法:中央领土首当其冲,税收负担轻微。在腓特烈大帝在奥地利王位继承战争中失去西里西亚之后,玛丽亚·特蕾西亚的顾问们惊讶于腓特烈如何从根本上增加了税收。

第三章 税收、债务和财政机构

近代早期的君主开始注重绝对王权的实现,路易十四的名言"朕即国家"是这种要求的最好体现。而关于1500—1800年欧洲国家的特征,也是现代经济研究的热门。[1] 一代修正主义历史学家已经有力地论证,近代早期的王权在实践中从来不受约束。[2] 然而事实却并非如此,"绝对主义"可能被视作精英阶层和王权互利的社会安排,前者为后者提供了至关重要的社会支持。[3] 拿著名的法国来举例,罗兰·穆妮埃(Roland Mousnier,1974)认为,路易十四和他的继任者主要以协商的形式来统治法国。专制主义比现实更戏剧化,在每个国家的不同地区,历史继续在不同程度上塑造国王与臣民之间权利和自由的界限。

16世纪的卡斯提尔,王权的范围长期受"收复失地运动"(Reconquista,又称再征服运动)的影响。在中世纪,拉丁基督教王国每一次挺近阿拉伯领土之后,基督教国王都面临着如何保持自己利益的问题,为了鼓励被征服土地上的人口再增长,他们常常赋予城镇大量的公地和广泛的政治自由。以同样的方式,宗教教团被授予大片领土,用以建立修道院,作为精神中心和经济发动机。在近代早期的初期,这些权利严重限制了王室的资源,而当时欧洲大多数国家的主要收入来源正是依赖于王领。所以卡斯提尔所给予城镇和宗教教团的土

---

[1] 例如阿西莫格鲁、约翰逊和罗宾逊在2005年就把西班牙定义为"绝对主义"国家。
[2] 例如,参见理查德·邦尼(Richard Bonney,1987)的"绝对主义之定义"。
[3] 我们不在这里回顾有关绝对主义现实的所有文献。较好的概述,见Oestreich(1969);Parker(1983)。

地缩小了王领的面积,从而减少了王室的收入。"福埃罗"导致封建秩序薄弱,剥夺了国王的直接军事支持,迫使他们与城市进行直接谈判来解决征税问题。

"收复失地运动"结束后,天主教国王开始重申王室的权威,这在查理五世和菲利普二世统治时期得到了继承和发展。然而,这种推动在内部受到城市力量(以及某种程度上的贵族和教会)的限制,而在外部则受到国家所倚仗的军队的制约。为了获得额外的资源,国王必须在漫长的过程中与城市讨价还价,而且往往还需要昂贵的让步,这样的结果远非一个绝对君主完全掌控中央体系的形象。而到16世纪末,卡斯提尔已经在财政压力下设法增加了税收,使其征税水平远高于竞争对手。[1]

在这一章中,我们论述了卡斯提尔在哈布斯堡王朝统治下的政治和财政制度的演变,重点介绍了可能促使其显著扩张的机制和事件。然后,我们介绍本书的主要财政和财务数据,这两个是关键。首先,依靠公开的资料来源,我们仔细重构了1555—1596年的财政收入数据系列。接下来,我们使用从档案中手工收集的新数据,编制新的阿西托恩短期贷款数据系列。这两个数据系列都是我们书中其余部分分析的基础。

政治组织

王国政府和王国

西班牙的王室或政府是国王形象的化身,并由一个对不同公共领域负有行政责任的委员会系统组成。[2] 这一制度始于中世纪后期,16世纪时在哈布斯堡王朝的统治下得到巩固。[3] 卡斯提尔议会(council of castile)听取所有重大事项并作出裁决,它同时也是最高上诉法院。西班牙君主治下的大部分领土都有自己的议会(包括阿拉贡、纳瓦拉、意大利、佛兰德斯、葡萄牙和西印

---

[1] 我们在第八章中提供了一套完整的国际对比。
[2] 从技术上讲,所有的行政决定都是由国王发起的,而议会只限于其名称所暗示的咨询职能(consilium)。议会的行动被称为咨询,这意味着提供意见。在实践中,国家事务的庞大规模意味着,除了最重要的决定外,所有的决定都是由议会制定的,并由国王裁决。
[3] 对议会制度的描述,我们遵循了Artola(1988)。

度)。除此之外,财政委员会负责大部分财政和财务事宜。① 再加上战争委员会、宗教裁判所、军团委员会以及内庭理事会共同构成上层的行政机构。

与王权相比,"王国"是由一系列不同的社会阶层、市政委员会、市政当局和王国的各级组织组成。而给这个王国带来生命的机构是议会(cortes)②,这种代议制会议可以至少追溯到 12 世纪。③ 从 14 世纪开始,议会(cortes)的投票权专属于卡斯提尔的城市代表,而神职人员和贵族被排除在外。15 世纪上半叶,投票城市的数量固定在 17 个,格兰纳达在 1492 年被收复后成为第 18 个投票城市。从中世纪后期开始,议会(cortes)便成为城市精英的主要阵地,虽然在 15 世纪,议会(cortes)只是不定期地召开会议,但是从 16 世纪开始,议会(cortes)平均每三年举行一次会议。④

按照中世纪宫廷的传统,议会(cortes)的职能是为国王提供资源和建议(auxilium et consilium)。这采取了授权的形式,同时提交一份意见和请求清单供君主考虑。许多税收需要议会(cortes)批准,其中最重要的是被称为"alcabalas"的销售税,紧随其后的是称为"servicios"的人头税(两者都在下文讨论)。可以合理地预期议会(cortes)会提升以前的税收水平;拒绝缴税将被视为叛乱行为。在更新现有税收水平时,议会(cortes)敢于与国王对抗的最大举措是在对新税收水平进行投票之前尝试对其申诉。即使在这个有限的目标上,它也几乎从未成功。议会(cortes)最接近的申诉成功是在 1576 年,当时议会(cortes)要求降低销售税(alcabalas)的税率。经过多次的讨价还价之后,国王同意考虑这一请求,并暗示他会批准这一要求,条件是议会(cortes)首先更新以前的资金水平。议会(cortes)尽职尽责,当之前的税收得到恢复之后,国王才优雅地降低了税率。⑤

---

① 某些收入来源由财政委员会以外的机构管理。比如通过教会征收的税收,由十字军东征委员会监督;稍后,被称为"新消费税"(millones)的税种将由议会(cortes)的下属机构地方协会进行监督。
② 为使读者阅读方便,译者根据上下文表述,酌情将 cortes 译为议会。——译者注
③ 议会(cortes)一直是大量学术研究的主题,出现了不少新的贡献。对于一些以近代早期为中心的一般研究,请参见 Carretero Zamora(1988),Tompson(1976,1993,1994);Fortea Pérez(2009);"莱昂和卡斯提尔议会会议记录"(1989)。第一次有记录的议会(cortes)会议于 1188 年在莱昂举行。
④ 议会(cortes)必须由国王召集,不能自行召集。如果议会(cortes)没有定时召开,一些税收在技术上将失效,因此君主有强烈的动机要求定期召开大会。
⑤ 请参见 Jago(1985);Fortea Pérez(2009)。

然而,当国王要求增加税收时,议会(cortes)可能会推迟、迫使国王让步或者拒绝国王的要求。一个案例就是 1575 年议会(cortes)拒绝了国王要求增加 3 倍销售税的要求。诉讼程序拖延了几个月,伴随着王室财政状况的恶化和低地国家的战争陷入僵局。最终达成了将税收翻倍的协议,但收益来得太晚,无法避免当年的破产。由此可见,对于被定性为"绝对专制"的君主,菲利普二世在现实中却受到了不少的限制。

议会(cortes)在危机时期是最有权力的,危机通常由军事困境所引发。然而,自 1519 年查理五世和议会(cortes)的对峙之后,议会(cortes)在其他情况下抵制王室压力的能力就大大减弱了。当时议会(cortes)为了支付查理二世继承神圣罗马帝国后巡游费用而召开会议,由于了解到查理二世的帝国野心可能是由卡斯提尔的税收所资助,城市精英们抵制了这一举动。其中有几个代表明确拒绝授予其全部权力,要求国王在批准任何征税之前,征求市政府的意见。议会(cortes)最初是在圣地亚哥德孔波斯特拉召开的,随后查理二世将会议搬到了更偏僻的拉科鲁尼亚,在那里他用武力迫使这些代表们服从于他的意志。① 有趣的是,当塞戈维亚的一群暴徒用私刑处死一名从议会(cortes)回来的代表时,随后起义开始了,虽然这场起义持续了一年,但查理二世最终还是毫不费力地将其镇压下去。

议会(cortes)在提供财政支持方面的一个关键特征是将收入来源定义为"常规"或"非常规"。在中世纪时期,常规收入是永久性的,而非常规的收入必须在每次会议上重新授权。到了近代早期,这两种收入当然都得到了更新,但是这个区别还是很重要的,因为长期债务只能兑换为常规收入。因此,议会(cortes)拥有一个重要的财政控制工具,通过拒绝批准新的常规收入或拒绝批准将非常规收入转换为常规收入,可以有效地设定官方发行之长期债务的上限。

贵族

卡斯提尔贵族的结构,就像欧洲所有的新兴国家一样,是中世纪军事历史

---

① 这些事件支持了 David Stasavage(2011)的猜测,认为地理上的距离可能是议会在监督和约束近代早期时期君主的一个主要障碍。

的产物。① 在从阿拉伯人手中收复的地区,新合并的村庄和城市获得了广泛的自由,这个过程导致了一个薄弱的封建结构。一个城镇领主(señor)的权力受到先前授予市政委员会的特权的严格限制。一些叫"贝赫特里亚斯"(behetrías)的城镇甚至被赋予选择自己封建主的权力。直到 16 世纪后半叶,许多领土并没有完全臣服于一个领主,仍然保留国王的领地,但不受封建义务的约束。之后,王室开始把它们卖给贵族家庭筹集资金。② 一个相关的筹资战略是出售这些土地(tierras baldiás-literally,字面意思是"空地")。尽管这些土地严格来说还是属于王室的一部分,但城镇和农民已经将它们作为公地使用了几个世纪,这些土地的私有化给当地经济带来了严重的混乱,造成的问题与英国圈地运动中出现的问题相类似。③

从中世纪后期开始,构成上层贵族的封建领主的权利通常只限于在他们的土地上收取租金以及其他一些封建费用,司法制度很早就过渡到王室手中,兵役也是如此。到了 15 世纪,兵役完全由职业军或雇佣兵来担任。贵族们因此更加接近国王,国王仔细地在不同的贵族阶层之间分配重要的政府职位,指派贵族去军事指挥所就职,并对此加以控制,定期收取贡赋。

在查理五世和菲利普二世统治期间,小贵族的数量也大幅度增加,著名的堂·吉诃德便是这样的西班牙小贵族。传统史学认为,新兴的小贵族是在税收豁免之后出现的,因为贵族不应该从事体力劳动,所以也认为新贵族离开了劳动力队伍,布罗代尔(Braudel,1966:517)曾把这一现象称为"资产阶级的叛逆"。实际上,与获得贵族身份的成本相比,免税的价值是微不足道的,而且大多数西班牙小贵族都离不开劳动力。他们寻求恩宠的主要原因是利用了一个规定——为贵族们保留了一半的市政职位。虽然有一小部分小贵族成功地获得了有利可图的任命,但是大量新兴小贵族的存在和产生意味着多数人都没能得逞。除了一纸能证明其身份的法庭文件,他们还是过着和往常一样的平凡生活。虽然从文化的角度来看,贵族的这种扩张具有重要意义,但却没有带

---

① 有关近代早期卡斯提尔贵族的概述,请参阅 Domínguez Ortiz(1985)。
② 由于城镇失去了对新兴地主的收入来源或者财政压力的增加,对原来自由的城镇出售领主的特权给当地经济造成了严重的困扰。几个城镇为了购买自己的特权而颁布了非常税,并且没有外部的霸主地位。关于出售哈布斯堡王朝城镇的讨论,见 Nader(1990)。
③ 有关荒芜公地私有化的更多信息,请参见 Vassberg(1975,1984);GarcíaSanz(1980)。

来任何财政或政治上的实际后果。①

教会

  天主教会在西班牙的政治和财政命运中起了关键作用。当 8 世纪阿拉伯人占领伊比利亚半岛的大部分地区时,天主教是被击败的西哥特王国可以找到的少数共同特征之一,由此可以形成一个统一的阵线来对抗入侵者。"收复失地运动"的 7 个世纪中,宗教和王室发展了一种几近共生的关系。教会是军事机器的一部分,以四种宗教军团的形式存在——圣地亚哥(Santiago)、阿尔坎塔拉(Alcántara)、卡拉特拉瓦(Calatrava)和蒙特萨(Montesa),这些宗教军团获得了大量土地,而所分配之土地大多数是他们从穆斯林手中夺回来的。在一个通过征服建立起来的没有足够定居者的新国家,修道院的建立是巩固其存在的一种有效方式,而王国政府也愿意把周围的土地割让给新的修道院。当这个国家慢慢地被基督教安置的时候,教区被迫提供财政服务,代表王国政府征收一些税费。牧师非常了解他们的教区居民的情况,并且可以在道德上左右他们,所以在确保这些居民支付应纳款项方面,牧师比王室工作人员有更好的条件。

  通过调查教会的财产可以掌握其影响力,而一旦获得教会财产,就不能以任何方式出售、抵押或转让。获得和继承新财产的一种方式是富有地主的遗赠,这在一个把人间的善行视为实现永久救赎方式的社会中,是一种常见的现象。然而,更为重要的是教会组织在为中小型田地所有者提供长期财务方面发挥了重要作用。在经济衰退时期,地主把土地出售给大教堂或修道院是很平常的,作为交换,他们会收到一笔资金,并签订永久租约(censo)。到 17 世纪末,教会是西班牙最大的土地所有者,其大部分收入来源于地租和抵押贷款,18 世纪中叶的地籍资料显示,教会拥有卡斯提尔地区 12.3% 的土地,占农业生产的 19.5%,加上教会里教士的个人财产,总共控制的土地数量达到 24%。然而,地籍调查只确定了直接开发土地的人,而不是征用权的持有人。因此,许多属于教会但由农民租用或永久租用的土地会被错误地归类为属于这些农民。尽管

---

① 关于 16 世纪西班牙小贵族人数扩大的分析,请参见 Drelichman(2007)。

24%的数字看起来很大,但这只是几个世纪以来修道院、医院、大教堂和教会本身积累的地产份额的一个较低水平(Marcos Martín,2000)。

尽管没有16世纪的地籍数据,但为了分配1591年投票的新消费税而发起的"百万人口普查"(Censo de los Millones)提供了一个关于教堂相对经济权重的概念。根据调查结果,尽管神职人员占人口的比例很小,但教会集中了卡斯提尔大约1/6的土地财富。[①] 例如,1500年塞维利亚市中20%的建筑物都属于教会和神职人员,到1561年,仅大教堂和第二大教堂就拥有该城市所有建筑物的23.9%,在16世纪末的托莱多,大教堂的分会则拥有该城市约30%的建筑物。[②]

从天主教国王斐迪南开始,西班牙国王就成为教皇的亲密盟友和坚定支持者。在第二章中,我们讨论了这如何使斐迪南和他的继任者获得王室赞助的特权,这意味着当局有权任命主教和高级教士。教会的职位是有利可图的,他们的捐税和收入来源使他们深受贵族家庭的觊觎。因此,王室的赞助给了王国政府另一个工具,使他们能够对贵族和神职人员都保持一种短暂的束缚。作为赞助权利的延伸,加上所产生的利益相当可观,斐迪南还要求得到军团的掌控权,1523年,教皇发布诏书正式通过了这一接管。

最后要提到的宗教裁判所是控制西班牙和殖民地社会、政治的一个强大工具。[③] 它直接依赖于有专门委员会监督的王室。由君主指定的、具有充分司法权力的审判官,忙于铲除异端、邪恶和离经叛道者。宗教裁判所自1484年成立至1837年解散,大约有125 000人受到审查。死刑是罕见的,可能不到1%,即使在这1%的案件中,也并非全部真正执行。[④] 然而,身体酷刑和惩罚被广泛用于逼供以及确保宗教道德得到尊重、信仰的宗旨不受质疑。从财务的角度来看,宗教裁判所是完全自主的,它完全依靠它所征收的罚款和没收的货物来筹措资金,既没有收到也没有向王室转移资金。

[①] 估计神职人员的比例为1.5%。这个数字很小,可能是因为教会成功报告了他们的数字,从而降低了他们对新税的贡献。这个数字仍然低于教会控制的土地百分比。
[②] 关于塞维利亚的数值,参见 Benassar(2001),Toledo,Drelichman and González Agudo(2013)。
[③] Jordi Vidal-Robert(2011)提供了西班牙宗教裁判所作为社会控制工具的经济分析。
[④] 关于宗教裁判所受害者的现代估计和发布判决的构成,请参见 Pérez(2003)。

收 入

16世纪初,国王拥有各种各样的收入来源。随着卡斯提尔进入帝国时代,新的税收和收入来源也随之出现,而现有的税收和收入来源则随着需求和机会的出现而扩大或者改变。不同收入来源之间的平衡是复杂历史进程的结果,关税、特权阶层以及王室与王国的相对实力都对卡斯提尔的特殊财政结构做出了贡献。我们现在概述最重要的收入来源,并追溯其在菲利普二世统治时期的发展变化。①

直接税

中世纪的财政结构严重依赖直接税。其中最重要的是由议会(Cortes)投票并在国家的不同城市中分配的人头税(servicios),每个市镇都可以自由地收取自己认为最合适的配额;人头税按财富成比例征收都是很常见的。这些人收到了一个叫做pechos的统称,因此被称为pecheros,这个词成了平民的代名词,贵族、神职人员和穷人除外。人头税(servicios)是议会(cortes)提供给国王的原始税,它们既有普通的也有特殊的成分(在上面讨论的意义上)。税率核准后一般多年不变,直到议会解散。尽管具有象征意义,但在16世纪下半叶,名义数量上的人头税(servicios)并没有太大的变化,1555年,它们占总收入的14%左右,到1596年,由于通货膨胀和财政扩张,这个数字缩水到了3.5%。

通过教会获得的收入

从13世纪初,王室经常征收1/3的教会什一税(tercias)作为十字军东征的经费。博学的阿方索十世国王在1255年将此项税收永久化,将税率固定在每个教区收集的什一税的2/9。随后的教皇又下诏扩充了十字军税(cruzada,1485),这是对反抗异教徒行动的奖励;教堂税(excusado,1565)税率为每个教区第二富有的教区居民的全部收入的1/10;教会津贴(subsidio,1568年)税率

---

① 关于收入来源的讨论是基于Thompson(1976);Ulloa(1977);定量数据来源于Drelichman and Voth(2010)的工作。

为教士收入的 1/10。① 由于后两种税的价值很难评估，王室定期与主教商讨每年一次性支付的款项金额，而十字军税（什一税）、教堂税、教会津贴被统称为三种恩典（tres gracias）。总的来说，在 16 世纪下半叶，通过教会获取的收入在王室收入的 13% 到 18% 之间波动。

间接税

主要的间接税是销售税（alcabala），这可以说是西班牙王国的主要收入来源。从法律上讲，销售税（alcabala）是由每个人缴纳，不论其社会地位如何，税率相同并且适用于每笔交易，为 10%。然而在实践中，这从来没有被真正地贯彻下去，因为对于一个近代早期的经济体来说，如此征收税费是非常繁重和不切实际的。王室不是直接收集，而是选择两种体系中的一种，这些体系在不同时期或有时同时在王国的不同地区使用。第一种选择是一个名为租赁（arrendamiento）的税费征收，对此，有些城市经常反对，因为这种安排会使包税人（farmers）成为征税收入的剩余索取者，这促使他们表现得过于热心以致税收彻头彻尾变成过分的盘剥，妄图从底层民众那里榨取额外的税款。在 16 世纪变得越来越普遍的另一种选择是国王和议会（cortes）之间每年协商总税额，然后在不同的司法管辖区之间分配总额。这个系统被称为财政普查（encabezamiento）。参与的城市可以自由地以任何他们认为合适的方式收集所定的配额，而他们通常只对某些易于监控的商品征税，例如那些通过特许经营机构销售的商品，在财政普查下的销售税率平均在 2% 到 3% 之间。

在 16 世纪下半叶，销售税（alcabala）使其他收入来源黯然失色，约占王室收入的 1/3。正因为如此，议会（cortes）试图迫使国王让步时，财政普查方式下的额度成为讨价还价的主要焦点。这可能导致谈判出现屏气敛息的紧张态势，比如 1573 年，国王要求提高三倍之财政普查时，议会（cortes）就陷入僵局之中。当议会（cortes）踌躇不前的时候，国王威胁说要完全撤销协议，并以

---

① 最初的教堂税等于最富有的教区居民收入的 1/10。在普遍反映收入分配严重偏离的情况下，主教们争先恐后地把它扩展到了第二富有的教区居民收入的 1/10。由于官方和主教谈判一次性支付，以代替税收，这一点是关于官方收入的讨论。尽管如此，对于当地的教堂税仍然很重要，比如那些曾经为大教堂提供经费的地方。

10%的法定税率征收税款。由于了解国王没有财政结构来支持他的政策,所以任何强行提高税收的举措都不得人心,议会(cortes)将其称为"国王的虚张声势"。谈判拖入1575年,僵局成为当年破产的决定性因素。由于王室债务违约的临近,国王和议会(cortes)都妥协了,同意把财政普查翻一番,尽管如此,这项措施还是来得太迟,还是没有避免暂停还款。就在两年之后,议会(cortes)开始抱怨,税收对经济活动的负担过高,而此时国王已解决了债务问题,财务状况也开始渐入佳境,国王同意轻微地减少此项间接税。

间接税的另一次大幅增加是在1588年无敌舰队战败后出现的。舰队的装备耗费了整整两年的收入,其中很大部分遭到破坏,再加上英国和法国即将入侵所带来的威胁,所以要求尽快恢复无敌舰队的威力。议会(cortes)被要求协商一套新的施政方案,被称为新消费税(servicio de los ochomillones),计划用超过六年的时间来筹集800万杜卡特。该项税收在1591年被批准,但议会(cortes)对之保留了一定程度的使用控制权,在其批准之前不可以实施。这是一个欧洲大国的议会第一次掌握支出的控制权,但这并不是持久的(Stasavage,2011)。在十年间,国王设法在议会(cortes)当中安插大量监视者,只是让其在名义上保留控制权。议会(cortes)被要求重新授权征税,但毫无疑问,为了所有的实际目的,这种安排会成为常态。

有几项税收主要针对特定的大型经济活动。最重要的是面向格兰纳达生产丝绸(renta de la seda)和移栖羊群(servicio y montazgo)的税。这些税收在15世纪末和16世纪初达到了顶峰,然而在菲利普二世掌权之后,这些税的税率却在持续下降。①

除了消费税之外,最重要的间接税是内外关税。所谓的"内关税"的字面意义为"内陆关税点"(puertossecos),在整个近代经历了相对的停滞和衰退。与此同时,大西洋贸易的大规模扩张将重心转移到塞维利亚港所承担的进口以及转口业务(除了塞维利亚,北部的其他港口也有小规模参与)。有几项税

---

① 移栖羊群在16世纪下半叶进入衰退阶段,在1580年以后急剧下降。这一活动早已不再是当时重要的皇家收入来源(Drelichman,2009)。在阿尔普哈拉(Alpujarras)地区发生了1568年的摩里斯科人(Moriscos)的叛乱,造成了摩里斯科人的散居地和桑树的毁坏,使丝绸业及其产生的税收受到严重损害。

收会在不同的时间强加于一些港口,最关键的是海上贸易税(almojarifazgo)和商品税(avería)。同样重要的是对美利奴羊毛出口征税的"羊毛法令"(delacho de las lanas)。到1596年,关税约占总收入的10%,在菲利普统治期间,授予垄断权也是一个适度的收入来源,占整个时期收入的7%至13%。

还有大量的小的收入来源,其中许多源自于中世纪。由于税收是名义上规定的,其中大部分由于16世纪白银涌入而导致的通货膨胀而逐渐受到侵蚀。

美洲的白银

早期的西班牙征服者在新大陆潜心笃志地寻求贵金属,由于印加和阿兹特克帝国的统治者大量积累财富,西班牙征服者最初的军事冒险的确换回了相当数量的真金白银。然而,科尔特斯、皮萨罗和他们的部下所夺取的囤积物与波托西和萨卡特卡斯等富饶银矿所涌出的宝藏相比却不值一提,16世纪波托西之徽章上的赞词也并非吹嘘:

> 我,波托西,富饶无双,
>
> 我乃世界之宝藏,
>
> 我是群山之王,
>
> 我令所有的帝王贵胄朝思暮想。

波托西和萨卡特卡斯的矿藏是在15世纪40年代中期发现的。在白银能够以可行的方式开采之前,一些技术问题必须得到解决。自古希腊时代以来,人们就已经懂得,汞会与某些类型的银和铁硫化物形成汞合金,然后可以使银从原矿中分离出来并通过蒸发汞提纯净化。然而,美洲的矿石无法与汞发生反应,这使得矿石的炼制变得困难和低效。直到十多年后,一位名叫巴托洛梅·德麦地那的西班牙商人发现,可以通过向矿石添加铜来解决问题。事实上,美洲的银矿石是贫铜的,而铜正是汞和银汞合金结合所需的催化剂。这种炼制方法被称为天井工艺,因为它将需要混合的矿石在炎热而阳光充足的石面上停放数周,而这个区域通常被栅栏或围墙围起来挡住闯入者。由于在秘鲁比较寒冷,此项精炼便在有中间火力的小房间里进行,这个过程仍然保留着它原先的名字。①

白银一旦在波托西冶炼完毕，就会用骡子将其运回利马进行含量检测，然后一支船队会从那里将银块运到巴拿马，然后经地峡运到哈瓦那。产于萨卡特卡斯的墨西哥白银，经陆路运到维拉克鲁斯，然后通过海运也是送到哈瓦那，大量的货物将囤积于此，等待驶往塞维利亚的运宝船。运宝船队最初将顺着墨西哥湾的洋流，与佛罗里达海岸平行航行，然后当他们到达现代的弗吉尼亚海滩（靠近哈特拉斯角）的北方后，开始向东航行。他们将经过百慕大群岛，然后前往西班牙，途中由大型武装船队护送，保护他们免受敌舰、海盗和私掠船的袭击。

绝大多数的白银生产都在私人手中，所以王室强制执行贸易垄断，所有的白银以及任何来自于殖民地的货物都必须经过塞维利亚，然后被存放于塞维利亚的贸易署进行评估和征税。② 只有当国王收回属于他的份额之后，这些货物才能被还回其主人手中。护送运宝船的舰队也要确保这些运宝船全部驶入港口征税，尽管总是存在违禁品，但直到17世纪，国王才没收私人持有之本应存放在贸易院的银币，这使走私珍宝更具吸引力，最终达到了显著的规模。③

白银在塞维利亚被征收20%的统一税率——皇家第五税。在16世纪下半叶，白银收入增长到所有王室收入的25%，仅次于销售税。然而白银流通非常不稳定，由于劳动力的死亡，美洲矿山的产量会呈现大幅度的波动，运银船的航行也强烈依赖于加勒比地区的天气状况。数年来，舰队多次被推迟或被迫取消航行，有几次每年都有船队遇阻无法离开哈瓦那，造成伊比利亚半岛现金紧缩。这引发了白银年复一年地大幅度波动，进而影响了王室收入。

---

① 汞合金冶炼工艺使得低品位矿石炼制的成本效益得到提高。在 Agricola and De Re Metallica (1556)的文献中描述了这一点，在1554年墨西哥出现之前，麦地那可以肯定地已经获得得些知识。天井工艺过程的化学原理最近才在实验室环境中被复制，并被彻底破解。有关技术处理，请参阅 Johnson and Whittle(1999)。

② 厄尔·汉密尔顿(Earl Hamilton)对卡斯提尔(Castile)进口白银的经典记述依赖于贸易署的官方记录。虽然这些记录不反映违禁品，但它们准确地掌握了王室的收入。请参见 Hamilton(1934); Ulloa(1977)。

③ 参见第二章的讨论。Morineau(1985)直到16世纪80年代才发现从荷兰公报重建的申报数量和总运输量之间存在显著差异，导致走私数量受到限制。

王室有时会没收银货,用于满足紧急的消费需求,这种缉没历史悠久,可以追溯到查理五世。第一次没收发生在1523年,当时有20万杜卡特的银币被用来支付与纳瓦拉叛乱作战的军队。这种做法虽然在起初是零星的,经发展却逐渐成为王室政策的一个标准特征。没收之私人财宝的总份额随王室的支出需求而波动,但多次影响了整个在塞维利亚落地宝藏的数量,心怀不满的被没收者通常收到 5.5% 至 7.14% 的不可赎回的债务证券(juros)(RuizMartín,1965)。在菲利普二世统治之下,如此将宝物强制转换为债务证券(juros)的手段却很少见。

1555—1596年度收入的重建

在图4中,我们真实地显示了1555至1596年间官方收入的演变情况。[①] 根据数据可用性的规定,覆盖期由菲利普二世的整个统治时期组成,但最后两年除外。该图清楚地表明了卡斯提尔的收入情况。由于与城市或教会的包税制或一次性付款进行谈判,大多数收入流都比较稳定,直接税、垄断和海关税在整个期间几乎没有任何变化。在1571年引入了补助金和激励措施后,通过教堂获取的收入大幅增加。议会(cortes)批准了加倍加费和一次性附加费后,1575—1577年间,销售税(alcabalas)开始大幅跃升。之后,由于国王和议会(cortes)在1576年讨价还价,最终有所减少。[②] 1591年推出价值800多万杜卡特的新消费税(millones),此项税收延续了六年时间。

所有收入来源中最不稳定的是对白银的征税。直到16世纪70年代初,这个数值一直不大。这反映了吸引工人开采矿藏的困难。西班牙人最终引进了被广泛用来为矿工提供工人的mita,或者直接强迫劳动,为矿山提供工人,使生产迅速增加。年度收入系列的锯齿轮廓也反映了大西洋舰队航行的变数情况,由于产量不足或天气恶劣,多年来的白银的低收入通常是由于两支船队中的有一支未能过境造成的。虽然错过航行会造成短期的流动性问题,但并

[①] 对于包括年度数据在内的全面重建,请参见 Drelichman and Voth(2010)。对于个人收入流数据,请参见 Thompson(1976);Ulloa(1977)。平减指数是 Drelichman(2005)报道的旧卡斯蒂利亚的价格指数。

[②] A. W. Lovett(1980)研究了1574年的议会(Cortes)。Charles Jago(1985)和 José Ignacio Fortea Pérez(2009)提供了1576年议会的记录。

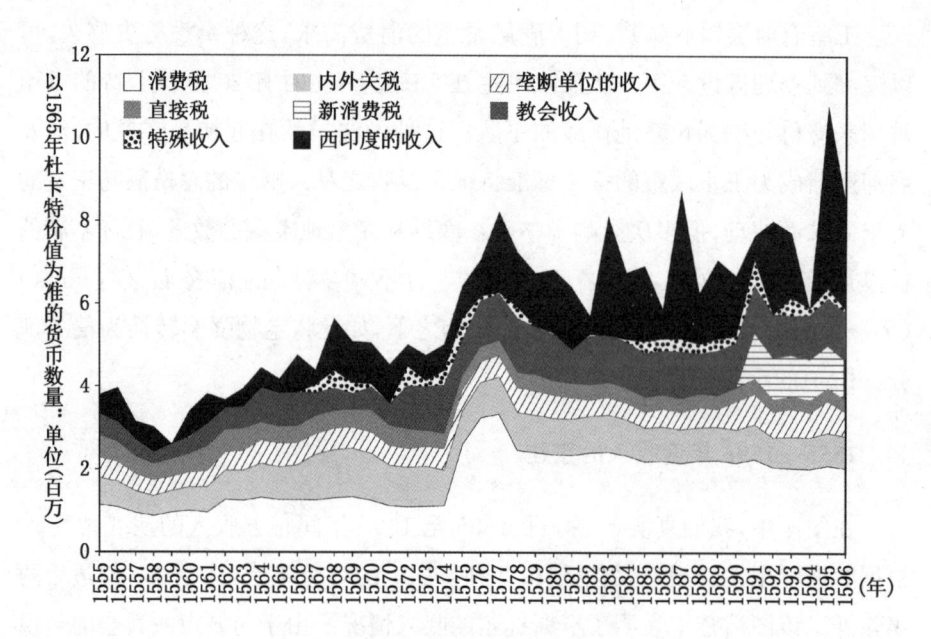

图4　1555—1596年王室的收入

没有引发严重的财务挫折,一年内没有顺利渡过大西洋的白银很可能会在第二年运抵,而与此同时,大量的放款人和金融中介机构已经准备好弥补资金缺口。

债　务

收入和支出的巨大波动要求广泛使用债务工具。自中世纪后期以来,王国政府长期向债务市场举债,在16世纪初期,查尔斯五世也开始向国际银行进行短期借款。整个16世纪,西班牙王室的信用体系拥有许多与现代主权债务有关的特征,虽然在二级市场(一个世纪后在荷兰发展起来)没有可自由转让的无记名债券,但热那亚人向菲利普二世提供了附有应急条款的复杂抵押贷款,而这种复杂融资方式直到21世纪初才重新成为主权国家的金融工具。

债务证券(Juros)

王国政府的主要借贷方式是发行永久性债券或年金(juros)。这些工具类似于法国的 rentes、荷兰的 renten 和热那亚的 compere。他们起源于中世纪时期,君主用这类税款奖励臣民的杰出服务。当时,债务证券(juros,下文简称债券)大多采取终身养老金的形式,从特定的收入来源支付。到了 14 世纪,经常将债券(juros)用作筹集资金的一种方式,以换取未来收入权。渐渐地,债券(juros)的期限延长至两倍,并最终得到永久延续。①

债券(juros)的价值取决于许多特征。其中最主要的是他们的到期时间(有期的或无期的)、每年的支付以及支持它们的收入来源。债券(juros)是按照它们的年度支付额与名义金额的比例来定义的。例如,支付其面值 5% 年息的债券被指定为"veinte mil al millar",即每 2 万元本金有 1 000 元的年息。当然,债券(juros)的实际收益取决于它们的销售价格。整个 16 世纪,大部分债券按面值交易,其平均收益率为 7.14%,或每 14 元便产生 1 元的利息,而作为破产和解所发行的一部分债券(juros)通常支付 5% 的利息。

为了让王国政府有机会从利率下降中受益,大多数的债券可以根据主权人的判断进行赎回,但有几种是不可提前赎回的。所有的债券都被发给了一个特定的人,他是唯一被授权收取年度付款的人,然而,王室经常批准转让永久债务证券头衔的请求,以换取当时所需的费用。② 因此,尽管债券(juros)从来不是真正的不记名债券,但是有充足的证据表明,它们有一个健康的二级市场。

债券(juros)的一个重要特征是,只要支持它们的税收产生了足够的资金,它们只会约束君主为之服务。从这个意义上讲,它们代表了对财政资源的或有债权,贷方承担了下行风险。债券以其不同级别的资历,表明它们将被支付的顺序。资历影响着债券发售的价格,初级债券的价格较低,更加依赖于特定税收流的稳定。由于停止兑付的可能性已经是贷款合同条款的一部分,当特定的税收收入枯竭时,未能向债权人偿付并不会构成违约。

16 世纪是卡斯提尔长期债务的黄金时代,在查理五世和菲利普二世统治时期,债券(juros)被认为是欧洲最安全的投资之一,它们可以在整个大陆的

---

① 关于债券(juros)及其历史的综述,参见 Toboso Sánchez(1987),虽然观察到债券(juros)的最终特征是同时在欧洲的几个地方演变的,但以前期付款的方式授予未来财政收入权利的做法似乎最初起源于 12 世纪的热那亚。

② 终身债券(juros)只能在特殊情况下转移,因为它们的价值取决于持有人的年龄。

银行和成熟投资者的投资组合中找到。许多因素促成了债券(juros)在国际金融资产中的突出地位。首先,正如上面所讨论的那样,它们只能依靠由议会(cortes)指定的税收收入流发行,这些收入通常是稳定的;其次,虽然债券(juros)可以在整个欧洲的投资组合中找到,但其中大部分是由卡斯提尔精英所持有,如果拖欠债券(juros),国王的政治代价可能会很大;最后,虽然国王在技术上不对税收收入流表现不佳的后果负责,但王国政府的行为表明,对灾难性损失有一种隐性担保。例如,当格兰纳达的丝绸生产税因1568年的摩里斯科人叛乱而崩溃时,国王通过免除他们的义务来补偿税收农场的所有者,并授予他们已经支付的价值。[1] 在整个16世纪,债券(juros)占据了大多数卡斯提尔的借款,包括平均超过80%的未偿债务。

关于债券(juros)的数据很少,档案记录的性质使得很难以单位年来重建库存数据,只有一小部分的相关财产被编目。迄今证据已经证明,每年对未偿债务进行估算是不可能的,相反,我们拥有特定年份的即时数据。[2]

表3显示了债券(juros)及其服务的可用估计数。这些是通过国王委托的官方调查获得的。他进行这些调查的事实表明,皇家国库追踪未偿债务的难度是多么大。调查对违约事件特别重要,这就解释了它们的时间进程。而在第四章中,我们试图这样来建立行文脉络:包括对新的短期贷款数据系列、军费开支的数据重建以及按照财政预算约束的逻辑来构建菲利普二世统治时期债券(juros)年度存量的估计。

表3　　　　　　　　　　　债务证券及其服务(百万杜卡特)

年份	债券 (juros)	支出费用	债券(juros) 平均成本	收入
1560	19	1.468	7.7%	3.155
1565	25			4.192

---

[1] 这项协议是在1569年5月19日国王和赫罗尼莫·德·萨拉曼卡、卢卡斯·贾斯蒂诺和巴蒂斯塔·斯皮诺拉之间的合同细则。AGS Contadurías Generales, Legajo 85。

[2] 没有债券(juros)的中央注册表。编目不允许我们识别属于特定时期的债券;这只能通过每个文件手工完成。此外,可用的债券(juros)不是随机样本;只包括在某个时间点转售的债券。债券被多次转售将在档案记录中注册几个重复的实例,几乎没有任何信息将它们联系在一起。另一方面,教会机构和贵族家庭是大投资者,许多人不太可能交易他们持有的债券,因此他们的债券(juros)将难以重建。

续表

年份	债券(juros)	支出费用	债券(juros)平均成本	收入
1566		1.861	7.4%†	4.770
1573		2.752		5.433
1575	42.5	2.730	6.4%	7.606
1584		3.273		7.806
1598	68	4.634	6.8%	11.328††

资料来源:1560年、1565年和1598年的债券估计数来自Artola(1982)。1575年的数据来自De Carlos Morales(2008)。费用估算来自Ruiz Martín(1965);Ulloa(1977)。

† 使用1565年债券(juros)库存计算。

†† 使用1596年的数据。

债务证券(juros)以各种方式出售,最初由富有的贵族和机构直接收购。随着市场的扩大,国王的秘书们将进行一次非正式的拍卖,在拍卖会上,他们试探出潜在的投资者,以便以最优惠的条件发行新债券。但是,从15世纪60年代开始,大部分债务证券(juros)都是通过承担国王短期贷款的热那亚银行家出售,银行家们往往选择接受债券(juros)作为贷款偿还,然后将债券出售给国外的客户。最后,大量的债券(juros)是作为债务转换的一部分而发行,以同意在解决王室破产的问题上达成的协议。

表3描绘出16世纪下半叶债务证券(juros)平均产量逐渐下降的情况,这是多种因素的组合结果。首先,利率在欧洲经历了长期下滑,而卡斯提尔从整体趋势中受益(Stasavage,2011);其次,卡斯提尔强劲的经济增长使得债务证券(juros)成为一项安全投资;最后,1575年和1596年违约的和解方式增加了大量持有5%利息的债务证券(juros),从而降低了长期债务的平均利息成本。不过,应该指出的是,在这些和解之前,利息成本已经下降了很多。

阿西托恩短期贷款

尽管债务证券(juros)占据了绝大多数的官方借款,但阿西托恩短期贷款还是吸引了大部分同行和现代学者的关注。债务证券(juros)发行总额只能相当于所有特定税收收入额的一半多一点——同样,这些收入被议会(cortes)指定为普通收入,这就留下了相当可观的自由现金流供操作者们通过短期债务加以利用。在这样做的同时,王国政府及其银行家们便创造了一个复杂而灵活的融资体系,这与卡斯提尔一个世纪以来的金融命运密不可分。

阿西托恩短期贷款"Asientos"一词的字面意思是"合同",它被用来指代各种各样的协议,其中最著名的就是奴隶贸易,每当我们在本书中提到"阿西托恩"(asientos),我们都是指国王和私人银行之间的金融合同。查理五世首先使用阿西托恩短期贷款来处理与德国富格尔、韦尔泽家族签订的短期贷款协议。[①] 富格尔的第一笔贷款青史留名是因为这笔贷款使查理五世为竞选皇帝所购买的选票超过了弗朗西斯一世,从而使查理在1519年成功加冕为神圣罗马帝国的皇帝。后来,阿西托恩短期贷款资助了查理五世在整个欧洲大陆的军事行动,当时美洲的白银生产还处于初期阶段,而卡斯提尔的经济发展日益增长,为阿西托恩短期贷款的发行提供了资源。

查理五世与德国银行家之间的阿西托恩短期贷款主要是个人贷款。在签订阿西托恩短期贷款时国王往往以自己的名义出面,并且这些德国银行家族和哈布斯堡王朝之间的联系在谈判中也起到了很大的作用。阿西托恩短期贷款合同形式通常比较简单——银行家先交付贷款资金,然后是贷方一次性或分期地还本付息。而很多时候,他们之间也会使用一种对银行家有利的货币兑换。

在查理五世统治的末期,热那亚银行家们已经开始提供与富格尔家族金额相当的资金。由于萨克森王国莫里茨叛乱引起的危机加深,查理五世不得不要求将债务延期偿还,安东·福格尔(Anton Fugger)于1553年撰文,表示他对西班牙王室处理旧债的方式深感不满,他抱怨皇帝为"不还债的匹夫"(Ehrenberg,1896)。他建议贿赂国王的私人秘书弗朗西斯科·埃拉索以加快还款,而事实上,只有美洲白银的及时到达才能解救查理五世的财务状况。尽管遇到了这些困难,但查理五世还是要保证自己在偿还贷款上的声誉,根据他退位时留给菲利普二世的密令,皇帝试图使他儿子明白——必须履行他的财

[①] 查理五世之阿西托恩短期贷款的标准来源,参见 Carande(1987)。

政承诺,甚至是牺牲对自己子民的义务也要如此(Fernández Alvarez,2004,1979)。①

菲利普二世在继承王位之后发现自己所接手的是一堆旧债和有限的资源,他没有长期遵循父亲的建议,而他继承下来的危机直接导致了1557年阿西托恩短期贷款的第一次停止偿付,1560年又出现了第二次。热那亚银行家似乎以有利的条件迅速地解决了自己的索赔要求,而德国银行家尤其是富格尔家族的债务却越来越复杂,只能花费更多的时间进行谈判,汉斯·富格尔(Hans Fugger)不得不从奥格斯堡前往马德里去解决这个问题,最终于1562年8月达成了一项协议。该协议将债务利率降低到每年5%～9%,并延长还债日期。1/5的债务以贸易署的债券(juros)来解决,而后者迅速缩水了一半的面额;另有1/5来自美洲的白银收入;还有1/5来自西班牙军团的租金支付,只有1/10的债务由现金支付。国王也同意如此偿还,部分是通过转让在阿尔马登所开采之丰富汞矿的权利。即使支付了款项,把资金带出西班牙也很困难,因为白银出境需要额外的许可证。虽然没有确切的方法来计算1557—1560年和解时贷方的净亏损,但毫无疑问,比起他们的竞争对手来说,富格尔家族到手的钱更少,花费的时间更长,尤其相比于比热那亚银行家。②

到了1566年,短期贷款已经全部恢复,彼时几个热那亚家族已占据了大部分债务市场。热那亚人引进了一系列创新,使得阿西托恩短期贷款的风险较小,可以承受各种各样的突发事件,并使国王偿债的激励措施与银行家意愿一致。③ 热那亚人引入的第一个或许也是最重要的变化便是分散短期贷款的风险。热那亚人没有把大部分金融财力投入官方不稳定的还款记录上,而是

---

① 这并不是说查理五世在任何时候都偿还了每一笔贷款;例如,富格尔家族大约七年后仍然在等待着偿还1551年的夏马尔卡尔德战争的债务(Ehrenberg,1896)。

② 1563年的富格尔家族的资产负债表显示,向西班牙国王贷款444万弗罗林,有100万弗罗林可疑或坏账,最高损失率为22.56%。我们不认为这个数字可以与我们之后对菲利普二世其他缺陷的"haircut"计算相比较,首先是因为它只涉及一个家庭,其次是因为我们不知道哪一部分可疑债务最终被追回(Ehrenberg,1896)。

③ Marie-Thérèse Boyer-Xambeu, Ghislain Deleplace and Lucien Gillard(1994)认为:在1568—1969年关于拉雷多—安特卫普(Laredo Antwerp)海路关闭的情况下,我们的数据反对这种解释。热那亚体系在1566年已经全部到位,1566年至1568年签订的合同已经显示出与热那亚金融有关的全面创新。

来自地狱的债主

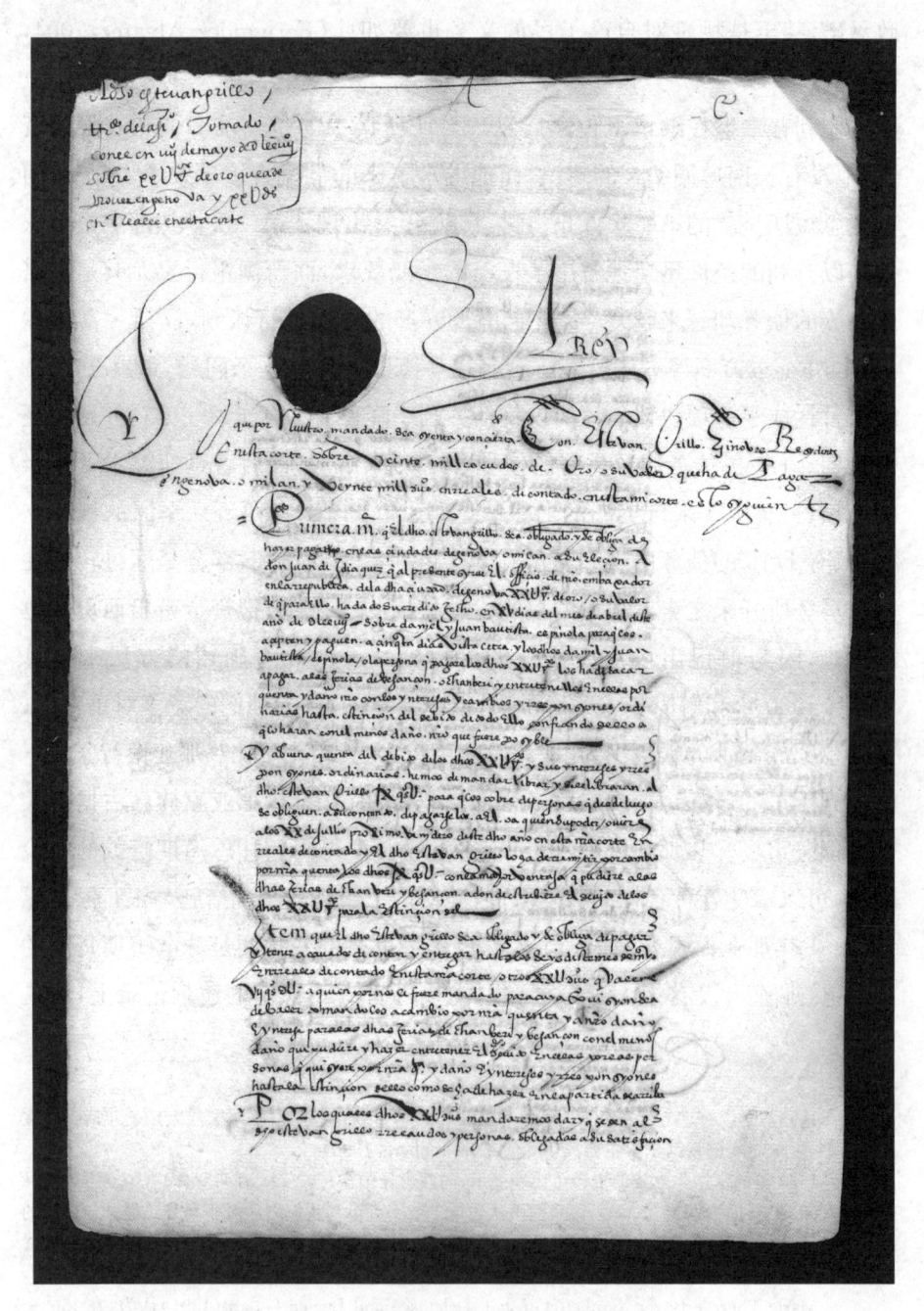

资料来源：西曼卡斯档案馆，西班牙文化部，中央政府，1986。

图5 一份阿西托恩短期贷款的第一页

把大部分的贷款卖给了小投资者。在同意为国王承销一份阿西托恩短期贷款之后,银行家们在欧洲支付交易会上向热那亚的较小投资者发行股份,这种做法使得他们能够在收取平均1%的金融中介费的同时尽可能多地转移风险。通过这种方式,热那亚银行家利用他们的商业伙伴网络掌握了进入国际资本市场的能力。作为早期近代"金融工程"的结果,承担这一事务的大家族通常掌控力是有限的。例如,当菲利普二世在1575年拖欠1460万杜卡特的短期债务时,只有4个家族拥有超过10万杜卡特的自有资本。[①] 这种风险的蔓延是多层次的。较少的银行买入阿西托恩短期贷款,然后再将他们参与之部分股份提供给热那亚、意大利其他城市以及当地交易会的零售客户。西班牙王室的短期融资因此变成了一个跨国的事务,向各级社会流动,最终将个别适度的小数额资金汇集成大额贷款,令人称奇的是,这与现代的融资结构完全一致。热那亚银行家通过"贷款证券化",再分售给其他投资者,最终为国王提供融资,这与华尔街金融公司当今的所作所为毫无二致。通过多个步骤汇集融资,让人联想起现代债券基金——许多人投资大型债券基金,从而为大型的债券发行提供资金。

有趣的是,热那亚人的风险转移体系与德国银行家族所使用的体系截然不同。例如,富格尔以自己的名义和净资产借钱,然后以银行家的经典方式贷给他们的债权人。1563年,银行的资本为540万弗罗林,其中200万是股本,340万是各种债务。长期以来,富格尔债务(Fugger-Briefe,字面上是由奥格斯堡银行发行的债务)几乎被认为是无风险的。[②] 直到16世纪50年代中期,当富格尔家族可以8%~10%的利率在安特卫普借款,低于几乎任何其他借款人(Ehrenberg,1896)。由于菲利普二世首次破产而出现问题时,转嫁这些债务变得越来越困难,富格尔家族的成员最终不得拿出个人财产以增加资金,并以更高的利率借钱。[③]

---

① 这些银行家指康斯坦丁·真蒂尔,卢西安·森图里翁,尼克劳·德·吉罗拉莫和斯皮诺拉家族(De Carlos Morales,2008)。
② 这些不应与从欧洲各地收集的富格尔家族之信件混淆。
③ 具有讽刺意味的是,他们还不得不以高利率(Ehrenberg,1896)向菲利普二世的主要借贷人之一胡安·库里亚·德拉托雷(Juan Curiel de la Torre)借款。这笔交易的借贷成本是每年22%,远远高于富格尔借给各个王子的利率。

热那亚人还使用其他条款来增加他们阿西托恩短期贷款(asientos)的有效回报。高利贷法律已经生效并会定期被援引,因此,没有人愿意明确地超过法定最高限额利息,这个最高限额在菲利普王朝开始的8%和他去世时的16%之间摇摆,但许多阿西托恩短期贷款利率更高,这些超额收益中的一部分是以不同的货币之间的汇率变化的最终抬高汇率的传统方式获得的。合同还规定了不同贵金属的支付和还款规定,欧洲城市间的相对估值差异为知情的贷款人提供了套利机会。然而,热那亚人通过他们在债券(juros)市场的卓越地位创造了一个更重要的渠道来产生额外的利润。①

当热那亚人进入卡斯提尔主权融资的世界时,他们带着圣乔治之家(Casa di San Giorgio)管理热那亚国债的超过150年的经验。这个机构作为长期贷款的中央交换所,被称为主持者(Compere),它基本上能够体现16世纪卡斯提尔债券(juros)的所有特征。② 因此,热那亚人在处理税收支持证券的细微差别方面拥有丰富的专业知识,他们可以随时评估确保贷款之税收流的健康状况,根据每个问题的特征计算收益率,并将大宗合约拆分转售给散户投资者。这些知识在与王室打交道时获得了丰厚的利润,银行家要求国王以债券(juros)的形式提供抵押品作为本金和利息的还款保证。如果国王未能按照约定偿还短期贷款,那么银行家可以在公开市场上出售抵押品(de resguardo)并收回投资,若是国王偿还了债务,银行家必须返还同样价值的债券(juros)。银行家们利用他们对国王的影响力来要求最好的债券(juros)作为抵押,通常他们会被允许用原始债券取代其他具有相同面值但收入来源较差的债券。这些债券可以在公开市场上低于面值购买,从而为银行家带来套利机会。

在1565年为了对抗贸易署的收入而发行债务证券的失败实验中,普遍采用折价债券交易的做法是常见的。贸易署的收入是所有进入塞维利亚的银币汇款的1/5,而这是王室的特权,因此不受议会(cortes)的批准。从理论上讲,白银税不能用于支持债券,但国王仍然推动了这一进程。然而,人们很快就清

---

① 第五章讨论热那亚在债券市场上债务可持续性的重要性。
② 在卡萨·迪·圣乔治(Casa di San Giorgio)的大量文献以及它在公共财政史上的中心地位,见 Greif(1994);Epstein(2001);Felloni(2006a,2006b)。有关简要概述和文献调查,请参见 Marsilio(2013)。

楚地看到,银块正在被转移到中央国库或以其他方式被花掉,然后才能用于偿还债券。结果,债券迅速损失了高达50%的价值,热那亚银行家专门在公开市场上以折扣购买它们,并将它们作为阿西托恩短期贷款抵押品的一部分归还时按面值计入贷方。这一番操作凸显了热那亚人利用由议会(cortes)控制的收入发行长期债券的智慧,债券(juros)再也不会因超额收入或皇室特权而发行。①

热那亚人在阿西托恩短期贷款中引进的另一个创新是使用应急条款。大多数合同都规定了用于还款的资金来源,但也规定了其他方案。例如,一位银行家可能会从第一批西印度舰队带来的银币中得到10万杜卡特,合同可能会进一步规定,如果船队没有在指定日期内到达,银行家可能有权享受罚款,并从其他渠道收取款项或清算抵押品。联合应急条款和附属条款允许国王和银行家在世界各种各样的国家签订合同,而长期贸易和大型军事企业在官方的现金流动中产生了巨大的波动。不利的事件——比如船队迟到或特定税收流失——发生时,国王可以延长合同的还款期、改变收款地点甚至降低总体支付。在其他情况下,银行可以通过出售抵押品来获得提前还款,即使贷款信誉良好或取消额外的资金支付。

就其性质而言,阿西托恩短期贷款比债券(juros)风险更高。虽然合同中可能规定了预期的还款来源,但在签署时没有具体指定资金,如果现金流情况不好,司库可能会延迟发放还款。即使在排除了违约影响的合同之后,还是有超过20%的菲利普二世时期发行的阿西托恩短期贷款在最初规定的截止日期已到时还没有偿还。付款可能会延迟几周到几年,在很多情况下,国王和银行家会通过谈判将未付款项合并为一个新的贷款,并增加额外的利息以弥补早先未能履行的义务。

阿西托恩短期贷款的新数据系列

在数据方面,这本书的一个重要贡献是整理出了阿西托恩短期贷款一个

---

① 更多关于贸易署的债券,请参阅 RuizMartín(1965)。

新数据系列,由菲利普二世和他的银行家在1566—1598年之间的所有合同组成,为了更好地探索1596年破产的影响,我们增加了新的两年,即菲利普三世即位后的两年——1599年和1600年。

研究阿西托恩短期贷款对于了解近代早期卡斯提尔的国家融资以及早期西班牙帝国的运作至关重要。虽然阿西托恩短期贷款占债务总额的份额较少——10%到25%,但它们能显示出更大波动性的部分。阿西托恩短期贷款是体现执行力的所在,也经历了一系列的重新安排和重新设计。尽管整个16世纪的债券(juros)得到了学界充分的重视,但是在16世纪近三成时间里的阿西托恩短期贷款却没有得到充分的研究。面对这种波动以及明显的不安全感,使阿西托恩短期贷款持续受欢迎程度似乎与现代国际金融的传统观点不一致,这要求我们进行更深入的调查。最后,了解每年发行的阿西托恩的总价值是确定近代早期卡斯提尔财政状况的重要一步。在宏观经济指标总量不足的情况下,这个数据系列作为关键因素,可以使我们能够对历史上任何一个主权国家最早的全年国民账户进行重建。

阿西托恩短期贷款分一式两份发行。由国王签署的原始文件交了给提供资金的银行,而副本则存放在Contaduría Mayor de Cuentas——负责审计王室所有金融交易的机构。这些副本保存在西曼卡斯的档案馆(Archive of Simancas),在那里,最早的编目工作开始于1566年,收集了1566年以来完整系列的阿西托恩短期贷款。[1] 我们整理了1566—1600年该系列中的每一份阿西托恩短期贷款,共计438份文件和5 000多份手稿,并转录了它们的每一项条款。我们为每份合约记录了多达90个变量,包括日期、银行名称、金额、交付及还款地点、对应提供还款的税收流、抵押品种类及金额(如有),合同是否涉及交换操作、应急条款的存在和性质以及其他各种描述。然后,我们用条款中的文本来重构每份合同的约定现金流量,这将帮助我们确定它们的实际收益率。[2]

---

[1] AGS,Contadurías Generales,Legajos 86—93.
[2] 我们首先介绍了在Drelichman and Voth(2010)中的这些数据,我们报告了贷款金额。我们在Drelichman and Voth(2011A)中增加了银行家身份,在Drelichman and Voth(2011B)中提供了完整的现金流,以及关于Dreliche and Voth(2012)中的或有条款的信息。

第三章 税收、债务和财政机构

我们并不是尝试整理、描述菲利普二世统治时期短期借款的第一人。乌洛亚(Ulloa,1977)曾编辑过1566—1596年间一系列的阿西托恩短期贷款,使用的档案与我们的相同,但是他的工作有严重的缺陷。第一,乌洛亚高估了短期借款的总额,因为他将佛兰德斯的战地指挥官与热那亚或西班牙银行的代理人签订的阿西托恩短期贷款也包括在内,这些贷款通常在马德里被合并到更大的合同中,因此在乌洛亚整理的数据系列中被重复计算了。[①] 第二,乌洛亚仅依赖于合同第一页中提供的摘要信息。阿西托恩短期贷款被用于各种目的,包括贷款、转账、减税和特许垄断,一份合同通常会涉及两种或多种交易类型,借贷组合尤其普遍。第一页上的摘要信息只列出了所涉及的总金额,但不区分交易。依靠这些标题数字,乌洛亚高估了借出的总额。通过实际阅读合同条款,我们可以将借入的金额与所有其他涉及的交易分开。最后,乌洛亚并没有收集任何有关条款、条件、利率或者其他可能阐明阿西托恩短期贷款工作原理的变量信息。

较早的学者已经杰出地编制出了菲利普二世执政之前时期的阿西托恩短期贷款系列,卡兰德(Carande,1987)开创了时间序列研究的先河,率先研究了与查理五世的贷款,但查理五世的文件至今仍然没有组成一个系列,收集它们须经多年的艰苦努力,要追踪每一份合同。卡兰德的研究没有包括足够的信息来计算合同的利率,尽管如此,他的工作成果仍然是1519—1555年期间卡斯提尔短期借款的标准来源。[②] 1555—1566年间的档案记录是不完整的,并且没有被系统地编目,所以估计此期间认购的短期债务数额是困难的。[③] 而卡洛斯·阿尔瓦雷兹·诺盖尔(Carlos Alvarez Nogal,1997)、桑兹·阿亚纳(Sanz Ayán,1998)和胡安·格拉伯特(Juan Gelabert,1999b)编写过关于菲利普三世和菲利普四世短期借款的系列文章。

图6显示了1566年至1600年间阿西托恩短期贷款债券的年实际价值,

[①] 关于整理阿西托恩的一个例子,参见Lapeyre(1953)。
[②] 卡兰德只报告银行支付的总金额和总金额。没有关于付款时间的信息,因此无法确定回报率。
[③] 关于1555—1559年的记载,见于Rodríguez Salgado(1988)。

将它们的总值与贷款部分分开。① 第一个突出特点是缺乏明确走向——菲利普二世在执政结束时每年借入的数额与他开始时一样多。其次，1575 年和 1596 年的破产只会导致短期的贷款中断，而新问题分别于 1577 年和 1597 年恢复。过去两年的高额借款反映了与银行家谈判达成的新贷款，作为各自和解协议的一部分。

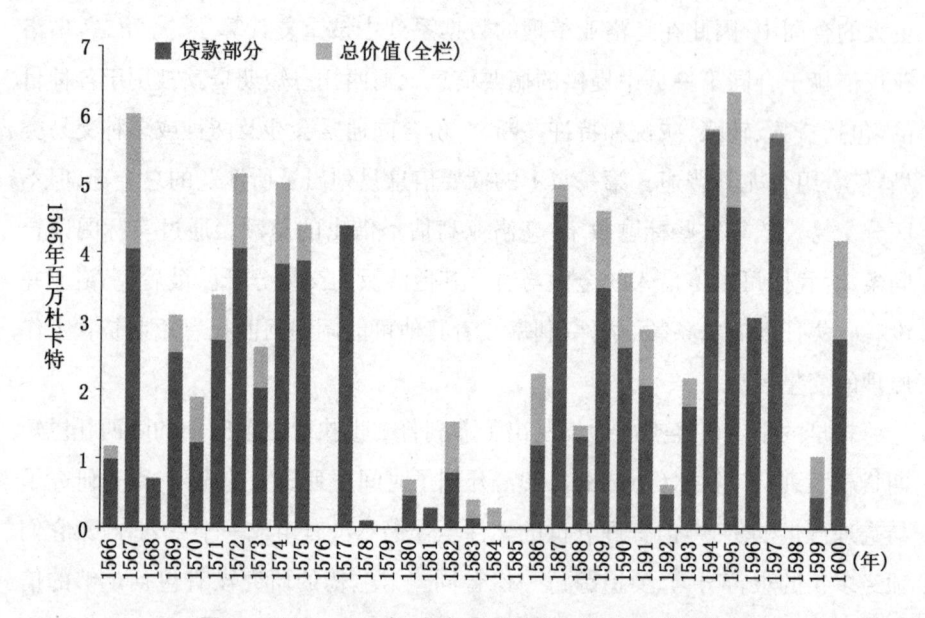

图 6　1566—1600 年，每年发行的阿西托恩短期贷款

与之前的趋势相比，年度短期借款在 1577—1584 年间大幅下降，在 1597—1599 年又大幅下降。莫非在违约之后，获得信贷受到了损害？这是不太可能的，有两个原因。其一，每次和解，菲利普都会得到一笔新的贷款，1577 年的金额是 500 万杜卡特，1597 年是 720 万杜卡特。这些数字被记录在图 6 各栏中，与预先借贷的高峰期相当。此外，1576—1581 年（图 4），普通税收和银币汇款异常强劲，贸易税收入从 1575 年的 110 万杜卡特增加到 1576 年和 1577 年的 320 万杜卡特，然后逐年下降到 240 万杜卡特，超过了预定的两倍。白银收入也大幅增加，1577 年达到近 200 万杜卡特（1570 年至 1575 年之间平

---

① 本书中使用的平减指数是 Drelichman（2005）的旧卡斯提尔价格系列，使用其他平减指数会导致无形的变化。

均为70万杜卡特)。总而言之,1576年后的8年贷款与上一年相比下降了210万杜卡特。全年收入增加了180万杜卡特。此外,随着根特的和平化,低地国家的战争也在减少。较低的借款并不意味着官方被排除在信贷市场之外,相反,可以通过财政收入和降低支出的结合来消除赤字,无需进一步借贷。

阿西托恩短期贷款发行反映了军事事件。1567年,荷兰起义的开始推动了短期借款达到整个时期的最高值,在16世纪70年代初期,债券发行量仍然很高,而此时卡斯提尔在低地国家和地中海地区都有战斗发生。根特起义后临时撤出佛兰德尔造成了巨大的"和平红利":1576—1584年的借款要少很多,而在佛兰德尔重新开始敌对行动后,1585—1591年随着装备和重建无敌舰队,又再次将借款增加到高位。与英法两国再次作战至菲利普二世去世之前,阿西托恩短期贷款的发行量一直持续高昂。

结　论

当菲利普二世在1566年继承王位之时,卡斯提尔已经是欧洲政治、军事事务的主要参与者。天主教国王在15世纪后期进行的改革,有助于早日增强国家实力,而查理五世的军事行动虽然昂贵且具有复杂的军事价值,却让欧洲列强注意到卡斯提尔的权力和帝国野心。这些都得到了快速增长的经济的支持,而且这些经济与各种财政手段一起,使得一个相对灵活的官僚机构能够增加收入,并确保军事力量足够强大。国家本身是建立在广泛的支持基础之上的,首先国王保持着巨大而非无限制的作用,通过议会(cortes)参与,商业利益能够且的确限制了国王的征税能力。财政谈判的意义是重大的,每当强增税收的理由无法令人信服时,议会(cortes)便能够发挥有效的否决权。而关键时刻,当国家生存受到威胁时,又能够增加收入,以换取行政和监督权以及其他让步,议会(cortes)还限制了可以用来保证支付债券(juros)的收入,为长期债务设定了一个上限。所以,经过这些特征的佐证,一些文章把卡斯提尔描绘成一个不受限制的绝对主义国家的说法也基本被推翻。①

---

① 国王确实控制了支出和外交政策。虽然这会对战争和政府财政产生重要的后果,但很难说这些功能本身就是一个国家专制主义者。

卡斯提尔的财政和金融工具组合在当时是适应时代的。税收技术是对中世纪遗产税的有益调整与较新的消费税和商业税的结合。随着经济的增长，税收的重点逐渐转移到国内和海外贸易，美洲白银最终提供了高达25％的财政收入。在融资方面，王室拥有长期和短期债务工具。尽管长期债务证券在技术上是记名的，但它们在二级市场上广泛交易，为债务的正确定价提供了一个关键因素。由于这些债券由卡斯提尔的精英阶层持有，并由指定的财政收入支持，因此它们被认为是安全的。事实证明，这种看法是正确的，因为在整个16世纪，债券都受到严格的管理。从短期来看，阿西托恩短期贷款让王室平抑了不稳定的白银收入，利用了议会（cortes）权限之外的收入，并迅速转移了整个帝国的资源。这些贷款合同复杂性，允许各种可能发生的交付和偿还情况，同时将风险分散到多层次的贷款机构，足以与复杂的现代金融工具相媲美。

卡斯提尔的阿西托恩短期贷款并没有因为他们创新的收缩结构而出名。相反，在1557—1647年间，它们在王国政府宣布的七次破产中扮演了核心角色，从而引起世人的注意。在接下来的章节中，我们将重构它们，分析它们的前因和后果，并阐明它们在这个时代最强大的帝国建立的国际金融架构中所扮演的角色。

第四章　菲利普二世的可持续性债务

长期以来，菲利普二世的违约被归咎于官方不可持续的财政状况与短视的贷方之间的灾难性组合。布罗代尔（1966：362）曾指出，菲利普的每次破产都会对不同的银行家造成伤害，而这些银行家很快就被另一个同样无理的浪潮所淹没。他总结道："每当国家宣布破产并强行结束合同时，总会有一些迷失的参与者，堕入陷阱或慢慢地逃离。"

评估贷款人的合理性是一个复杂的问题，我们在后面的章节中将会谈到。我们把重点放在财政的可持续性上，这是所有借款人达成贷款交易时必须通过的第一个考验。卡斯提尔王室是否有足够的资源来长期持续履行其债务？或者简单地问：菲利普能够还钱吗？

评估一个国家的财政状况需要一套可靠的长期财政账目。这些要素包括收入、支出、还本付息以及债务存量的变化，而要将16世纪卡斯提尔的这些要素整合起来是一项艰巨的任务。与几乎每一个新生的民族国家一样，卡斯提尔政府也没有保持集中的财务记录，收入通常在收集点就被支出，或者转移到帝国的其他部门，而不通过中央国库。没有统一的开支统计，也没有统一的加总债务，财政部门更多的是作为剩余索取人而非有效的税收管理者。因此，全面反映国家财政状况的信息必从多个不同的来源拼凑起来，而这些信息来源的质量各不相同。

在第三章中，我们介绍了我们新的短期债务数据系列，以及对基准年度长期债务的一些估计。我们还在个人收入流的基础上拼凑了一系列新的收入。在这里，我们加上军事开支和短期债务偿还的计算，再加上精心挑选的假设，我们便可以估计缺失的数据，并修正破产的影响。其结果是我们重建了1566年至1596年间卡斯提尔的完整年度财政账户，与任何主权国家相比这都是最早的。虽然这是一种推测，不是太精确，但它将使我们能够比以往更深入地探讨王国政府的财政健康状况。

可持续性意味着一个国家能够在目前的财政参数下无限期地偿还债务。偿付能力没有一个严格的标准，它只是意味着今后有可能的收入和支出路径将导致的可持续结果。为了评估债务是否可持续或者一个国家是否有偿债能力，需要对财政变量的演变进行一些假设，这又取决于经济增长、政策措施和不可预见的事件。然而，关于如何确定一个主权国家是否有可能履行债务，几乎没有什么通用法则。因此，我们采用国际货币基金组织最常用的方法。在每个步骤中，我们都可以使用最保守的假设，并通过一系列抗干扰性检查和反事实推论法（counterfactual analysis）进一步补充分析。

更多的数据

军费

近代早期之国家的民事支出很少，中央行政部门的工资总额也很小。司法行政主要是在地方一级供资，经常是通过用户收费。[1] 救济贫弱也主要由宗教和慈善组织负责。但要肯定的是，君主制下的排场和条件——包括宫殿和豪华宴会、王室探访及王室家庭的维持都是很耗金钱的。然而，君主的个人花费只是使用了一小部分政府收入，崛起的国家都努力把绝大多数的资源耗费在某一个单项上——战争。

正如第二章所描述的那样，菲利普二世统治的每一年都在进行战争。由于其地缘政治意义，卡斯提尔的每个战役都经过了军事历史学家的深入研究，而我们借用他们的工作来重建战争对卡斯提尔财政的影响。[2]

---

[1] 卡斯提尔的司法制度概述，参见 Kagan(1981)。

[2] 特别是，我们的依据来自 Dandelet(1995,2001)；De Lamar(1964,1988)；Koenigsberger(1951)；Lynch(1961)；Parker(1970,1977,1979,1998,2004)；Tenace(1997,2003)；Thompson(1976,1992)。

第四章　菲利普二世的可持续性债务

军事行动尽可能在地方一级得到资助，佛兰德斯和意大利的收入支付了这些领土上的部分巨额军事费用，若是资金短缺，解决的办法通常是从卡斯提尔经金融中介机构转移资金。所以一旦有军事行动发生，这一类的转移就会迅速增长，诚如荷兰起义期间一样。战争的总费用相当于这两个来源的开支，然而，由于卡斯提尔债务只从卡斯提尔的收入中支付，因此在评估财政可持续性时，只有从卡斯提尔的资金转移事宜中分析。有鉴于此，我们的第一步是根据资金来源对军事支出进行分类。幸运的是，由于卡斯提尔的账户非常完整，而从当地来源支付的成本数据却相当惊人。

要建立卡斯提尔国库每年支付的军费的系列数据，只需要一个强有力的假设。帕克(1998)的研究得出了1580年至1596年期间佛兰德斯军队的耗资，只能作为每五年一度的总计。然而，在这种情况下，我们有关于佛兰德斯财政部所支付之款项的良好年度数据。将卡斯提尔国库的五年期拨款分摊到个别年份，我们假设它们遵循与佛兰德斯拨款相同的年度模式。因此，预计后者将反映荷兰战争总支出的短期波动。为了检验稳健性，我们放弃了将佛兰德斯支出作为变化的来源，并采用了另一种假设，即卡斯提尔国库的年度拨款是五年期拨款总额的1/5。而如此假设也并没有以任何显著方式改变可持续性的结果。

图7显示了我们在1565年到1596年间对军费的估计。如果单个活动的成本在来源方面有所不同，我们就选择更好的文件来支持估计值。菲利普二世统治期间，在战争中花费的1.46亿杜卡特的军费里，有7 700万杜卡特(占总数的53%)用于佛兰德斯军队，正是由于荷兰起义在卡斯提尔军事预算中是如此之大，所以我们将它与其他活动区分开来。[①]

在16世纪70年代早期，神圣联盟的战争与荷兰起义的日益强烈导致了军费的飙升，并在1574年达到了顶峰，紧随其后的是1575年的破产。接下来的十年，军费开支相对有限，而随着1583年荷兰再度采取敌对行动，这一情况发生了变化。无敌舰队前后，军费支出也是继续增加，装备舰队大约需要1 000万杜卡特，大约相当于两年的总收入。英西海战结束后，西班牙又花费

---

① 按1566年的不变价格计算。

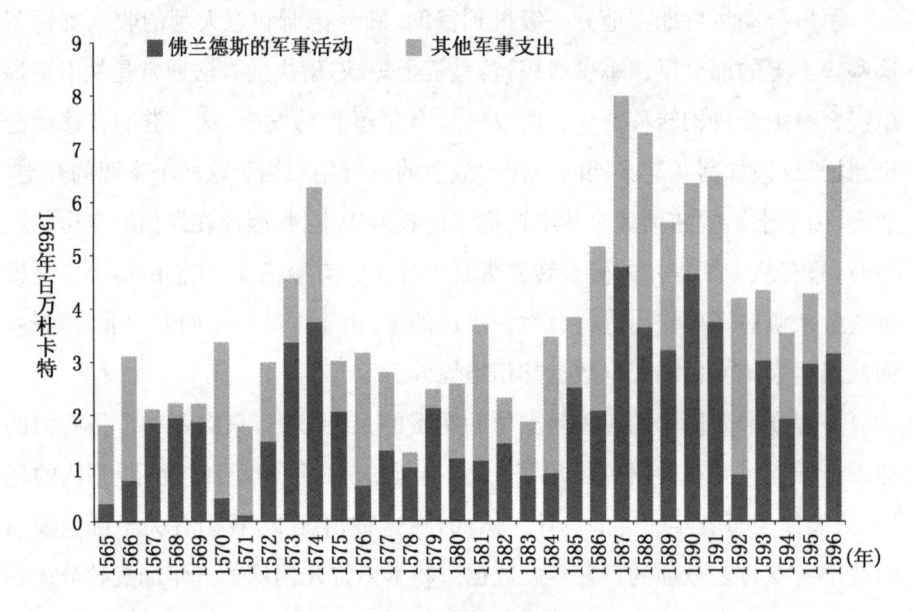

图 7　由卡斯提尔支付的军事支出

了相同的费用来重建舰队,以防御法国和英国的袭击。我们的资源允许对最后一年(也就是1596年)的峰值进行全面评估,反映了佛兰德斯的持续开支以及对英国海军威胁的反应。

短期债务的偿还

国民账户的另一个重要组成部分是偿还债务的成本,我们在第三章介绍了少量关于债券(juros)的信息,我们将在下一部分中估算每年支付的利息。另一方面,我们关于阿西托恩短期贷款的数据足够详细,可以让我们以合理的精度计算偿还成本。

阿西托恩短期贷款作为一个短期借贷工具很方便,它们允许王室迅速获得资金并将其转移到其欧洲领土上的任何一点。它们对王室来说所费不赀,平均总回报率为13.8%,许多合同超过了20%。这包括货币转换、海外交付、运输成本以及延迟支付和随后重新谈判的风险。回报率的很大一部分是以优惠利率进行的外汇交易、无利息的预付款以及金融工具的互换。使事情更加复杂的是,定期付款很少指明是支付利息还是偿还资本。因此,不能直接观测

第四章 菲利普二世的可持续性债务

债务偿还,我们使用间接估计的方法代替。

首先,我们研究 1566—1596 年之间的每一个合约,抄录每一个条款,并用它们来重构月度现金流量。从整套现金流量中,可以计算出每份合约的回报率(第六章详细讨论了方法)。然后,我们通过将其贷款乘以收益率来估计每个贷款的总利息。因为我们不知道哪些是支付利息,哪些是本金还款,我们假设从国王到银行的每一笔支付都是由贷款期限内的利息和资本摊销构成的。这与少数几个分离利息和本金偿还的具体规定是一致的。[1] 官方的年度短期债务是任何单一年度所有的现行合同的利息支付的总和。1575 年 9 月的违约导致所有阿西托恩短期贷款停止支付。直到 1577 年底达成和解,1578 年才有了新的还款。因此,我们为 1576 和 1577 的阿西托恩短期贷款偿还分配了一个零值。相比之下,1596 的违约持续不到一年,因此在 1596 和 1597 年都有积极的还本付息额。

破产

菲利普二世的每次违约都导致在谈判中减少未偿债务,它们直接影响到财政状况,因此我们在计算收支平衡时应当考虑到这一点。关于 1557 年和 1560 年的情况我们没有什么数据,我们也不知道收入和支出的日期。但是,我们可以详述 1575 年和 1596 年破产导致偿债停摆的规模以及最终解决停摆的条件。

违约总是以宣布暂停偿债的法令开始,经过一些法律冲突和相关信息的收集之后,王国政府和银行家都成立谈判小组。就银行家而言,其目的是让代表们尽可能多地代表未偿债务的份额,从而以巨大的市场力量对抗国王。双方达成协议后,签署一项称为中间协议的解决方案。这份文件具体规定了要偿还的金额、使用的付款工具、偿还的时间以及银行提供新贷款的条件。

在我们所收集的数据中,第一次违约行为是从 1575 年 9 月 1 日发布暂停法令开始,1577 年末以中间协议的方式达成和解。[2] 国王确认了 1 510 万杜

---

[1] 由于现金流量是明确规定的,通过完全加载或完全加载利息来修改这一假设并不会使结果明显改变。

[2] Asiento y Medio General de la Hacienda. AGS,Consejo y Juntas de Hacienda,Libro 42.

卡特的未偿债务,分为截至1575年9月1日的未偿本金1 460万杜卡特和1575年9月1日至12月1日期间应计利息58.4万杜卡特。目前尚不清楚为什么增加利息,无论如何,和解的第一项规定便是确定这些数额。而我们从违约时的未偿本金开始分析,也就是从这1 460万杜卡特开始。

在所有未偿还的阿西托恩短期贷款中,有560万杜卡特是由收益率为7.14%的永久性债券(juros)作抵押,并由普通收入担保。王室允许这些债券(juros)的持有者保留它们,但年金率降低到5%,与合同上定好的7.14%相比,年金率的下降相当于免除了160万杜卡特。另外,还有价值440万杜卡特的阿西托恩短期贷款由收益为5%的永久性债券(juros)作抵押,这些债券(juros)由贸易署的收入作担保。由于有太多的债券(juros)以这些收入为抵押,所以它们往往得不到偿还,在二级市场上,它们的交易价格约为其面值的50%。① 王国政府通过承认贸易署的收入作担保债券(juros)55%的票面价值,将其转换成5%的永久性债券(juros),而剩下的45%,也就是196万杜卡特的债券(juros)被视为无抵押债务。

无抵押债务包括的贸易署的收入作担保的债券(juros)共计660万杜卡特,受到了最严厉的对待。其中2/3转化为面值相同的永续债券(juros),收益率为3.3%。其余的1/3转变为由对小城镇(vasallos)的征税支持的债券,名义收益率为2.3%。相对于7.14%的利率,这部分债务被注销达380万杜卡特,总的来说,1575年的中间协议重新安排了总计1 460万杜卡特的短期债务,但以现值来计算,有550万的杜卡特被免于偿还,或者说有37.7%的总贷款违约了。

1596年的破产比较温和,我们在第一章的描述与乌洛亚(Ulloa,1977:823)、恩里卡·内里(Enrica Neri,1989:109)和桑兹·阿亚纳(Sanz Ayán,2004)是基本一致的。1597年的和解计划重组了705万杜卡特,其中2/3,即470万杜卡特的价值被转换成5%的永久债券(juros)。采用与1575年和解计划相同的利率假设,这意味着削减了141万杜卡特。下余1/3是由银行家持有的利率为12.5%的永久债券,这些永久性债券是在1580年发行的,因此

---

① 关于这一点,参见 Ruiz Martín(1965)。

已经过了其 33 年的会计到期时间的一半。和解协议规定将它们换成利率为 7.14% 的永久债券(juros),银行家将获得足够的永久债券,以免改变本金的现值。总之,这部分未偿还的债务没有被免除,国王延长了还款时间表,以换取债券的较高面值。1597 年的和解总额为 141 万杜卡特,正好是违约金额的 20%。

克里斯托弗·查雷和卡洛斯·阿尔瓦雷兹·诺盖尔(Christophe Chamley and Carlos Alvarez Nogal,2012)对菲利普二世的破产作了不同的解释。他们指出,债券(juros)是可以应国王的要求赎回的。因此,如果普遍利率下跌,那么回购所有债券(juros)并以较低利率发行新的债券(juros)符合国王的利益。在他们看来,违约只是实现这一目的的一种方式,1575 年和 1596 年的违约问题的解决只不过是将以高利率的债券(juros)作为抵押的阿西托恩短期贷款换成新的、较低利息的永久债券。国王没有真正的削减还款,国王只是在行使他一直权做的选择。历史记录与这个解释强烈抵触,破产不是自愿的事件,而是涉及激烈的谈判。同样重要的是,大多数可赎回的债券(juros)——那些没有依附于阿西托恩短期贷款的债券(juros),并没有被转化为低息债券。[①] 但是我们注意到,如果克里斯托弗·查雷和卡洛斯·阿尔瓦雷兹·诺盖尔的解释是正确的,这实际上会减少卡斯提尔的债务负担,我们下面详述的结果将会强化这一说法。

向下偏差(Downward Bias)

在我们继续之前,值得注意的是,我们在构建财务数据库时所做的所有假设都是尽可能谨慎的。无论何时需要对收集方法进行选择或填写缺失数据,我们都选择了导致收入较低或成本增加的路径。这使得我们的观点产生了偏差,降低了我们找到可持续性的机会。特别是,我们以确定的收入数据(而不是估计之模糊的收入数据)开展工作。当面对缺失的数据时,我们估算了最接近的可用值中的最低值。出现相反情况时,我们使用的是商定的阿西托恩短期贷款的偿还成本,尽管我们知道许多合同都要经过重新谈判,从而降低了它

---

① 这和英国的债务转换形成了鲜明的对比,Chamley(2011)也进行了有序的研究。

们的收益率。在下一节中,我们将使用类似的方法来估计对债券(juros)债务的偿还,将平均收益率应用于每一个债券,即使其中一些债券可能由于支持其的收入流表现不佳而未被充分支付。我们不能肯定我们的军事支出系列能否反映出军事行动中的每一笔开支,但是财政核算的逻辑意味着,无论我们在这个类别中遗漏了什么,都将被加入民事支出之中。总的来说,我们的数据反映了对卡斯提尔财务状况的保守看法。因此,这些计算将得出主权债务可持续性的下限。

年度财政结算

解决难题

在解释我们如何重构卡斯提尔每年的财政状况之前,有必要回顾一下国民核算的一些基本概念。政府的财政收支被定义为所有收入减去所有支出的结余,如果这个数字是正数,则预算盈余;如果是负数,则为赤字。任何赤字必须发行额外的债务来弥补,而任何盈余都会增加政府的资产,从而减少债务净额。所以我们可以写下:

$$R_t - G_t = -\Delta D_t \tag{1}$$

其中 R 代表收入,G 代表所有政府支出,D 代表债务存量。

政府支出分为普通支出和债务支出,债务存量由长期债务和短期债务组成:

$$R_t - E_t - DS_t = -\Delta D_t \tag{2}$$

E 代表一般支出,而 DS 代表偿债。等式的前两项,即收入减去一般支出表示基本盈余,这是衡量债务可持续性的一个关键因素。当基本盈余为负值时(即基本赤字)政府借款只是为了能够支付旧债的利息。复利机制意味着基本赤字可能会迅速导致债务存量失控。要使债务可持续,就需要有大量的基本盈余。

就我们的目的而言,将偿债分为长期和短期,将日常支出分为军事和非军事支出也很有用:

$$R_t - ME_t - NME_t - DS_t^l - DS_t^s = PS_t - DS_t = -\Delta(D_t^l + D_t^s) \quad (3)$$

这里 DS^l 和 DS^s 表示长期和短期偿债，ME 是军费开支，NME 是非军费开支，PS 是初级盈余。在第 3 章中，我们介绍了一系列收入和短期债务问题。本章增加了一系列军费开支和短期偿债。我们剩下三个未知数：非军事支出、长期偿债和长期债务存量的变化。

为了解决它们，我们将依赖以下两个假设：
- 假设 1：长期偿债在两次观察之间平稳增长。
- 假设 2：实际非军事支出在整个期间保持不变。

表 4　　　　　　　　债券及其服务（当时的百万杜卡特）

年份	未偿的债务证券	债券的服务支出	债券服务的平均花费	收入
1560	19	1.468	7.7%	3.155
1565	25			4.192
1566		1.861	7.4%†	4.770
1573		2.752		5.433
1575	42.5	2.730	6.4%	7.606
1584		3.273		7.806
1598	68	4.634	6.8%	11.328††

资料来源：1560 年、1565 年和 1598 年的债务估计数来自 Artola(1982)。图中 1575 年的数据来自 De Carlos Morales(2008)，服务估算来自 Ruiz Martín(1965)；Ulloa(1977)。

† 使用 1565 年债券(juros)库存计算。

†† 数据来自 1596 年。

我们从长期债务的偿还开始，为了方便起见，我们重制了第 3 章的表格，提出了债券(juros)及其偿还的可用数据不足。该表报告了六个不同年份的债券(juros)的偿还情况。遵循我们的第一个假设，我们通过线性插值来填补缺失的年份。这个假设是合理的：由于债券(juros)存量很大，支付给它们的平均利息不会每年突然变化，债券(juros)的发放也受到普通收入的限制，其增长是逐渐而缓慢的。这一趋势主要的例外是 1575 年，当时议会(cortes)批准大幅增加普通收入。我们对那一年有一个实际的观察，所以我们的程序仍然抓住了趋势的突破。虽然仍会存在一些测量误差,但相对于预算的总体规模来说,这个误差是很小的。那么这种方法为我们提供了一个可用的 DS^l 系列。

我们有关于 1565 年、1575 年和 1598 年的未偿付债券(juros)的存量数据,后两个日期对应于菲利普二世的第三次和第四次破产。由于债务重组的原因,这几年没有任何的债务,所以债券(juros)未偿金额相当于债务总额。我们没有关于 1565 年短期债务的数据,不过,由于富格尔的解决方案尚未完全谈妥,而热那亚银行家直到 1566 年才正式进入市场,所以任何未偿还的阿西托恩短期贷款的数量都是很小的。可以合理地假设,相对于 1565 年的债券(juros),阿西托恩短期贷款可以忽略不计,而债券(juros)几乎代表了所有未偿债务。因为我们可以合理、准确地猜测 1565 年和 1598 年的未偿债务总额,我们也知道这些年间债务增长了 4 300 万杜卡特。

对等式(3)随着时间的推移进行总结是很有用的:

$$\sum_t R_t - \sum_t ME_t - \sum_t NME_t - \sum_t DS_t^l - \sum_t DS_t^s = \sum_t D_t \quad (4)$$

我们刚刚计算了这个表达式的最后一项——整个期间总债务的变化。我们的第一个假设为我们提供了长期偿债序列,我们有收入、军费和短期偿债的数据。所有这些都可以很容易地总结出来。有了这个,就可以求解整个时期非军事性支出的总和,结果是 1 870 万杜卡特。相比之下,军费开支总额为 1.462 亿杜卡特,相当于总支出的 11.3%。

接下来我们用第二个假设,按年度平均分配非军事支出,同时让其名义值按通货膨胀率增长。这是合理的,因为民政管理和内部执法的大部分费用是固定的。由于非军事支出与预算的规模相比较小,修改这一假设并不会对我们的结果产生重大影响。

由于我们依赖于拼凑不同的来源的战役成本相加来估算军费开支,所以人们可能会担心重要支出被忽略。值得注意的是,由于民事支出是作为残差计算的,因此低估军事支出只会导致非军事支出更高。也就是说,我们对民间支出的估计是低的,因此我们不大可能低估军费。政府的预算标识表明,我们的数据系列必须涵盖与卡斯提尔军事行动相关的几乎所有支出。

我们现在有每年的系列收入、军费、非军事支出、长期和短期债务以及头几年和最后几年的债务总额。使用方程(3),很容易计算债务存量的年度系列变化。把它们加到最初的债务中，可以得到一系列未偿债务的时间序列。这便完成了卡斯提尔的全套年度财政账目，我们在表5中总结。

表5　　　　1566年—1596年的财政账目（期间平均值）

	1566—1574	1575—1584	1585—1596
A组（以名义上的百万杜卡特计）			
收入	5.17	7.88	9.60
军事支出	3.40	3.04	6.95
非军事支出	0.54	0.59	0.66
基本盈余	1.24	4.25	1.99
长期债务服务	2.35	3.00	3.91
短期债务服务	0.77	0.47	0.79
财政平衡	−1.89	0.78	−2.71
未偿债务	30.35	37.37	54.07
B组（以1565年的杜卡特的实际价值计）			
收入	4.93	6.96	7.52
军事支出	3.18	2.67	5.48
非军事支出	0.52	0.52	0.52
基本盈余	1.23	3.77	1.53
长期债务服务	2.23	2.65	3.06
短期债务服务	0.72	0.41	0.62
财政平衡	−1.72	0.71	−2.15
未偿债务	28.75	32.96	42.24
C组（收入的百分比）			
军事支出	65.8%	38.6%	72.4%
非军事支出	10.4%	7.5%	6.9%
基本盈余	24.0%	53.9%	20.7%
长期债务服务	45.5%	38.1%	40.7%
短期债务服务	14.9%	6.0%	8.2%
财政平衡	−36.6%	9.9%	−28.2%
未偿债务	587.0%	474.2%	563.2%

基本趋势

在评估卡斯提尔的债务是否可持续之前，有必要讨论基本趋势。短期债务的大量发行并不总是与总债务存量的大幅增加同时出现。名义债务在1565年至1596年间增加了4 090万杜卡特。在同一时期，王室获得了9 210万杜卡特的阿西托恩短期贷款。因此平均而言，大约一半的阿西托恩短期贷款要么转入新的短期贷款，要么合并为长期债务，其余的用于偿还贷款人。很大一部分短期借款覆盖了收入和支出的暂时波动，而不是增加整体债务。作为稳健性检验，我们的总债务数据系列与表4中个别年份的中间估计值非常接近。

下一个关键的结果是菲利普二世统治时期的财政收入明显高于军费和非军事支出的总和，也就是说，王室平均上有基本盈余。16世纪60年代和70年代初，不包括偿债成本的支出占总收入的76%，16世纪70年代末和90年代初下降到46%，然后增加到79%。一旦我们将偿债成本考虑在内，菲利普的第二和第四个十年期间的预算平均处于赤字状态，而第三个十年期间处于盈余状态。

在表5的B组中，我们报告了按实值计算期间的平均财政账户。1550—1575年卡斯提尔的经济表现强劲。这使王国政府推动了一个显著的财政扩张，在1566—1574年和1575—1584年间，收入实际增长了41%。更令人吃惊的是，尽管在菲利普统治时期的最后十年卡斯提尔的经济表现明显放缓，收入还是增加了8%。整个时期，王国政府的收入增长了53%，而非债务支出增长了62%。

1575—1584年的实际军费比1566—1574年的下降了14%。在勒班陀战役的胜利与荷兰起义的平息之后，菲利普获得了"和平红利"。卡斯提尔的预算因此而转为盈余，在1566—1574年间一直处于赤字状态。1585—1595年期间，这个盈余让位于超过200万杜卡特的年度赤字（按1565年价格计算）。在无敌舰队和低地国家重新爆发战斗的推动下，军费开支增加了一倍多。实际上，菲利普的总债务在他执政的第二个十年和第四个十年之间增加了47%——低于收入的增长。

第四章 菲利普二世的可持续性债务

表5的C组显示了我们的财政账户占年收入的百分比,我们对缩放变量的选择需要做一些解释。可以说,衡量军事承诺和债务负担的正确方法是用经济总产出来衡量。然而,估计16世纪的国内生产总值(GDP)是困难的;最新公布的估计值在上下限之间相差超过200%(Alvarez Nogal and Prados de la Escosura,2007)。除了卡斯提尔国内生产总值的巨大不确定性外,还有理由将收入作为一个比例缩放变量。尽管现代国家能够控制国内生产总值的很大一部分,但这种情况在早期近代的国家却难以实现。评估可持续性的方法是检查可用于偿还债务的潜在资源,因此在早期近代,实际财政收入是比国内生产总值更好的指标。在评估一个国家的信用度时,债权人有充分的理由更关心王国政府的收入,而非经济总产出。

军费开支每年波动很大,但其长期份额大致稳定,债务负担总体呈负增长趋势。偿债总成本在菲利普二世统治的第一个十年占总收入的60%。第二个十年下降到44%,最后一个十年略微上升到49%,仍然低于开始时的数字。菲利普二世在位的整个时期,平均财政赤字约为收入的20%。第一个时期平均赤字达到37%,第二时期达到10%的收入盈余,无敌舰队的十年期间的赤字平均恢复到了28%。

图8并列显示了基本盈余和财政平衡。1575年的破产与无敌舰队事件与基本赤字紧密关联。在1577年重新调整和议会(cortes)同意大幅度增税之后,盈余变得相当可观,占到收入的50%~70%。较低的军费开支有助于恢复大规模盈余。同样,在16世纪90年代引入的新消费税(millones)改善了卡斯提尔的财政状况。在菲利普执掌国柄的整个时期,卡斯提尔的主要盈余相当于收入的32%。尽管几乎连年战争,但菲利普二世几乎从不借钱支付利息。他年复一年的大部分收入都可用于偿还债务,唯一例外是发生特殊的军事行动时期——16世纪70年代初期荷兰的反叛和无敌舰队的创建。[①]

战争不仅支配了总体支出,而且给卡斯提尔的财政平衡蒙上了一长串的

---

① 图8也反驳了"连续违约"文献的主要结论。在1575年的支付停止之后,我们看不到由卡门·莱因哈特(Carmen Reinhart),肯尼思·罗格夫(Kenneth Rogoff)和米格尔·萨瓦斯塔诺(Miguel Savastano,2003)预测的财政机构疲软的下行螺旋,相反,由于财政紧缩和税收上涨,主要盈余出现上升。

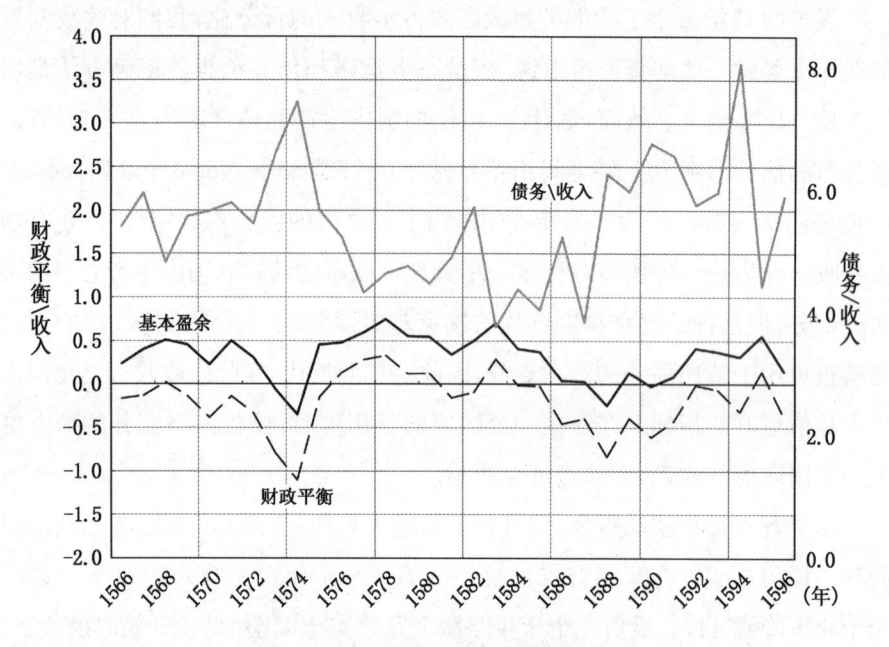

图 8　财政平衡和债务相对于收入

阴影。收入每年都会波动,这在很大程度上是白银暴利或短缺的结果。偿债成本也会波动,这取决于短期债务和长期债务的组合,以及每个市场的融资条件。然而,王室财政状况的主要决定因素是其军事行动的规模。[①] 我们在第八章中进行的国际比较也进一步表明,长期的财政可持续性和增长更多地取决于战场上的成功,而非"负责任的"财政行为。

可持续性

为了公共债务的可持续性,收入和支出必须允许所有债务永久性偿还。同样,债务与收入的比例也不应超过由税收制度和公共债务管理发展所界定的合理水平。然而,除了这个广泛的定义之外,关于如何计算最大可持续债务水平或者如何确定一个国家是否具有偿付能力(即,如果其债务在目前的参数

[①] 如果我们回归到 MEt 的 pst,我们得到−1.07 的系数(t−统计量 9.4),这意味着主要的盈余与军事开支差不多完全是 1∶1。

下是不可持续的,可以通过适当的调整来支付财政账目),理论上几乎没有共识。对财政可持续性的评估仍然是从业者的主要领域,在主要普遍接受的技术方面存在显著差异。为了评估菲利普二世的债务是否可以长期偿还,我们首先采用主流方法,然后通过一系列抗干扰性检查和反事实推论法来补充它。

在我们开始论述之前,值得强调一个重要的事实。1566年至1596年间,菲利普二世的债务相对于收入并没有增加。按这一期间的平均值来计算,它们在1566年—1574年,从年收入的5.9倍下降到1575年—1584的4.8倍,最后的十年又上升到5.7倍。因此,没有初步证据能够表明财政危机在加剧,事实上收入的增长快于债务。虽然这一观察并不能证明债务是可持续的,但卡斯提尔的财政数据轻松通过了这一个考验。

国际货币基金组织的方法

国际货币基金组织(2003)支持的更系统的方法是计算稳定债务与GDP比率所需的基本盈余。其基本思想是,只要债务增长率不超过产出增长率,债务就可以继续偿还。这就需要保持基本盈余——使支出(扣除偿债成本)低于收入。因此,即使债务继续增加,收入增长与廉价借贷相结合也会产生有利的结果。

我们更严格地利用约书亚·艾森曼和布莱恩·平托(Joshua Aizenman、Brian Pinto,2005)的债务积累方程来探索这一方法。

$$\triangle d_t = pd_t + \frac{(r_t - g_t)}{(1 + g_t)} d_{t-1}, \quad (5)$$

其中d是债务占GDP的百分比变化,r是(名义)利率,g是GDP的增长率,pd是主要赤字占GDP的百分比。公式(5)表明,债务收入比率的增长等于当前的主要赤字加上前期债务的利息,并由经济增长率调整。因为可持续性要求债务不占GDP的比例增加,所以我们将d设置为零并获得:

$$-pd_t^* = ps_t^* = \frac{(r_t - g_t)}{(1 + g_t)} d_{t-1}, \quad (6)$$

其中ps^*是主要盈余,将持有债务与GDP的比例不变,从而达到可持续性要求。滞后方程一个周期,设d_{t-1}等于d_t,并假设r和g不随时间变化而变化。

$$d^* = ps/(r - g), \quad (7)$$

其中 d^* 是相对于 GDP 的可持续债务水平。右边是未来主要盈余的贴现值,贴现率是按照名义利率和增长率之间的差额来计算的。基本盈余越高,收入增长率越高,能够可靠偿债的债务就越大。

这种可持续性的方法假定国家可以以税收的形式对 GDP 的固定份额提出要求。16 世纪的卡斯提尔绝对不是这种情况。由于王国政府在 16 世纪初巩固了权力,其税收的增长速度超过了国民经济。国王和议会(cortes)在 1575 年和 1591 年的谈判导致了大幅增税。人们可能想知道,依赖于政府收入增长快于整体经济增长的财政状况的可持续性如何。对高于生活收入的收入征税明显比对低于最低消费门槛的收入征税容易得多。随着总收入的增加,剩余收入增长得更快——仅仅是因为这个时期的平均收入接近可持续水平。1500 年之后的快速收入增长仅仅意味着早期近代的国家在快速增长的"剩余"收入中占有了很高的份额(Voigtländer and Voth, 2013)。

就卡斯提尔而言,来自西印度的收入也在迅速增长。总的来说,在我们数据所涵盖的 31 年中,收入增长了 53％,这是产出不可能比得上的增长率。这强化了我们选择收入作为缩放变量而不是 GDP,贷方肯定更关心王室的实际收入,而不是国民生产的名义上限。鉴于此,我们执行所有的可持续性计算,根据收入来调整变量。尽管如此,在讨论稳健性时,我们仍将使用各种 GDP 估计值重复分析。

表 6 显示了我们的基准可持续性结果,比较了所需和实际的基本盈余以及可能的和实际的债务水平。分析是按照十年和我们的数据所涵盖的整个时期进行的。整个时期的主要盈余足以保持债务收入比率的上行压力。稳定债务收入比率所需的主要盈余(ps^*)为收入的 35％,仅略高于实际达到的 31.5％。菲利普去世时,王室的债务与收入(d)的比率在 33 年前的水平——不到 6 倍。平均可持续债务(d^*)是收入的 5.2 倍,实际水平为 5.5 倍,差别不大。

表 6　　　　　　　　　　可持续性计算:基线结果

年份	g	r	ps^*	ps	$ps-ps^*$	d^*	d	$d-d^*$
1565—1574	3.38％	10.20％	0.394	0.249	−0.145	3.645	5.863	2.218
1574—1584	3.28％	9.30％	0.433	0.454	0.020	7.534	4.787	−2.748

续表

年份	g	r	ps^*	ps	$ps-ps^*$	d^*	d	$d-d^*$
1584—1596	3.44%	8.80%	0.227	0.201	−0.026	3.744	5.728	1.983
1565—1596	3.37%	9.40%	0.348	0.315	−0.033	5.229	5.476	0.246

注:G是收入的增长率,r是政府债务的平均利率,ps是实际的基本盈余相对于收入,ps^*稳定所需的剩余收入比例,d是实际收入,债务和d^*是可以持续的收入比例给实际主要盈余。增长率是根据基准日期之间的年化复合增长率计算的。因此,总体增长率并不等于各子时期增长率的加权平均数。

在第一个10年中,主要盈余大约是稳定所需水平的2/3。利率相对较高,收入适度增长。债务水平高于可无限期维持的水平。从1575年到1584年的第二个10年里,利率下降,收入增长速度加快。军费开支减少使基本盈余显著增加,这些盈余现在比稳定债务水平所需的还要高,实际负债低于最高可持续水平。在最后的10年,军事事件导致开支再次增加。稳定所需的基本盈余下降到0.23,比实际数字高出3个百分点(收入)。就整个时期而言,尽管在16世纪的最后20年里,持续不断地出现战争和重大的军事行动,但可持续性却没有受到损害。

抗干扰性

我们的结论是,菲利普二世的财务基本上是可持续的,这是以新收集的数据、对现有估算的修改以及将这些不同系列的信息结合起来为根据。在每一步,我们都做出了可能影响我们评估的假设。现在我们研究,如果我们使用替代指标或假设,我们的结论将受到何种影响。

替代收入增长率

我们迄今使用的收入增长率计算为终点之间的复合增长率。因此,结果对所考虑的第一年和最后一年的选择很敏感。另一种选择是在时间趋势上回归收入的自然对数。时间变量的系数将作为考虑到期间波动的平均年增长率的一个度量。在表7中,如果我们使用收入增长的替代方法,将显示的整个时期的结果。总体增长有所回落,增加了实际和必需的主要盈余之间的差距。

但差异仍然相对较小。可持续债务水平与实际债务水平之间的差距也在增加,但是这一差距低于平均年份的收入水平。

表7　　　　　　　　　　　　稳健性

	g	r	ps^*	ps	$ps-ps^*$	d^*	d	$d-d^*$
基于收益								
基准点	3.37%	9.40%	0.348	0.315	−0.033	5.229	5.476	0.246
基于回归分析	2.83%	9.40%	0.345	0.315	−0.030	4.800	5.476	0.676
基于GDP								
卡雷拉斯	1.90%	9.40%	0.032	0.032	0.000	0.423	0.514	0.091
阿尔瓦雷兹—普拉多斯—中点	3.40%	9.40%	0.014	0.014	0.000	0.232	0.223	−0.009
阿尔瓦雷兹—普拉多斯—下界	3.40%	9.40%	0.028	0.029	0.001	0.480	0.461	−0.018
阿尔瓦雷兹—普拉多斯—上界	3.40%	9.40%	0.009	0.009	0.000	0.153	0.147	−0.006

注:G 是收入的增长率,r 是利率,ps 是实际的基本盈余相对于收入,ps^* 为稳定债务收入比所需的盈余,d 是实际债务收入比,d^* 为在实际基本盈余的情况下可以维持的债务收入比。

增长率是根据基准日期之间的年化复合增长率计算的。因此,总体增长率并不等于各子时期增长率的加权平均值。

替代GDP的系列

GDP是财政变量的标准。虽然我们认为,在近代早期的经济中,收入是一个更好的标准,但我们在这里表明,我们的主要结论对GDP的使用是强有力的。卡洛斯·阿尔瓦雷兹·诺盖尔和莱安德鲁·帕多拉斯·德拉埃斯库索拉(Carlos Alvarez Nogal and Leandro Prados de la Escosura,2007)最近估计了卡斯提尔的国内生产总值的上下限。两者之间的差别可能很大,它们的平均值相差3倍。在表7中,我们重复使用上下限和中点进行可持续性计算。作为进一步的检查,我们使用阿尔伯特·卡雷拉斯(Albert Carreras,2003)的一组不同的GDP数据。

如果我们用GDP作为一个标度变量,我们的结论是不受影响的,与所使用的特定系列数据无关。在每种情况下,我们都发现所需和实际的基本盈余几乎是相同的。卡雷拉斯的GDP估计相对悲观,实际债务和可持续债务之间存在9%的差距。在诺盖尔和德拉埃斯库索拉的数据的所有变化中,我们都能找到充分的可持续性。对于16世纪卡斯提尔的产量增长率到底是1.9%还是3.4%,我们并不表态,但是请注意,即使是最悲观的数字,差距$d-d^*$也是很小的。

违约期间没有本金削减

可以断言,我们分析的一个特定方面将有助于找到可持续性。在1575年和1596年违约期间,贷款人看到他们的本金现值减少。没有这些调整,未偿还的债务会更高。那么菲利普二世财务状况的"健康"有多少来源于违约之后的减记?

我们通过将债务偿还加到违约债券上计算一个反事实推论的债务系列。经过这次调整之后,1527年中新得出的反事实推论债务比实际高出550万杜卡特。然后,我们按照上一年的新债务规模增加偿债费用。这减少了基本盈余,并增加了基本赤字。同样,在1596年,我们把中间协议的减记债务增加到未偿债务,提高了140万杜卡特。即使没有1577年的违约,新税也足以在16世纪80年代使债务恢复到可控状态。债务收入在1590年前一直保持在6倍左右,然后上升到8倍。"无敌舰队"之后,如果没有1575年的违约,债务的增长会更快,彼时的最终债务存量可能比两年的收入还要高。

可以说,即使是这种极其悲观的情景也不意味着缺乏可持续性。例如,1815年英国的债务占国内生产总值的185%(Barro,1987)。① 然而,1588年以后,我们的反事实推论的债务比率迅速上升,可能会引发人们对卡斯提尔长期偿债能力的质疑。尽管如此,16世纪90年代仍然有一系列基本盈余。换句话说,在"无敌舰队"之前,西班牙政府的财政状况即使没有1575年的违约和债权人的债务减免,也是可以持续的。相比之下,1588年以后,菲利普的实际财政状况更为可控,其部分原因便是1575年的违约。

阿西托恩短期贷款偿还成本的替代性

对于我们的基准情景,我们根据全套合同中的证据,从每年的商定现金流量中计算偿还成本。虽然这可以精确地比较个人贷款,但总体成本估算依赖

---

① 由于部分债务低于面值发行,因此不太清楚应该使用哪一种债务:债务的面值或实际筹集的数额。如果我们用债务的名义价值,这个负担就会超过GDP的200%。

于我们选择的盈利能力指标：修正后的内部收益率（MIRR）。一种替代方法是在将借贷转换为偿债成本时使用平均融资成本和期限。我们假定所有（转移、交换和融资）成本都是在贷款的第一年生成的，由于平均时间为18个月，这涉及一定数量的前期投入，增加了债务负担。为了进一步把我们的主要结论（国王的债务是可持续的）的可能性叠加起来，我们还使用了借款的总值（包括转移），而不仅仅是借款部分。最后，我们使用了高利率：16%。

这是我们计算出的阿西托恩短期贷款的中间回报率加上2%的溢价。阿西托恩短期贷款每年的偿还费用的新估计是：

$$ds_i^s = d_i^s \cdot 1.5 \cdot 0.16$$

其中 d^s 是所签约之阿西托恩短期贷款的总价值。在这种假设下，债务与收入的比率将增加到6.4而不是5.9，尽管这种做法明显增加了债务负担，但差距仍然很小。我们可以相当肯定，这种做法过于悲观，这意味着到1598年，当实际观察到的金额为6 600万杜卡特时，债务水平为7 300万杜卡特，所以我们最初的方法得到了更准确的结果。

在低地国家获胜的价值

评估可持续性的一个重要考虑因素是，卡斯提尔的财政状况下滑是否反映了财政上不负责任的政策、运气不好或者意料之外的冲击。正如我们在接下来的几章中将会谈到的那样，金融市场对这两种情况的处理方式完全不同，以一种更为宽松的方式对那些被认为不受主权控制的冲击作出反应。另一方面，如果一个国家的大量债务用于当前消费，而没有合理的计划来提高未来收入，那么很难认定这样的财政状况是可持续的。我们现在来看看对菲利普二世的财政状况的两大冲击："无敌舰队"的失利和在荷兰的旷日持久的战争，二者都有很大的潜在利益，因此不应被视为鲁莽的财政政策的案例。

事后来看，我们知道"无敌舰队"是菲利普二世命运的转折点，但诚如我们了解的一句话，"阳光下……这场竞赛不是比速度，也不是与强者的决斗……但时间和机会却同时发生在他们身上"（《传道书》Ecclesiastes，9：11，詹姆士王版本）。在这之前，西班牙在勒班陀的重大海战中，几乎已经把奥斯曼舰队

第四章　菲利普二世的可持续性债务

赶了出去,所以他们试图侵略英国到底取得何种结果,也是未可知的。正如我们在第二章中所讨论的那样,当时人们对无敌舰队非常重视,沃尔特·罗利爵士等知名人士公开表明自己的担忧,如果无敌舰队成功在英国登陆,英国军队将无能为力;帕克认为,即使舰队只在肯特郡实现了建立滩头堡的最低目标,西班牙也将获得巨大的利益。无敌舰队的成功虽然不是绝对有保障,但也绝非超出想象的。同样,舰队覆灭的规模——1/3 的船队和一半的人丧生在海上,根本没有在英格兰登陆,也一定是在可能的结果范围内最悲观的结局。

我们认为,卡斯提尔舰队的巨大财务损失是一个令人震惊的意外。尽管胜败乃兵家常事,但是完全的军事和金融灾难可能更像是金融市场上众所周知的"黑天鹅"事件,是一个不太可能且具有危害性的负面结果。

试图平定荷兰叛乱是有争议的。如果说无敌舰队行动是一次赌博,那么荷兰战争则代表了持续的、昂贵的、无休止的战斗力和财力投入。虽然无敌舰队的初衷来源于需要在佛兰德斯取得进展,但是旷日持久的征服荷兰与泽兰的企图不能被理解为意外的开支冲击。这场战争的持续投入给卡斯提尔在菲利普二世时期之最后三十年的财政带来了巨大的压力,也是使债务累积的一个关键原因。但我们认为,荷兰的最终胜利及随后的和平所带来的预期好处可以证明,西班牙长期而昂贵的努力是正当的,即使是在狭义的经济意义上也是如此。任何形式的胜利,即便发生在后一阶段,也能迅速改善菲利普二世的财政状况。

西班牙最终失去了对荷兰的控制权。如果在任何时候都有成功的机会,那么我们上面所记录的财政结果就构成了卡斯提尔财政可持续性的一个下限——这反映了基于可获得的信息在军事方面一定是最坏的情况。事前,菲利普和他的顾问们有充分的理由希望他们能够成功地镇压荷兰起义,要知道欧洲的统治者几乎没有一个大的人口稠密地区,而瑞士是唯一明显的例外。菲利普的帝国是这个时代的超级大国,许多当时的人认为,菲利普二世一再战胜对手的可怕战争实力终将令他获胜。荷兰反叛分子自己也清醒地认识到,放弃统治者独立的努力是非同寻常的。在1574 年西班牙人赢得了穆克之战后,奥兰治的威廉宣称:"我们已经做了别的国家在我们面前做过的事情,我们已经在这样一个小国家里捍卫自己,维护自己免受巨大而可怕的攻击且没有任何帮助。"事实上,像奥兰治这样的起义领导人确信,如果没有外部干预,他们最终会失败

(Swart,1978:24),资助西班牙军事行动的银行家们也应该有类似的想法。

现在我们来评估佛兰德斯的胜利对菲利普的财政状况有多大的影响。菲利普二世在低地国家的行动若能成功结束,就会减少军费开支。此外,他还可能通过向叛乱省份征税而产生额外收入,我们大胆地对这两项数据进行了保守的猜测。这些情况显示,即使对实际开支及收入作出较小的改变,也会对王国政府的整体财政状况造成相当大的影响。

1576年围困安特卫普之后,战斗平静下来,这种情况充分说明,一旦军费下降,卡斯提尔的财政状况就会很快恢复。菲利普二世在1566—1596年间花费了1.63亿杜卡特的非债务开支,其中1.443亿是军费。就在这笔军费当中,整整53%,也就是7 730万杜卡特花费在了佛兰德斯的战事上面。在无敌舰队及其后续行动期间,也就是1587—1596年,低地国家的支出达到4 060万杜卡特。而就在前十年,当时没有发生重大的军事行动,佛兰德斯陆军的总支出只有1 680万杜卡特,少了59%。

在我们的反事实推论中,我们假设随着帕尔马公爵大力挺进荷兰领土,在16世纪80年代末荷兰的事务能够取得重大进展(例如,阿尔巴公爵早些时候的胜利将取得更为有利的结果)。作为参考点,我们使用无敌舰队行动的年份:1588年,这个选择取决于数据的可用性——1588年是我们可以选择的最晚的日期,并且之后仍然有足够的数据用于反事实推论是有意义的。我们假设西班牙胜利后的军费与1577—1586的数字相似。因此,从1589年起,可能节省了大约1 760万杜卡特。请注意,我们的计算提供了一个降低费用的下限,在此成功之后,我们的数据将继续计算重建被摧毁后舰队的全部费用,但不包括在1588年之后本可以节省556万杜卡特(Parker,1998)。①

额外的税收是改善菲利普二世财务状况的一个更投机性的来源,战胜反叛省份,菲利普就可以对他们征税。② 我们以万杰夫·弗里奇(Wantjie

---

① 佛兰德斯的胜利唯一会使菲利普的财政状况恶化的可能,即是继续于英格兰进行高强度战争,但我们认为这个概率很低。

② 由于对叛乱省份起义前的债务总额没有很好的估计,我们从西班牙获胜后被征服的领土的税收不会完全没有负担这一事实中得出结论。例如,所谓的Rentmeisterbriefe(与Juros类似的长期债务)已经在荷兰和Zeeland发行。富格尔家族持一大堆这样的——从来没有收到他们的还款(Ehrenberg,1896)。这些债务将在西班牙胜利后得到承认和偿还,从而减少税收的净收益。

Fritschy,2003)编制的荷兰税收估计为例。为了谨慎起见,我们假设卡斯提尔对不服王命之地征税的效率不如他们自己的效率高,所以我们将税收预算减少了 50%。因此,菲利普财政状况的大部分变化将反映较低的支出(1596 年节省 250 万杜卡特),而不是较高的收入(增加 53 万杜卡特)。①

为研究开支减少及收入增加的影响,我们重新计算每年的整体开支、财政收支平衡、基本盈余及债务总额。由于在低地国家的胜利,菲利普本可以以 3 900 万杜卡特而不是 6 600 万杜卡特的债务结束他的统治,债务与收入的比率将恢复舰队计划酝酿前的下降趋势。图 9 显示了两个反事实推论,前者只使用较低的军事开支,而后者则可能增加了从荷兰获得的收入。这两者之间没有什么区别;菲利普的财政在他任期结束时看起来很健康的关键原因是战争少了,而不是税收增加了。因此,在做出决定时,无敌舰队和重新开始的荷兰战役在财政方面可能是很有意义的。这并不是说财政考虑在菲利普二世的顾问中是最重要的,它仅仅意味着宗教或战略上的考虑不一定是当时攻击英国与荷兰的唯一理由。

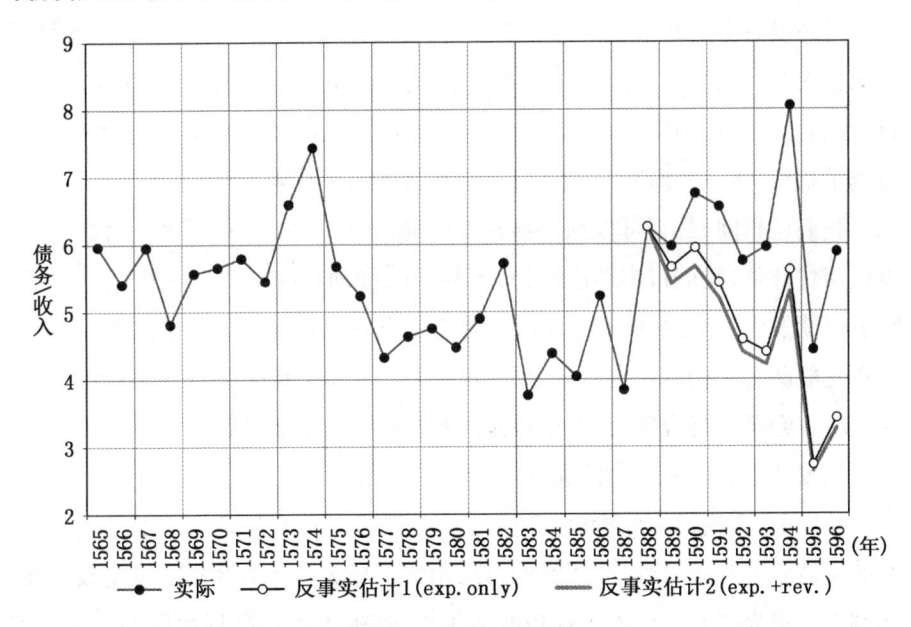

图 9 佛兰德斯的胜利:反事实估计下的债务—收入路径

---

① 这是一个非常保守的计算,17 世纪荷兰收入迅速增长,在 1600 年至 1650 年间,荷兰每年的收入平均为 260 万杜卡特,这是我们反事实数额的 4 倍。

结 论

　　菲利普二世能偿还债务吗？我们重建的财政账目表明他是可以的。虽然在激烈的战争期间流动资金稀少，但多年的相对和平带来了大量的盈余。基于国际货币基金组织评估财政可持续性方法的系统分析表明，卡斯提尔能够在长期情况下偿还债务。由于我们的数据构建时基于反事实推论方法研究可持续性，所以这个结果代表了王国政府财政实际健康状况的下限，我们的结论不受采用各种缩放变量、替代收入增长率、更激进的偿债计算方式或忽略违约期间协商的债务减免的影响。银行家和投资者没有被诱骗而把资金借给一个资不抵债的国家，事实上卡斯提尔能够偿还国王的债务。

　　为了进行分析，我们重建了卡斯提尔的年度财政账目。这对于探究近代早期来说是一项复杂的任务，它需要有关国家几乎所有金融活动的高频信息，而当时并没有对这些信息进行收集。我们的数据收集工作产生了新的年度系列的收入、军费、短期债务和短期偿债。使用保守假设和政府预算约束的逻辑，我们得出了长期偿债、民事支出和总债务存量的数据，由此产生的数据库跨越了整整 31 年的时间——足以采用现代的定量技术。

　　我们还自问，是否可以预料导致卡斯提尔财务状况出现重大下滑的事件？根据当代评估，我们得出结论认为，无敌舰队行动有合理的成功机会，尽管失败也可能发生，但这场灾难的实际规模在事前看来似乎不太可能发生。并且，与重建舰队有关的费用也是一个意外的打击。另外要提到的是，与荷兰反抗军作战在经济上是合理的，卡斯提尔在赢得战争方面曾经被一致看好，即使是有限的成功也会带来巨大的和平红利。

　　总体而言，我们的分析提供了有力的证据，表明卡斯提尔在 16 世纪下半叶的财政状况基础稳固，偿债资源是可用的。那么为什么会不断发生破产呢？菲利普二世果真是一个投机取巧的借款人，在他本可以兑现承诺的情况下违约吗？主权债务市场是否存在内在缺陷？还是其他机制在发挥作用，停止偿付在复杂的国际金融体系中是否发挥着不可或缺的作用？我们将在下一章讨论这些问题。

第五章 贷款给来自地狱的借款人[①]

信誉和国王的剑

1307年10月12日星期四,圣殿骑士团的首领、大团长(The Grand Master)雅克·德莫莱(Jacques de Molay)肩负着沉重的任务:他是法国菲利普四世(Philip IV)的弟弟瓦卢瓦的查理的妻子考特尼的凯瑟琳(Catherine of Courtenay)葬礼上的护柩者。这位年轻的贵妇在32岁上就去世了。只有在王室受宠的贵族才能获得担任护柩者的特殊荣誉。出席葬礼的还有国王和王室的每一位成员以及大多数主要官员。

第二天早上,法警拿着逮捕令在黎明前叫醒了德莫莱。按照国王所宣称的——圣殿骑士是异端,在他们的入会仪式中否认基督并朝十字架吐唾沫,然后执行同性恋仪式——"一件可鄙的事务,一个令人嫌恶的耻辱,几乎非人的东西并且确实背离了所有的人性"(Barber,2001)。德莫莱不堪酷刑而认罪,后又将认罪推翻,7年后,经过漫长的法律程序,他在巴黎王宫花园附近的小岛上悲惨离世(1314年3月19日,他与诺曼底地区圣殿骑士团团长杰佛瑞·德查尼(Geoffroi de Goneville)一起被绑在火刑柱上处决)。

毫无疑问,那些针对德莫莱和圣殿骑士团的控告都是捏造的。类似的迫害也曾经针对过法国犹太人(1306年被驱逐)和伦巴第人。这些司法谋杀的

[①] 本章部分内容基于Drelichman and Voth(2011)。

来自地狱的债主

原因是一样的：圣殿骑士团、犹太人和伦巴第人都曾借钱给国王。菲利普四世急需资金，不久前还与英格兰打了一场大战。很少有正常的税收收入能支撑国王的财政，他很大程度上依靠他的领地收入过活。贷款经常用来弥补收入和支出之间的差距，特别是在重大财政需求时期，例如法国西南部对抗英国时期。不出意料，菲利普四世在打击了圣殿骑士团之后就很少有人愿意借钱给他了。250年之后，另一个叫菲利普的国王正巧也在为战争的巨大花费和沉重的贷款所困，他的顾问提出了一样的凶残建议。1596年，卡斯提尔的财政机构主席波萨侯爵以书面形式指出，他希望将借钱给西班牙菲利普二世的热那亚银行家置于刀剑之下："每天，我们都会发现热那亚人作恶的新证据……他们的血是永远不够偿还的。"[①]（Sanz Ayán, 2004）

借钱给国王确实是桩冒险的生意。[②] 然而与1307—1314年间发生在巴黎的事件相反，波萨侯爵阴暗的低语没有导致杀戮的后果。没有和卡斯提尔王国合作的银行家因王室准许的暴力而丧命。什么改变了呢？热那亚人不仅没有被断头还赚了很多钱。原因并不是有了更开明的方法来对待这些人，或者突然对杀戮反感，如果有必要的话菲利普二世完全可以杀掉那些带来麻烦的人，即使像埃格蒙特伯爵和霍恩伯爵这样的皇室成员，也因反对西班牙在尼德兰的政策而被立刻处决了。

我们如何解释这种暴力迫害结果的巨大差异：一方面是对圣殿骑士团、犹太人和伦巴第人的暴力迫害，另一方面是热那亚人的繁荣安全。西班牙菲利普二世持续而稳定的贷款完全与法国菲利普四世皇室信誉的崩溃形成鲜明对比。德莫莱的命运说明了国家贷款问题的核心。借款人同时也是最高法官和立法者，如果合同被单方面撕毁，则没有上诉渠道，中世纪的国王曾多次大规模地赖账和没收。尽管有时候一些新的出借人会相信他们的命运与上一群人不一样，但在圣殿骑士团覆灭之后，很少有人愿意借钱给菲利普四世。实际上，在中世纪的英国和法国，君主们都违约并且伤害了债权人，随后就会发现

[①] 每天我都在发现针对这些热那亚人的案件，比如 S. Mg 的事。如果他们不遵守诺言，我不介意以牙还牙。

[②] 例如，Braudel (1966) 引用过 Michael Cantacuzenus 的案例，他在1578年被苏丹下令绞死，以夺取他的财富。类似于在共和国后期对罗马贵族造成如此打击的禁令（Mommsen, 1881），诸如此类的案例在1500年后的西欧变得极为罕见。

122

借钱很难。菲利普二世有好几次不得不重整债务,但是他的债权人从没遭受过迫害。正如我们所看到的,贷款协议的精神得到了始终如一的维护(即使国王并不是总严格履行协议)。

持续的大数额、大规模(而且确实具有现代规模)的主权借贷不能是理所当然的。本章中,我们提出了我们解释:菲利普二世的借款需求和数额是如此之大,以至于他的贷款来源不能没有这些热那亚人。这些出借人之间有非常强的联系,他们在危急时刻会一致行动。即使王室阵营有很多的提议,但没有人会自作主张。正因如此,试图引诱热那亚圈子之外的银行家也是徒劳。这种占支配地位的"联合",能有力地防止借款然后在将来采取武力的方法,面对这种情况,菲利普二世总是回到谈判桌,向他的银行家提供公平且与原来的协议大体一致的解决方案。主权贷款以及债权人的生命和肢体,被市场力量有效地保护着。

我们的论点基于对阿西托恩短期贷款完整数据库的仔细分析,并且结合了银行家们的信件以及1575年破产的最终解决方案。这些材料显示了当国王没有按时偿还之前的欠款时,银行家们实施了有效的贷款暂停。虽然也可能尝试了额外的制裁,但收效甚微。热那亚的银行家们以重叠的合作关系提供了2/3的短期贷款,有效地组成了一个网络或联盟。这种贷款结构形成了一个多边债务网络。结果,暂停放贷阻止了国王获得信贷:没有网络成员打破等级;网络以外的现有贷款人没有借给他;没有新的银行家提供资金。我们认为原因是,在暂停期内通过贷款"欺诈"的银行家将面临严厉的惩罚。网络组织内的成员可以通过没收确认过的附属担保物或者不偿还当付的报酬来从经济上进行惩罚。外部的人员由于害怕被国王违约也不敢插手。

菲利普二世的借贷可以不用惩罚机制或者银行家的非理性来解释。相反,我们使用档案证据证明了贷款人激励结构和银行家联合的重要性。我们的研究结果是第一批为主权贷款模型提供实证支持的研究结果,这些模型仅依赖于借款人对跨期平滑和债权人之间横向强制执行的需求。这一发现非常重要,因为它为基于声誉的主权贷款模型提供了直接的实证证据,在这些模型中,欺诈者激励起着主要作用。

我们分析、总结过去两个世纪债务是如何运作的,以及经济理论是如何处理一般主权债务问题的。在本章的第二部分中,我们将展示热那亚人之间的借贷勾结,如何在网络结构中合作,维持政府借款系统的运行。

主权债务的基本问题:借款的能力

> 经济学家就是那些观察事物在实践中如何运作并且考虑它能否在理论中运作的人。
> ——罗纳德·里根(Ronald Reagan)

对现代经济学来说,主权(跨境)债务契约的存在是个难题。政府的支出可以来自借贷、税收和铸币税的组合。今天的借款意味着,如果要偿还债务,后两者(税收和铸币税)的收入需要不断增加。例如,通过改变债券持有人的税收待遇,也可以避免国内发行债券的违约。在一个国家内,政府债务主要具有再分配效应,在纳税人、贷款人和货币持有者之间转移政府资金负担。政府借款的起源实际上在于一种半强制结构:意大利城邦(如威尼斯)最初强迫其精英阶层放贷。这些贷款可以在二级市场上进行交易,并支付利息(Kirshner,1996;Stasavage,2011)。[①]

主权债务的决定性问题是,外国政府通常不受其他国家法院的合同执行限制(Panizza,Sturzenegger and Zettelmeyer,2009)。由于债券持有人不在借款人的统治之下,跨边界的借款与国内业务是不同的。[②] 国际贷款的扩大不是因为税收或者土地没收这两个原因任何一个。统治者没有强迫出借人提供任何资金的直接权利。统治者需要说服出借人:他们能从他们的投资中获得回报。

借款是如何运作的

在过去的两个世纪里,主权债务总体上对贷款人来说是有利可图的。根

[①] 此外,法国北部和低地国家的城市从13世纪开始出售年金(Tracy,1985)。
[②] 一个(重要的)警告是,各国已成功重组根据本国法律发行但由外国人持有的债券。2012年的希腊就是一个很好的例子。

据全面的数据收集工作,林德特和莫顿(Lindert and Morton,1989)分析了1850—1970年债券持有人的回报。他们发现,尽管106个国家在过去两个世纪总共违约了250次,债权人平均还是赚到了钱(Tomz and Wright,2007)。与基准主权国家(英国或美国)的贷款相比,超额回报率达到0.42%。这远低于原始贷款合同所承诺的1.81%的回报差异,但这意味着风险中性投资者明显受益于跨境贷款。①

这并不是说就没有严重的损失,许多债券持有人在过去的一个世纪里损失惨重。举个例子,在1992—2001年,阿根廷国债的投资者平均每年损失17%(Sturzenegger and Zettelmeyer,2008)。在其他地方,投资者获得了极其丰厚的回报。例如,在过去的两个世纪中,埃及国债的持有者被承诺每年的收益是6.7%然后实际收益是6.2%,这高了任何一个投资者的国内发行的基准债券回报至少253个基点(Lindert and Morton,1989)。与此类似,巴西国债的投资者在1992—2001年获得了每年超过16%的收益。巴里·艾肯格林和理查德·波特斯(Barry Eichengreen and Richard Portes,1989a)分析了19世纪20—30年代英镑和美元债券的回报。他们发现,总体而言,风险补偿是适度的,甚至是积极的。②

如果主权债务总体上"有效",我们如何理解它的成功?理论文献试图解决的问题是,为什么主权贷款能够存在。它可以分为两大途径:制裁和声誉。有关信誉传统的论文提出平滑消费的需求是关键:如果借债人没有履行他们的合同,信用就会用尽。借款人将会在困难时期不能借款,境况显著恶化。相比之下,制裁文献认为,如果没有惩罚,除了排除未来借款之外,主权贷款就不可能存在。制裁范围从贸易禁运到军事干预。在这里,我们回顾了支持每种方法的理论和证据,并讨论了当重组变得必要时会发生什么。最后,我们将西班牙哈布斯堡王朝的案例放在现代文本预测的背景下。

惩罚

没有惩罚,特权借款就不能存在。这是杰瑞米·布洛和肯尼斯·罗格夫

---

① 如果我们考虑外国贷款的多元化收益,这一论点还会得到加强(Chabot and Kurz,2010)。
② 他们还得出结论,英国投资者的表现明显好于美国投资者,后者主要向20世纪30年代经历过麻烦的国家提供贷款。在某种程度上,英国将投资转向英帝国的政策有助于避免最严重的损失。

(Jeremy Bulow and Kenneth Rogoff,1989)的观点,在他们分析的模型中偿还债务的主要好处就是平滑消费。当一个主权国家可以签订保险合同,购买资产或存款时,他总是可以通过先违约来让自己情况好转,然后使用"自我保险"。这个推论的实质是,如果存在跨时间转移资源的替代方法,不管平滑消费的需求有多大,主权债务都不可能处于均衡状态。在布洛和罗格夫的设定中,惩罚是唯一能让借款成为可能的因素。如果贷款机构得到本国政府的帮助——比如派遣炮艇——那么惩罚可能会非常痛苦,以至于贷款将被偿还。重要的是,惩罚必须超出暂停信贷的范畴:现有贷款人在暂停贷款的基础上进行惩罚,是让主权债务变得可行的必要条件。

在过去的二百年,商业惩罚和武力干涉都有的例子存在,但都极其罕见。卡洛斯·迪亚斯-亚历杭德罗(Carlos Díaz-Alejandro,1983)认为,阿根廷在20世纪30年代,没有违约以避免贷款人的贸易限制,但这种说法是有争议的(Tomz,2007)。在其他情况下,仅仅是贸易制裁和没收贸易收入的威胁就可能改善债权人的结果。例如,在20世纪30年代,英国威胁说,如果债券持有人得不到偿付,就会干预德国的贸易;德国不再敢违约,而是支付了英国债券人的报酬(Eichengreen and Portes,1989a)。

直接的军事干预是一种有效地惩罚策略。例如,在18世纪70年代,在暂停支付之后埃及失去了它对关税收入的控制。在使埃及成为帝国的一部分之前,英国接管了埃及总督的财政运营(Mitchener and Weidenmier,2010)。所谓的"超级制裁"(supersanctions)——以武力或威胁进行干预——有效地降低了债券息差。1904年,美国将门罗主义扩展为"罗斯福推论"。它号召为防止债务拖欠进行干涉;拉丁美洲的证券应声大幅反弹。超级制裁很有效但并不常见。英国政府普遍认为,"如果投资者选择购买国外高利率的债券而不是英国政府的债券……他们就不能宣称英国政府有义务在违约事件中进行干预"。[①]

安德鲁·罗斯(Andrew Rose,2005)认为,违约和贸易的崩溃同时发生(导致产出下降),这实际上构成了一种"惩罚"。这与菲利普·莱恩(Phillip Lane,2004)的发现一致,即对贸易持更开放态度的国家可以支持更大的外

[①] John Simon 爵士:英国战地军官,1934 年,引自 Eichengreen and Portes(1989a)。

债。罗斯表示,在停止支付期间,债权国和债务国之间的出口和进口量大幅减少。[1] 爱德华多·伯恩斯登和乌果·帕尼扎(Eduardo Borensztein and Ugo Panizza,2009)在行业层面分析了更全面的贸易数据集;他们发现,出口商受到了影响——但只是相对较短的时期。这一影响被国内产业竞争性进口的下降所弥补(Lanau,2008)。制裁观点得到了校准过的主权债务模型的支持。即使永久被排除在债务市场之外,也只能支持相对较低的债务水平(Arellano and Heathcote,2010)。马克·阿吉亚尔和吉塔·戈皮纳特(Mark Aguiar and Gita Gopinath,2006)证明,在他们的模型中,围绕稳定的长期趋势平滑消费的价值很小,无法维持大量贷款。[2] 然而,如果在违约期间出现 GDP 的 2 个百分点的额外产出惩罚,则可行的债务支付将大幅增加。这些支付额可以达到 GDP 的 20%,这意味着债务与 GDP 的比率超过 100%。

违约时的产出损失可以解释为什么会出现积极而重大的借款。经过校准的模型在匹配违约频率方面存在更多问题。阿吉亚尔和戈皮纳特的模型预测,高达 50% 的国家将在高峰年份进行重组或违约。事实上,这个数字接近 10%～20% 的国家 (Reinhart and Rogoff,2009)。[3]

文献证明,在停止支付期间 GDP 会有显著的下降(Barro,2001;Cohen,1992)。为什么会发生这样的情况还不是很清楚。违约可能只是反映了"艰难时期"。在一篇研究过去 200 年停止支付发生率的文章中,迈克尔·汤姆兹和马克·赖特(Michael Tomz and Mark Wright,2007)指出,国家通常在经济低迷期间违约;在他们的样本中,超过 60% 的违约事件发生在产出低于趋势时。然而,这种关系却出奇地微弱:尽管在他们的样本中,约 32% 的违约发生在产出下降幅度最大的 5% 的观察中,但有 1/5 的违约发生于经济温和下滑的国家。[4]

综上所述,很明显,痛苦的制裁被用来确保主权债务的偿还。这与比洛和

---

[1] 他的数据还表明,债权国和债务国之间的大部分贸易损失可以通过增加对其他国家的出口来弥补。贸易转移可能会产生福利成本,但这些成本通常太小,无法解释文献中发现的产出下降规模。

[2] Laura Alfaro and Fabio Kanczuk(2005 年)在他们对或有偿债模型的校准中提出了类似的发现。

[3] 按产量计算,平均水平较低——大约 5%——尽管 20 世纪 30 年代的峰值仍接近 40%。

[4] Eduardo Levy-Yeyati and Ugo Panizza(2011)使用更高频率的数据表明,违约通常发生在经济衰退期间的产出最低点,并且许多复苏在下一季度开始。

罗格夫(Bulow and Rogoff,1989)的模型的预测是一致的。不那么明显的是，制裁的规模和频率是否足以从一开始就解释主权债务的存在，声誉是否不是跨境借贷的更好解释。

声誉

声誉阵营认为，削减未来贷款的威胁足以使主权贷款变得可行(Eaton and Gersovitz,1981；Eaton and Fernandez,1995)。如果借款人违约，可能没有办法惩罚他们，但扣留未来的资金可以很有力地强制他们遵守。平稳消费的需求是一种足够强大的动力。如果借款人现在违约，未来他们获得资金将遇到阻碍。这将会是痛苦的，因为在困难的时期获得信贷最为重要。

乔纳森·伊顿和马克·格尔索维茨(Jonathan Eaton and Mark Gersovitz,1981)贡献了最早的和最有影响力的文献。他们假定违约者永远不能再借到钱。[1] 因此，被信贷市场排除在外的威胁可以维持贷款。作者认为，永久排除是一个不切实际的假设。用博弈论的语言来说，这样的策略不是"重新谈判的证据"；也就是说如果允许违规者最终获得贷款，可能对借款人和贷款人都会更好。事实上，违约之后总是伴随着重新谈判。这可能需要很长时间，但没有永久被排除在贷款市场之外的例子(Benjamin and Wright,2009；Reinhart and Rogoff,2009)。

重新谈判可以避免低效的惩罚，但可以维持的债务数额将更低(Bulow and Rogoff,1989)。如果违约是"可原谅的"，那么也可以避免将不现实的永久性排除在信贷市场之外。

如果违约是"情有可原的"，实行不切实际的永久排除信贷市场的需要也是可以避免的。赫歇尔·格罗斯曼和约翰·范·怀克(Herschel Grossman and John Van Huyck,1988)提出了一个贷款人试图确定借款人的性质的模式。这些借款人分为两种：好的和坏的。两者都可能违约。前者只是想平滑消费，如果遭遇极端的冲击，他们才会选择违约。后者在任何情况下都倾向于违约。永久排除这种方式对"好"借款人没有任何意义，他们只是不够幸运。

---

[1] Kenneth Kletzer(1984)提供了另一个早期的基于声誉模型的例子。Jonathan Eaton and Raquel Fernandez(1995)对这方面的文献进行了总结。

另一方面,"坏"的借款人将会合理地被排除在外,他们可能借助于不确定性和信息不对称已经获得了资金,但他们无法再次进入市场。

因此,可免责的违约行为是一种针对不利冲击的保险形式;贷款人提前知道,情况很可能会变得非常糟糕,借款人可能会违约。在这种情况下,他们会按照与保险公司的要求相同的方式对贷款进行定价,就像保险公司收取保费溢价以换取在火灾摧毁建筑物时支付大量资金一样。可免责的违约理由的优点是,它可以调和自从 1500 年以来主权贷款的存在以来,频繁(和重复)违约的历史(Reinhart,Rogoff and Savastano,2003)。可免责的违约实际上是一种让主权债务国家变得具有依赖性的方式,从而使各国政府能够减轻世界上糟糕国家的债务负担。

多个贷方的存在可以改变激励机制。如果新的贷方进入市场,贷款关系可能会破裂;如果没有制裁,新贷款人可能会"窃取"客户,在违约后提供互惠安排。旧贷款人没有得到支付,旧贷款人没有得到支付,新贷款人将与借款人进行跨期交易的收益分成。在一篇经典论文中,克莱策和赖特(Kenneth Kletzer and Brian Wright,2000)分析了无政府环境(即借款人和贷款人都不能可信地承诺)中的激励结构。在这种情况下,可以证明存在额外的贷款人不会导致借贷关系的破裂。原因是现有的贷方有很强的动机去"欺骗骗子"——也就是说,如果一个新的贷方进入并打破了延期,他们会给借款人提供更好的条件。

主权债务理论通常将国内和国外借款人区别对待。其实不必这么精准,债券是可交易的,可以从国外的债权人转让给与借款人在同一司法管辖区的债权人。由于各国政府有理由更加慷慨地对待同一国家的投资者,市场分割的不完善性质实际上可能有助于使跨境债务市场的存在合理化。如果遭遇危机,外国投资者总是可以把产品卖给国内投资者,那么第三方执法的缺失就不那么重要了(Broner,Martin and Ventura,2010)。

在主权债务文献中,承诺问题通常出现在借款人一方。在布洛和罗格夫方法中偿还债务的另一种选择是在经济不景气时储蓄和减少余额。这就需要使用一种安全的"存储技术"来节省成本。但如果银行家也可以违约,这将影响债务的可持续性;现在只有通过保持信贷渠道才能实现平滑。在这种情况

129

下,借款人的声誉更重要,可能足以允许跨境贷款(Cole and Kehoe,1995)。直观地说,在一个拥有"瑞士银行家"的世界中,布洛和罗格夫的无贷款效果行得通;在一个没有"瑞士银行家"的世界里,只有那些与银行家建立盈利关系的借款人才能借款。

在克莱策和赖特(2000)的方法中,银行不能以布洛和罗格夫说的那种方式承诺遵守存款合同;因此,信誉问题和欺诈者机制可以确保借贷平衡。更进一步,赖特(2002)表明,如果银行拥有一定程度的市场力量,即使银行可以提供任何类型的保险合同,贷款也可以持续。在对伊顿和格尔索维茨(Eaton and Gersovitz)的模型进行修正后,赖特证明,只要银团贷款有重要的好处(也就是说,单一的银行不能满足借款人的所有需求),银行之间的合作是必要的。他们越是"以一个整体行动",就越容易提供信贷,即使存在其他收入风险保险方式。在这种情况下,声誉很重要,但至关重要的是中介机构在惩罚顽固借款人方面的合作声誉,而不是借款人的声誉。

哈罗德·科尔和帕特里克·基欧(Harold Cole and Patrick Kehoe,1998)分析了另一个方式,即仅凭声誉就可以维持巨额债务。他们研究了一个模型,一个领域的声誉——比如债务偿还——会溢出到其他互动中的声誉,机会主义者违约行为越多,越是损害其在其他领域进行必要业务的能力,也就意味着,只有在平衡状态才能实现更多贷款。

制裁和声誉这两种方法以最简单的形式都在暗示,在均衡状态下,永远不应该观察到违约。有两种方式使其存在合理化。一种方法利用信息摩擦,认为暂停支付基本上是"误解"——主要是因为借款人不理解不付款的后果(Atkeson,1991)。第二种选择是将违约视为使贷款市场"完整"的一种方式。

大多数贷款契约不考虑世界上情况的多样性,迫使借款人无论其财务状况如何,都要偿还贷款。因此,对借款人的供应能力的负面冲击会使偿还债务的成本非常高。在这种情况下,借款人不还款往往是更好的选择。贷款人在贷款时意识到这一点(Grossman and Van Huyck,1988)。只要事前预期没有被违背,信用中介过程就没有理由解体。可以原谅的违约迹象是,它们确实发生在糟糕状态下。

第五章　贷款给来自地狱的借款人

到目前为止,我们只讨论了借款人单方面决定违约的情况。科尔和基欧(Cole and Kehoe,1996)关注到一个案例,即贷款人必须决定将主权国家到期债务展期的情况。如果他们决定放贷,借款国将履行债务,如果他们不提供新的信贷来取代即将到期的贷款,违约可能符合主权国家的利益。特别是,如果债务期限较短,如果出现债务"挤兑",国家会发现停止支付是最佳选择,这产生了多重平衡。如果所有贷款人都乐于提供信贷,一个国家就不会违约;如果有人担心自己无法偿还债务并拒绝展期,那么广义的挤兑可能会破坏初始合同的激励相容性。

对实证研究的启示

声誉和制裁的观点都可以整理出一些实证支持,但仍有很多疑问。寻找一个适用于所有时期所有事实的主权债务和违约的单一理论模型是徒劳的,我们应该研究什么使主权借贷在关键事件中可行。至于用数据预测主权债务理论模型,本质上是困难的;许多预测都关注参与者的动机,而不是他们可观察到的行为。

一旦违约发生,制裁模型至少可以提供易于测试的预测。相比之下,声誉模型更难根据实证证据进行检验。最近在无政府状态下签订合同的模式同样难以测试,因为在这种模式下,强制执行和惩罚反映了贷款人之间的激励结构。哈布斯堡西班牙的案例尤其重要,因为信息质量使我们能够详细地了解声誉模型的影响。独特的是,我们能够直接观察具有历史意义的借款人的激励措施。

西班牙帝国已经成为不同主权债务模式的试验场。主张违约背后隐藏着银行家愚蠢行为的学派认为菲利普二世的案例是关键证据。对菲利普二世借款的大量研究强调了王室无望的财务状况。[①] 布罗代尔的著名论断是,给他的贷款人造成了重大损失。时至今日,记者仍在使用卡斯提尔的破产来说明银行的非理性(《经济学人》,2006 年 9 月 23—29 日)。此外,莱因哈特与罗格夫(Reinhart and Rogoff,2009)认为,向连续违约者放贷可能并不完全合理,

---

① 参见 Braudel(1966);Thompson(1994a,1994b);Lovett(1982)。

并以西班牙的多次违约为例。①

相比之下,康克林(Conklin,1998)得出结论,有效的制裁措施支持了对菲利普的贷款。在他看来,西班牙帝国 16 世纪下半叶的债务为国际借款的制裁观点提供了重要的支持。当菲利普二世 1575 年停止付款时,他的银行家停止了所有的转账。这停止了向叛乱的佛兰德斯军队支付工资。随后西班牙遭遇了重大挫折,国王被迫妥协。

本章的目的是用西班牙的证据来对抗理论预测。关于我们应该期望看到的东西,有许多明确的暗示,表 8 给出了指导我们分析的方法的概述。

表 8　　　　　　　　　　债务模型的关键要素预测

	声誉	情感	制裁	以骗制骗
例证	Eaton and Gersovitz (1981)	Braudel(1966); Reinhart and Rogoff(2009)	Bulow and Rogoff(1989)	Kletzer and Wright(2000)
惩罚	贷款扣押	无	贷款关系外的制裁	贷款扣押
存续时间	永久		暂时	暂时,迅速反悔
在均衡中是否考虑违约?	否		否	是
承诺		无	借款人不能承诺,但是贷方可以	无
银行家流动率	低	高	低	低

在我们看来,这些数据并不支持早先对菲利普破产的解释。制裁并没有效果,银行家向国王放贷也并非不理智。在我们解释这些方法的不足之前,我们先回顾一下我们在论证中使用的数据的具体方面。

数　据

为了更好地了解菲利普二世为什么能够得到并保持信贷的机会,我们转

---

① Roland Benabou 提供了一个(个体的)反事实推论模型。

第五章　贷款给来自地狱的借款人

向第3章中介绍的新的阿西托恩短期贷款数据系列。该系列始于1566年,这意味着我们没有关于前两次违约(1557年和1560年)的数据,直到菲利普二世逝世后两年的1600年,我们使用的都是现存的全套合同。[1] 虽然早期研究者使用了贷款额的信息(在每个文件的第一页总结),但实际贷款包含了大量从未被利用过的额外信息:出借人的身份、所提供的服务和其他合同安排。[2] 我们将在本章后面使用这些详细的微观数据。

银行家和国王之间的金融交易涉及转让、贷款或兑换业务——通常是组合使用的。转让使资金可以在遥远的地方支付。兑换业务通常指定了特定的货币、所使用的汇率和出口许可证。其他详细信息包括交货地点和还款地点,还本付税额以及转让和汇兑费用。国王有时会使用抵押品以换取贷款。其他福利可包括终身养老金或贵族头衔。偿还时间往往取决于国王的财政状况(例如,每年运银舰队抵达的情况)。[3]

菲利普二世在位期间的定期借款始于他第二次破产的解决。1566年以后,国王平均每年发行12.5次阿西托恩短期贷款(有时一次也没有),其他年份发行最多达38次。它们的持续时间在几个月到几年之间(最多134个月)。最大的合约是210万杜卡特(相当于当时年度财政收入的30%),[4] 最小的合约仅为1663杜卡特。表9总结了我们统计后的数据的主要特征。

表9　　描述性统计

	平均值	标准差	最小值	最大值	样本数量
本金	190 080	275 853	1 663[a]	2 386 755[b]	438
FX	0.418	0.494	0	1	438

---

[1] Rodríguez-Salgado(1988)提供了对1557年违约和1560年违约的解释。
[2] 使用的标准序列来自Ulloa(1977)。它受到佛兰德斯战地指挥官签订的阿西托恩重复计算的影响,这使得大部分细节有待之后在国王和马德里的银行家代表之间的合并合同中进行谈判。我们的数据库仅包含最终协议,该协议取代了其他地方制定的协议,并详细说明了所有条款和条件。有关更多详细信息,请参阅第三章。
[3] 我们将在第七章中详细讨论这些条件。
[4] 我们没有包含伴随1577年的一般结算的500万杜卡特贷款以及在1597破产决议之后的720万杜卡特贷款。

续表

	平均值	标准差	最小值	最大值	样本数量
存续期	22.605	20.286	0	134	438
r 值	0.099	0.039	0	0.16	318
抵押物	0.320	0.467	0	1	438

注：本金以 1 565 杜卡特为单位；FX 是存在外汇交易的一个虚拟变量；存续期以月为单位，r 为合同中规定的名义费率；抵押物是抵押品存在的虚拟变量。

[a]：本金的最低价值计算不包括仅重组旧贷款的九份合同；因为他们没有为国王带来新的现金，所以它们的本金计作零。

[b]：最高贷款额相当于 1577 年总结算额的一部分，这笔款项由四个银行财团加分摊。不包括在总算额内的最大合同是 208 万杜卡特。

外汇交易占所有合约的 42%。贷款文件中的名义利率平均为 9.9%。它有可能低至 0%（在特殊情况下，贷款资助用于建造教会建筑），也可能高达 16%。合约的实际收益有时可能要高得多，这取决于所使用的汇率、支付工具的估值和特别条款。在 1/3 的情况下，国王提供了抵押品（通常是债券 Juros）。

菲利普二世在他的统治期间向几个银行家族借款。洛梅林（Lomelín）家族至少有 9 名成员借过款。斯皮诺拉（Spinola）家族贡献了 12 个贷款人，真蒂尔（Gentil）家族有 10 个贷款人，森图里翁（Centurión）家族有 6 个贷款人，富格尔（Fugger）家族有 5 个贷款人。[①] 通常，同一个银行家族的几个成员在一份合约中贷款。例如，1572 年 3 月 13 日，我们发现热罗尼莫和埃斯特班·格里洛（Gerónimo and Esteban Grillo）提供了 10 万意大利埃居（ecus）的贷款。[②] 奥古斯丁、塔迪欧和巴勃罗·真蒂尔兄弟（Augustín, Tadeo and Pablo Gentil）在 1567 年和 1569 年间的几个合约中共同合作。[③] 由不同家庭成员组成的小财团放贷也很常见。总数 438 笔交易中，141 笔有多个贷方，占所有贷款笔数的 30%。

[①] 对于西班牙的银行家，我们始终使用银行家族名称的西班牙语拼写。对于如富格家族这样的海外银行家，我们保留原本语言的拼写。

[②] AGS，总会计，文件 85。"GerónimoGrillo and Esteban Grillo。位置转移于 1572 年 3 月 13 日。"

[③] AGS，总会计，文件 84 和 85。

贷款非常集中。虽然来自63个家庭的130个人借款给了菲利普二世,但有几家占了大部分资金。排名前10的银行家族占所有贷款的70%以上。斯皮诺拉、格里马尔多和富格尔(Spinola,Grimaldo and Fugger)家族提供了所有贷款的40%。相比之下,排名靠后的48家贷款人提供的信贷总额低于斯皮诺拉1个家族。图10显示了王室借款的总额相对于银行家族等级的累计百分比。基尼系数为0.73,表明分布高度不均衡。

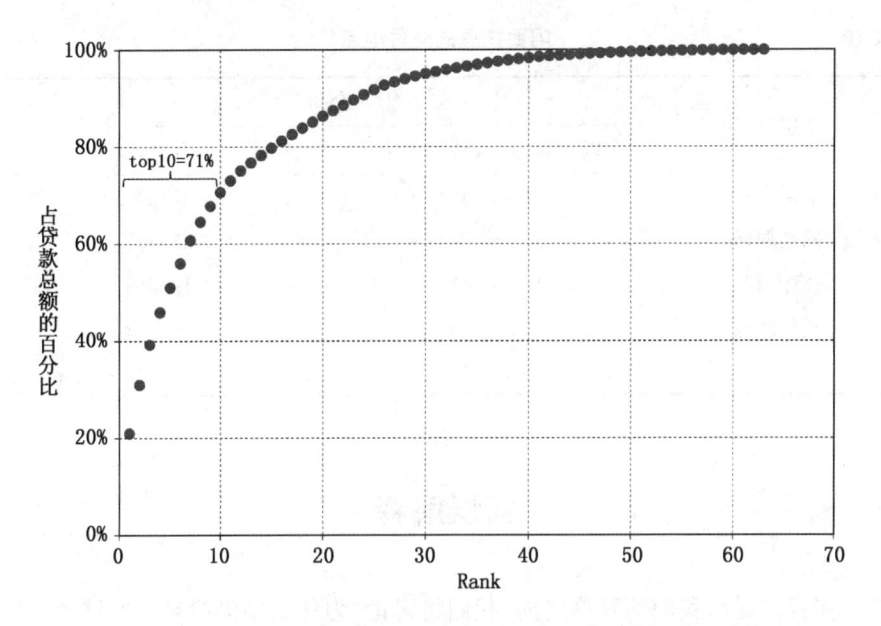

图10　1566—1600年王室借款的总额相对于银行家族等级的累计百分比

事实证明借贷关系是持久的。富格尔在16世纪初开始向查理五世放贷,并一直这样做,直到1596年菲利普二世去世。雅各布·富格尔(Jakob Fugger)于1519年开始贷款。他的侄子安东·富格尔(Anton Fugger)在16世纪50年代也开始贷款,我们发现1590年雅各布的曾孙马科斯·富格尔(Marcos Fugger)也向卡斯提尔王提供信贷。[①] 格里马尔多家族在1566年至1589年间放贷27次。接待次数记录保有家族是斯皮诺拉,其家族成员在1566到1599年间共参与了98次贷款合同。

---

① 富格家族连续九年从未停止贷款。

表 10 总结了银行家在 1575 年违约前后交付资金的地点。所有借款的 62% 都是在卡斯提尔境外交付的。佛兰德斯是资金最重要的外国来源地。意大利排第二,因为地中海舰队的部分资金来自当地收入(Parker,1998:135)。偿还通常发生在卡斯提尔。尽管西班牙帝国规模庞大、实力强大,但其资金主要来自当时欧洲最强的卡斯提尔经济(Alvarez Nogal and Prados de la Escosura,2007)。

表 10　　　　　　　　　阿西托恩的交付地点

位置	以 1566 杜卡特为单位	百分比
卡斯提尔	31 407 408	37.8%
佛兰德斯	30 383 774	36.5%
意大利	16 588 412	19.9%
其他地点	4 808 984	5.8%
合计	83 188 578	100%

错误解释

在我们提出我们的解释之前,我们将讨论"为什么要借给君主?"这个问题的其他解决方案。其中两个在文献中尤为突出:银行的非理性以及惩罚对维持贷款至关重要的观点。

非理性和银行家营业额

布罗代尔(Braudel,1966)认为,认为菲利普二世之所以能够大量借贷,经常停止支付,而且几乎不还钱,是因为他成功地愚弄了一批又一批银行家。[1]

---

[1] 布罗代尔(1966:362)认为,每个破产都破坏了另一组贷方。然后,这些又迅速被一个新的团体(和国籍)取代,这些组织倾向于轻易扩大对国王的信用。他还辩称,"富格家族及其助手……打算从阿西托恩这种危险业务中撤出(除了在 1575 年和 1595 年的短暂出现)"并且"1575 年 9 月 1 日的法令给热那亚带来了巨大的损失"(Braudel,1966:351—352,355)。我们认为布罗代尔这两种说法都是错误的。

这种连续的违约和金融破产要求使得每一批银行家都认为他们会比上一批得到更好的待遇——这是银行家非理性的一种表现形式。研究文献提到菲利普二世的违约时经常会强调这一点,认为"热那亚的贷款人纵容了西班牙菲利普二世在战争上的昂贵嗜好,不仅导致了1557年的第一次主权破产,还导致了第二次、第三次和第四次"(*Economist*,2006—9—23—29)。

先是从德国,然后是意大利,最后葡萄牙和西班牙,一波又一波像旅鼠一样的贷款人是否也加入了借贷游戏?我们在数据库中检查了银行家的国籍和流动比率,将1575的违约作为一个潜在的断点。438笔贷款交易表明,融资人的组成在整个过程中保持稳定。1575年以后,西班牙人的比例从28.8%下降到25.6%。据称在第一次破产中蒙受损失的德国银行家充当了持续的资金来源。在第三次破产后,他们所占的比例翻了一番还多,从4.3%上升到10.9%。在1575年破产前,热那亚人提供了67%的贷款,在1575年破产后提供了64%。因此,几乎没有证据表明国王成功获得信贷依赖于对来自不同国家的银行家的反复愚弄。

破产后,重复业务的频率异常低吗?我们将重复贷款人定义为在前50笔交易中提供资金的人。这给了我们一个随时间变化的银行家流动性度量。没有先前关系的银行家的贷款量始终很小。在整个期间,平均85.4%的借款来自最近借贷的银行家。在1575年停止付款之前的七年中,91%的贷款是重复业务;此后七年,这一数字是89%。[①] 重复贷款在1575年之后仍在持续,菲利普借款的大部分来自早先借给他的银行家。这与国王的违约给一波又一波的放贷者带来毁灭的想法不一致。

尽管重复业务的频率很高,但一群对破产及其决议感到失望的银行家可能已经决定停止放贷。为了检查这种可能性,我们来看看活跃银行家的退出。图11显示了不再贷款的银行家提供的资金的演变。

只有很少的贷款人终止了与菲利普二世的贷款关系。如果一位银行家在一笔交易中进行了贷款,该银行家有88%的机会签订另一份合约。至关重要的是,以1575年破产为界限,之前和之后的退出银行家人数并没有激增,破产

[①] 重复贷款的完整年度图表,请参见 Drelichman and Voth(2011a)的附录。

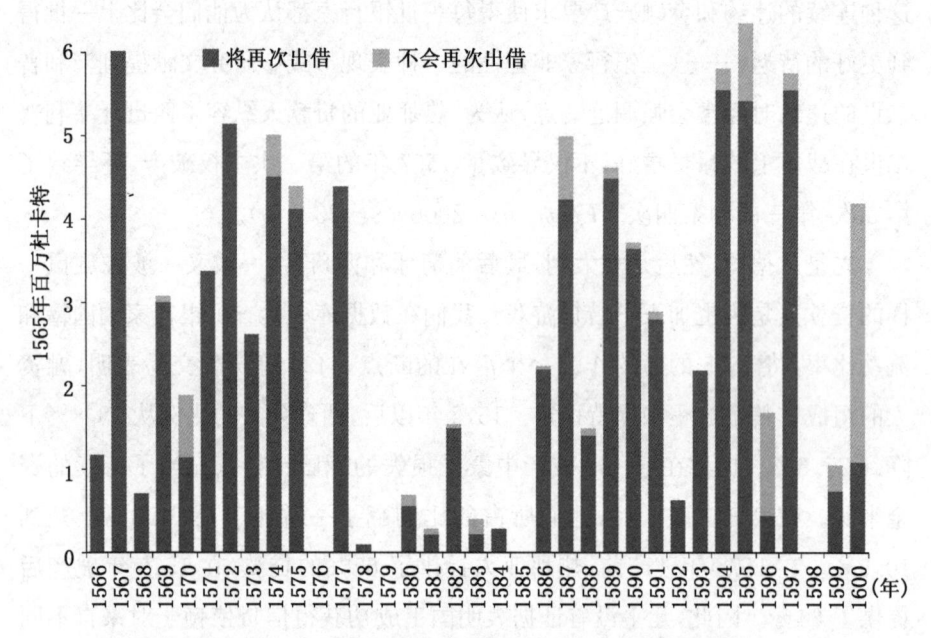

图 11　未来与国王的互动上进行的年度借出情况

前放贷的银行家退出业务的可能性为 3.8％，而破产后则为 4.4％。因为我们的数据集截止到 1600 年，那些在我们的样本期后期首次放贷的人进入重复业务的机会更小。这也解释了"没有再次贷款"这一类别的比例逐渐上升的原因。付款停止后没有中断贷款，这表明预期没有大规模落空。

在图 12 中，我们细化了分析。我们检查了 1575 年以后，菲利普二世的贷款人有多少在此之前已经是贷款人（他们很可能受到了停止还款的影响）。我们看到，在违约后贷出的绝大多数资金实际上来自在法令颁布前一直向卡斯提尔放贷的银行家。随着时间的推移，这一比例下降，因为新进入者也开始借钱给国王。尽管如此，直到 16 世纪 90 年代，预付给国王的所有资金中，有一半来自 1575 年之前的放款人。基于这一证据，银行家们的愚蠢行为——被国王引诱放贷，结果却因一再违约而破产——无法解释跨境融资的持续渠道。

我们的研究结果表明，银行家的非理性不是继续向菲利普二世贷款的合理解释。来自同一国家的同一家银行家族在其统治期间向君主提供资金。他们不考虑违约就这样做：银行家周转的利率在付款停止后没有变化。正如布

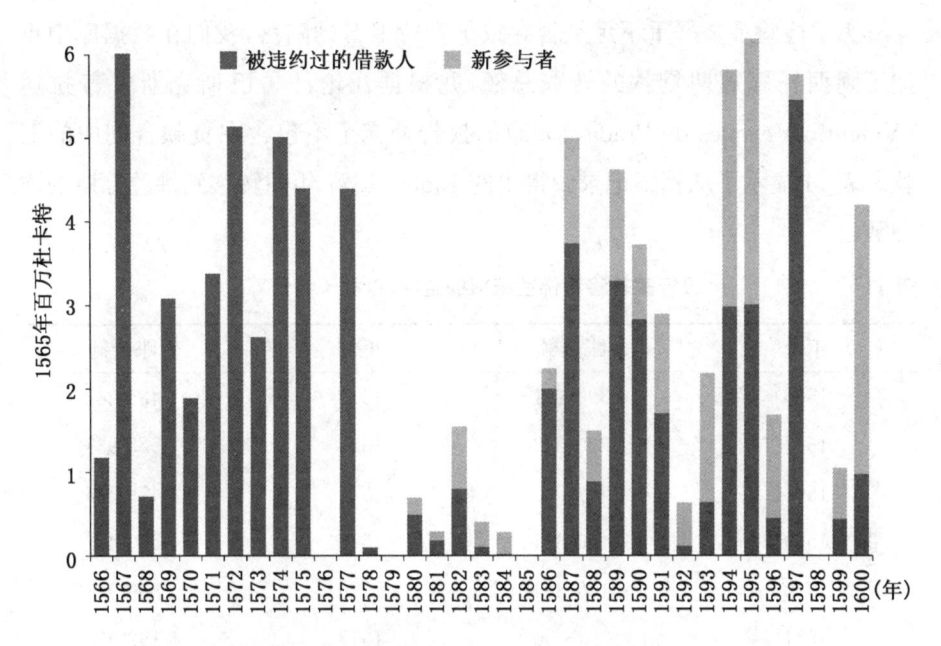

图 12 新参与者和被违约过的借款人的贷款额，1566—1600 年

罗代尔提出的，过度乐观的贷款人情绪不太可能对国王获得资金负责。

惩罚：并不是"停止放款"

康克林（Conklin,1998）认为，对菲利普二世的主权贷款是可持续的，因为热那亚银行家有强大的制裁手段——停止向佛兰德斯的转账。在 1575 年的破产之后，银行家们会利用这一惩罚，切断对佛兰德斯军的资助。这反过来又导致了 1576 年的叛变，最终导致了安特卫普的陷落。A. W. 洛维特（A. W. Lovett,1982:2）同样得出结论，"1576 年 11 月初，君主制的财政崩溃直接导致了西班牙反叛者对安特卫普的洗劫"。叛变和随之而来的屠杀对西班牙的地位造成了极大损害。忠诚的省份和反叛的省份都联合起来平定根特，西班牙军队被驱逐出低地国家。在促成统一省份最终独立出去的所有事件中，安特卫普的陷落可以说是最重要的。直到 1584 年，西班牙才在领土控制方面恢复了先前的地位。吸取这个教训后，国王很快与银行家达成了协议。康克林认为，安特卫普的陷落是现代主权债务文献意义上的"制裁"：一种不仅仅是被简单地排除在资本市场之外的痛苦惩罚，最终迫使国王偿还他的债务。

来自地狱的债主

为了检验现金严重不足是否导致了安特卫普的陷落,我们在数据库中重建了阿西托恩短期贷款的转账总额,并根据瓦伦汀·巴斯克斯·普拉达(Valentín Vázquez de Prada,1962)的报告补充了不包含在贷款合同中的汇款。表 11 显示了从档案记录中得出的 1566—1577 年间转移到佛兰德斯的详细数目。①

表 11　　　　　　　　银行家转移给佛兰德斯的金额(以杜卡特计算)

年份	转账金额	年份	转账金额
1566	390 111	1572	434 248
1567	1 830 243	1573	925 937
1568	92 040	1574	1 479 735
1569	180 394	1575	1 610 422
1570	130 384	1576	889 988[a]
1571	0	1577	1 192 933

数据来源:AGS,总会计,文件 86—93;Vázquezde Prada(1962:330—33)。

注:1577 年的数据是在年中会计之前转移的金额。除了这一数量外,Conklin 显示,王室在 1576 年实际上将略低于 40 万杜卡特的资金运输到了佛兰德斯。

在从 1575 年 9 月颁布暂停偿付的法令后,热那亚人确实停止了所有贷款和转账。通过海路或陆路转移资金几乎是不可能的(Lovett,1982)。② 在这两年的暂停偿付期间,德国和西班牙银行家总共转移了 210 万杜卡特(Ulloa,1977:795—96)。加上直接运送到佛兰德斯的 40 万杜卡特,每年平均有 125 万杜卡特。③ 在该法令颁布前的 4 年里,平均汇款每年只有 110 万。因此,在 1575 年以后,国王在佛兰德斯比以前获得更多的钱。只有 1574—1575 年的峰值汇款高于 1576 和 1577 年的汇款。

---

① 我们对西曼卡斯档案库中阿西托恩的编码使我们能够将转移与从这些目的地分离到其他目的地,这不是 Conklin 提出的罚款的一部分。有关破产年度转移的其他讨论,请参见 Lapeyre(1953,22);Vázquezde Prada(1962,330—33);Ulloa(1977,795—96)。

② 1569 年,运送资金的船队,与不利的天气抗衡之后,在英国的航道(Lovett,1982),被伊丽莎白二世(Elizabeth Ⅱ)擒获,这支船队运送的资金原本指定供阿尔巴公爵的部队。

③ 请注意,这种资金转移的唯一证据是 Conklin(1998)。他引用的来源不包含有关此特定交易的信息。

第五章　贷款给来自地狱的借款人

与许多近代早期军队一样,佛兰德斯的部队经常长时间没有军饷。叛乱是常规事件;在菲利普二世统治期间,西班牙的士兵叛乱了 32 次。例如,在 1598 年安特卫普驻军的叛变期间,一名男子自 1584 年以来一直被拖欠工资。即使这是极端的,收到的工资通常也只是欠下的一小部分。例如,1594 年泽化(Zechem)的叛乱者在 1582—1590 年(Parker,1972)获得了承诺工资的 66%。

因此,对佛兰德斯军队叛乱有两个完全相反的解释。人们认为这是对财政资源严重短缺的绝望反应,导致安特卫普被洗劫的叛乱是最令人震惊的案例(正如康克林所说)。另一种观点认为叛乱是工资谈判的一种形式。随着"画饼"规模的增大,结算的范围也会增加。当馅饼的大小增加时,结算的范围应该会增加。对安特卫普的野蛮攻击并不是这种安排的逻辑延伸,而是系统崩溃的戏剧性例证。

为了区分这两个假设,我们使用关于叛乱频率和转账给佛兰德斯的年度数据。如果第一个假设是正确的,那么随着转移不足,叛乱的频率会增加。如果他们实际上试图讨价还价(返还)工资,那么低地国家政府的资源就会增加,就会造成更多的冲突。为了探究叛乱总体上是否与低转移水平有关,我们统计了 1573—1598 年佛兰德斯军队每年宣布的叛变次数。在表 12 中,我们对可能影响西班牙士兵叛乱的几个变量进行了回归分析。其中包括在本年度和上年度的转移给佛兰德斯的资金金额、佛兰德斯战役的总成本以及平叛的费用。[1]

表 12　　　　　　　兵变的决定因素,1573—1598 年

	\multicolumn{5}{c}{因变量是兵变的次数}
	(1)	(2)	(3)	(4)	(5)
转账	0.349** (2.14)	0.058 (0.24)	0.076 (0.30)	−0.027 (−0.10)	0.109 (0.37)
转账(t−1)		0.469** (2.18)	0.484* (1.89)	0.418* (1.85)	0.169 (0.64)

---

[1] 转移资金到佛兰德斯和佛兰德斯运动的成本都不包括解决兵变的成本。有关兵变及其成本的数据,请参见 Parker(2004);Tenace(1997)。佛兰德斯运动的成本是第四章中发表的军事支出系列的一部分。转移资金数据来自我们的阿西托恩数据系列。

续表

	因变量是兵变的次数				
	(1)	(2)	(3)	(4)	(5)
转账(t−2)			0.013 (0.06)		
佛兰德斯的成本				0.162 (0.76)	0.153 (0.68)
兵变成本					1.693** (2.22)
相关系数	−0.452 (−1.53)	−0.716** (−2.10)	−0.842** (−2.13)	−1.008* (−1.89)	−1.215** (−2.09)
样本量	25	25	25	25	25
伪决定系数 R^2	0.06	0.14	0.16	0.15	0.22

注：泊松回归(对数−线性模型)。括号中的值是 z−统计。

* 是在＜10％水平上显著。

** 是在＜5％水平上显著。所有自变量均以百万杜卡特为单位。

前三列反映了同一年的汇款和叛乱人数，最多有两个时间差。几个重要系数有正相关，叛乱伴随着大额的转账。如果我们加上佛兰德斯战役的总成本，这种影响就会持续下去，而这本身并不重要(第4列)，这种效果仍然存在。在第5栏中，我们增加了平定叛乱的成本。正如预期的那样，最后一个变量是正相关而且重要的：当叛乱爆发时，平定它们的成本就会增加，此外，它消除了汇款和军费开支变量的重要性。我们得出的结论是，叛乱并不是由卡斯提尔的转账减少引起的。如果有的话，叛变发生的年份比正常情况下更大。这有力地表明，这些叛乱并不是对资源严重短缺的暴力回应，正如常见的情况所表明的，这是战地指挥官、国王和普通士兵之间谈判过程的一部分。

事实上，由于频繁的叛乱，这个制度已经形成了一个高度标准化的程序来处理欠薪和士兵不满的问题。正常情况下，叛乱部队将选举一名领导人，排除所有不与之联合的人，与政府进行直接谈判。除了支付军饷外，要求可能还包括赦免叛乱者(让士兵有机会加入另一个团)、医院的护理、宗教的关怀以及政府粮仓的低价供应(Parker,1972)。如果解决叛乱需要时间，政府通常会将叛乱分子转移到一个军事重要性较低的城镇，并提供最低限度的津贴(持续)，直到有足够的钱来偿还部队。叛乱者通常甚至在他们拒绝接受命令的月份里也被支付了报酬。因此,像帕克(1973)所说的那样,毫不奇怪,"很少有作战部队能像佛兰德斯军队那样拥有如此多的叛乱、组织得这么好的叛乱"。

在安特卫普陷落前,1576年的叛乱既不是最大的一个(在涉及的士兵数量方面),也不是持续时间最长的,也不是平叛花费最多的(根据最终解决叛乱部队的情况)。它开始于无薪部队在成功占领济里克泽(Zierikzee)镇要求偿还欠款开始。这次叛乱的代价比往次更高,但没有超出太多,最终花费63.3万意大利埃居,比前一次叛乱高出8.9万意大利埃居(也是在安特卫普,1574年)。随后发生的许多叛乱规模更大,涉及人员更多,持续时间更长,导致更高的支付需求。按照"八十年战争"(即荷兰独立战争)的标准,1576年所欠的金额并不是非常大。如果支付是充足的,叛乱是经常发生的,那如何解释1576年不寻常的暴力及其对西班牙严重的政治和军事后果呢?

与士兵和行政人员在叛乱期间通常进行的文明谈判过程相反,1576年的事件的高潮确实是戏剧性的。1576年11月4日,西班牙雇佣军猛攻安特卫普城墙后,连续三天不分青红皂白地强奸、焚烧和掠夺。在这个曾经忠诚的城市里,有7 000多居民失去了生命。那些带着生命和部分财产逃离的公民还必须缴纳保护费。这个事件被称为"西班牙的狂怒",为新教反西班牙的宣传提供了事实依据。[1]

为什么一个日常叛乱会转变成为一场大屠杀,让西班牙在低地国家的雄心遭受重大挫折?缺少的是愿意执行菲利普二世命令的忠诚官员,去支付派来的现金,并与叛乱者达成和解(正如国王一再敦促他任命的人所做的那样)。

1576年3月,总督府唐·路易斯·德雷森斯(Don Luis de Requesens)的不幸早逝世造成了权力真空,正如一些历史文献中所承认的那样,奥地利的唐·约翰(Don John)在担任新总督时的拖延使反西班牙情绪高涨。[2] 基于仔细阅读国王和地方官员之间的信件,我们能够进一步论证。以荷兰贵族为主的国

---

[1] 安特卫普的陷落进一步增强了西班牙的黑色传奇,这种观点认为和其他大国相比,西班牙在殖民地和欧洲行事的风格更为更无情和道德败坏。

[2] "这是一场大规模兵变的爆发……结合荷兰南部对和平的日益强烈的渴望以及唐·约翰(Don John)在1576年7月和8月在接任总督职位上的拖延,导致了士兵在选择叛变立场上很大程度的发展。"(Swart,1978:25)。

来自地狱的债主

1576年安托夫（Antorff）的西班牙狂怒场景（16世纪，佛兰芒学校）。
图 13　安特卫普的陷落

务委员会将叛乱视为一个挫败西班牙军事野心的机会。因此，他们决定不使用为平息叛乱而提供的资金。为了证明这一观点的显著性，我们首先说明，我们首先表明，国王从未缺乏资金来偿还叛乱者，然后探讨国王与国务委员会之间的紧张关系。

1576年8月，西班牙欠叛乱者的债务总额为12.3万埃居。[①] 1576年5—8月，菲利普二世送往佛兰德斯40万埃居，其中30万埃居被指定用于叛乱者。1576年8月27日，国王写信给国会：

> 为了尽可能地弥补，除了已经发出的另外10万埃居之外，我们[国王]前几天还寄出了一张20万埃居的交易汇票，以便您能够满足士兵的要求。(Gachard,1861：doc.1699)

[①] 当时，佛兰芒埃居的价值约为0.98杜卡特。最终的和解费用更大，因为有其他人加入兵变者的队伍，并且他们在叛变的月份获得了支付。

到9月中旬,单是富格尔家族已经代表菲利普向荷兰转了60万埃居。破产后和安特卫普银行破产前转账的总额为73.2万埃居。这大约是当时与叛乱者债务金额的5倍,事实上也超过最终平定的花费。因此,菲利普二世并不缺资金来结束叛乱,也不缺将叛乱者转移到低地国家的手段。安特卫普的叛乱和陷落并没有反映1575年的破产造成的灾难性的现金短缺。这笔钱已经在佛兰德斯了。正如我们接下展示的那样,只不过由于各方政治上的考量,这笔钱没能到士兵手中。

8月,国王敦促看守政府慷慨对待叛乱者。他坚持认为"有必要通过一切可能的手段避免这种(与叛变者的进一步冲突),正如我们期望的那样,通过一个个的谈判,以及用我们之前送的钱解决问题"(Gachard,1861:doc.1699)。然而,1576年8月17日,国会写信给国王,告诉他所有试图制服奥兰治王子(Prince of Orange)领导下的各省的努力都失败了。国会敦促,唯一的出路是与叛军和解。如果国王不同意,议会要求解散(Gachard,1861:doc.1692)。

9月中旬,国王陷入绝望。他抱怨议会缺乏"大臣们应该有的服从和良好的智慧",他随后命令国会使用已经提供的20万埃居,其明确目的是满足叛乱者(Gachard,1861:doc.1712)。菲利普二世在写给他的低地国家一位官员戈罗尼莫·德罗达(Gerónimo de Roda)的信中强调,划拨资金没有问题。8月27日的信中,国王写道,他将"设法找到其他资金来源,通过同一个人送过去,以免遗留任何东西。以神圣的仁慈,它将有可能实现我们这个国家在那里真正的和平"(Gachard,1861:doc.1692)。显然,国王获得资金的能力是关键的难题,而不是不能转账。国王强调,他有很好的方法通过可信中介机构转移资金。自8月21日以来,资金一直可用;这是菲利普二世的明确命令,用它来偿还西班牙和瓦隆的叛变者。

国会再次没有按照被告知的做法去做。到10月18日,德罗达报告说,叛变者收到的钱不超过4.3万埃居,如果没有8万埃居加上8月以来的两个月工资,他们就不愿意恢复原状(Gachard,1861:doc.1744)。同时,佛兰德斯和布拉班特贵族已授权当地军队的集结,以抵抗叛乱者。在当地贵族雅克·德·格里姆斯(Jacque de Glimes)的带领下,这些部队逮捕了国会议员并驱逐了西班牙成员。随后颁布了一项法令,宣布西班牙反叛者为非法分子,必须处死

(Gachard, 1861: doc. 1729)。这些叛乱者并没有像以往那样,以有组织的和平方式就欠薪进行谈判,而是突然被宣布为罪犯,立即被处决。这让他们别无选择,只能使用武力。

菲利普二世与他的低地国家官员之间的通信表明,政治事件——总督不合时宜的死亡以及当地议会和贵族的独立议程——决定了一场普通的哗变为何没有迅速平息。菲利普二世充分意识到,支付军队费用对避免重大挫折至关重要,他送去了足够的现金,并一再敦促他的官员使用惯常的补救办法来平息佛兰德军队的叛乱,善待士兵,支付欠薪,避免冲突。1576年8月起,即安特卫普陷落之前三个月,所有解决方案所需的财务手段均可使用。国会没有听从国王的命令,而是与佛兰德斯和布拉班特家族一起利用叛乱(以及总督的死亡)来推行他们自己的议程,与荷兰和泽兰的叛乱分子议和,从而与低地国家的省份联合,全面驱逐西班牙人。部队失去了以正常方式向政府寻求补救的机会,别无选择,他们因此开始暴力洗劫忠诚的城市——先是阿尔斯特,然后是安特卫普。对于荷兰贵族,这一战略在政治上得到了回报。安特卫普大劫掠之后,以前忠诚的城市转而反对西班牙统治。由于根特的和平,叛乱省份和以前的忠诚省份现在联合起来,宣布宗教宽容,并联合起来驱逐西班牙人。奥地利的唐·约翰,当他终于到达并担任总督职务时,他只能在所有西班牙军队都离开的条件下这样做。

制裁的威胁和实施最终迫使了菲利普二世偿还债务?我们的新证据有力地表明,事实并非如此。热那亚人决定停止转账的决定是无效,康克林认为是重要的惩罚,对叛乱也没有任何影响。菲利普二世1576年的财务状况显然不宽裕。然而,适当的制裁要求除了停止正常贷款之外的惩罚,而且这种制裁从未实现。热那亚人除了暂停贷款外,所做的一切显然都没有奏效。

市场力量与声誉

菲利普二世使一个银行家族免于破产:富格尔。他们对1575年至1577年间的汇款至关重要,当时绝大多数到达佛兰德斯的王室资金是通过其通信者进行的。然而,1575年以后,甚至富格尔家族也不借款了。我们现在描述

第五章　贷款给来自地狱的借款人

一下这个简单的事实是如何帮助我们揭示像菲利普二世这样的主权君主如何持续获得贷款。

在克莱策和赖特（2000）的理解中，西班牙国王的借贷发生在一个"无政府状态"的环境中。君主不能确保按承诺偿还贷款人。在许多情况下，他没有履行合同书：超过 20% 的贷款文件详细提到了与同一贷款人早先的合同中未达成承诺的付款。这甚至适用于债券（juros）被广泛认为是一个特别安全的资产。虽然菲利普二世从来没有重新安排债券，但是如果他们税收流进项状况不良，那么付款可能会低于承诺。[①]

国王可使用的平滑机制很少：短期借款、向银行家存款和长期借款。鉴于剧烈波动的支出需求，这些机制中只有第一个是切实可行的。外国银行家可以也确实会拖欠国王的存款。跨境执法缓慢而复杂。例如，一位热那亚银行家未能归还他代表国王持有的 30 万杜卡特的存款，然后，通过第二位银行家的介入，问题得到了解决，后者同意以优惠利率借出一笔等额款项，以换取国王放弃对违约银行家的诉讼。[②] 在这样的环境下，将资金存入银行并不是贷款的替代方案。[③] 发行债券（juros）也不是一个可行的替代品。新的发行需要议会（cortes）的授权，即使在授权的情况下，他们的销售也是一个漫长的过程。另外，主导阿西托恩短期贷款业务的热那亚银行家也几乎垄断了债券（juros）发行的中介（Castillo,1963）。热那亚人拥有 150 多年运营圣乔治圣母院的经验，热那亚人对独家金融代理在向主权国家放贷时的权力有着敏锐的理解，因为卡斯提尔没有与之匹敌的协议，热那亚银行家们在短期债务市场和长期债务市场上都获得了主导权。当国王拖欠短期债务时，他发现贷款人也紧紧控制着债券（juros），这是他仅剩的借款方式。最后，发行长期债券通常比签订短期贷款更为复杂。即使在 20 世纪，金融和经济体系更加发达的经济体最初也通常通过短期债务为战争提供资金，然后再将这些短期债务合并为长期债券（Roesler,1967）。就像其他交战的首领一样，菲利普二世只能通过

[①] 在各种关头，国王及其顾问们考虑了债券（juros）的强制转换，但最终做了相反的决定。债券（juros）的减息最终将在 17 世纪发生。

[②] 参见 AGS,总会计,文件 84。"TomásdeMarín。位于 Pirro Boqui。"

[③] 从这个意义上讲，国王无法实现 Bulow and Rogoff(1989)所考虑的替代方案。

短期借款来有效地提前支出收入。

热那亚联盟

　　为了防止国王违约,除了直接惩罚之外,激励措施一定也在起效。我们的数据表明贷款结构是关键。热那亚人为重叠的群体提供资金。所有交易中约有 1/3 的交易涉及不止一个银行家族。[①] 这就形成了一个事实上的银行家网络或贷款人联盟。当代人将热那亚人称为一个紧密联系的团体。在国王那里是同样的待遇,并在很大程度上一致行动。[②]

　　一些联合贷款关系涉及由银行家集团提供的多笔贷款。例如,在 1566—1567 年,卢西安·森图里翁(Lucián Centurión)和奥古斯丁·斯皮诺拉(Agustín Spinola)一起联合出借不少于七次。在其他情况下,联合贷款只发生一次。大多数网络成员互相重复地互动。格里马尔多和斯皮诺拉家族经常合作,朱迪斯(Judice)、多利亚(Doria)、森图里翁(Centurión)和迪内格罗(De Negro)家族也是如此。有一个家族被称为"网中蜘蛛":斯皮诺拉家族。他们的交易涉及其他 16 个银行家族作为合作伙伴。第二大影响力的多利亚家族曾经与其他 7 个家族合作过。多利亚家族和斯皮诺拉家族相互提供的贷款,并且他们两个家族与格里马尔多、莱尔卡罗(Lercaro)、马林(Marín)和马卢恩达(Maluenda)家族一起提供联合贷款。这些家族中有许多从 12 世纪 70 年代开始就在热那亚政治中发挥了主导作用。图 14 提供了网络结构的图示。

　　家族姓氏之下的数字显示了总共 156.6 万杜卡特的借贷总额。粗线表示较高的平均贷款(按贷款量的对数缩放)。格里马尔多、洛梅林、德拉托雷(de la Torre)、森图里翁、斯皮诺拉、格里洛(Grillo)、卡塔尼奥(Cattaneo)、莱尔卡罗(Lercaro)和真蒂尔(Gentil)家族都与总则规定的 4 份合同中有联系,但为了明确阐述,这些联系在这里没有展示。

　　[①] 过往文献中一直在争论(Alvarez Nogal,2003)热那亚人和及其高度合作的参与者是否构成了卡特尔。我们不考虑他们的定价行为。我们将它们称为关系网络,仅仅是因为它们在违约期间的共同出借和行动。

　　[②] 参见,例如,Karnehm(2003)总结的富格家族的通信。另请参见 De Carlos Morales(2008)中的几封正式信件。

图 14　热那亚人的关系网络

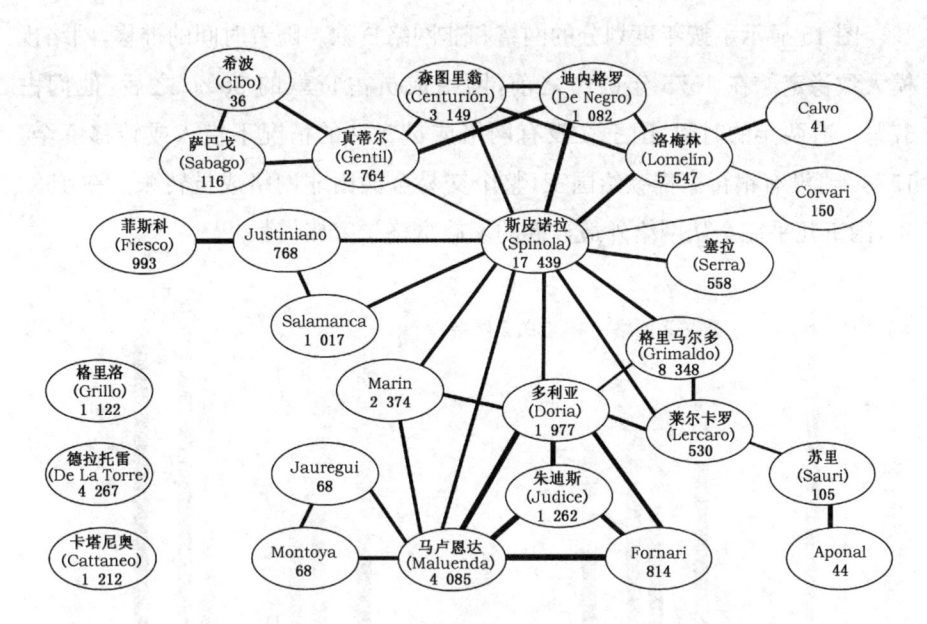

注：本书中未提及的银行家族名称以原文显示，不再译为中文。

我们将通过联合贷款或共享商业伙伴共同提供的所有交易定义为网络贷款。这构成银行家之间实际业务和家族关系的下限。即使在这种限制性定义下，网络中的银行家也占交易量和贷款额的大部分。在我们确定的最大的网络中，只有 27 个家庭（总共 63 个），但它们占本地的 72%，但他们占本金的 72%，在所有交易中所占比例几乎相同（见表 13）。

表 13　　　　　　　　关系网络借款（1566 年百万杜卡特）

	数值 家族	数值 交易	出借量
关系网络	27	308	59.9
非关系网络	36	130	23.2
总计	63	438	83.1
关系网络	43%	70%	72%
非关系网络	57%	30%	28%

数据来源：AGS，总会计，文件 86—93。

图 15 显示了按年度划分的网络和非网络贷款。随着时间的推移,网络规模大致稳定。在 1575 年破产之前,网络成员占贷款的 80%;之后,他们占 67%。有两年的时间,国王在没有网络成员支持的情况下借入或转移资金。1576 年,没有银行家借款给国王,整个交易金额由非网络成员转账。在 1582 年,国王几乎完全从网络外最显赫的家族富格尔家族借款。①

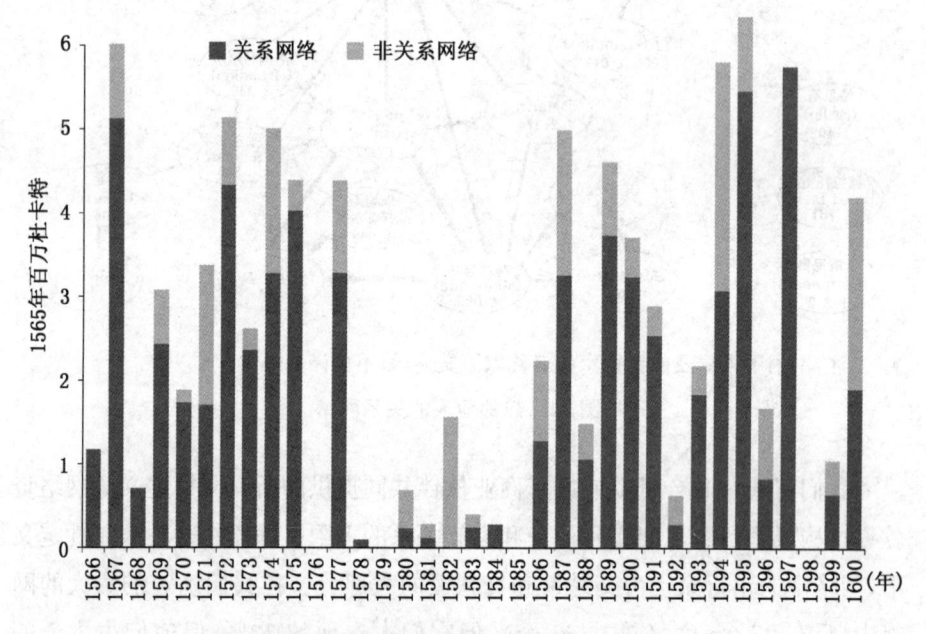

图 15 网络成员的贷款,1566—1600 年

联合贷款不是网络运行的唯一途径。在许多情况下,抵押品从一个银行家转移到另一个。② 这种做法使国王更难选择性地对热那亚联盟成员违约。放弃交易的贷方可以获得共同寄存的抵押品。因此,债券(juros)的使用增强了网络的凝聚力。一位银行家代表其他银行家收取债务也很常见。通常,国王向一位银行家借款,并同意偿还另一位银行家的贷款作为新协议的一部分。国王还承诺通过其他银行家还款。所有这些代理关系防止了附带交易。

---

① 富格家族最大的一笔贷款是 1594 年的 130 万杜卡特,当时白银舰队没有航行。
② 例如,参见 AGS,总会计,文件 85,Lorenzo Spinola 的几笔贷款由 Nicolao de Grimaldo 持有的债券作为抵押。

例如,国王在1569年从卢西安·森图里翁和奥古斯丁·斯皮诺拉借来了8万杜卡特。① 其中一半是以税收形式偿还的,另一半来自七名热那亚银行。② 这种安排使国王难以违约,然后与斯皮诺拉家族达成特别协议。斯皮诺拉家族是菲利普的主要支持者,在所有银行家族中放贷最多(1 700万杜卡特)。然而,在这两个合约中,如果斯皮诺拉将其他银行家排除在任何安排之外,相当于本金一半的资金就可能被扣押。同样,在1595年3月5日,国王同意从弗朗西斯科和佩德罗马卢恩达(Francisco and Pedro de Maluenda)借款33万杜卡特。并承诺通过国王的另一个借款人阿丹·德·维瓦尔多(Adán de Vivaldo)还款。在我们的任何合约中没有发现西班牙银行家维瓦尔多曾经与热那亚人合作联合借款。这表明,银行家之间的多边关系不仅仅是联合贷款。我们检视史料得到的发现,将网络中没有联合贷款的成员联系起来。洛梅林和格里马尔多家族从未加入同一集团。尽管如此,作为国王和巴尔塔萨尔·洛梅林(Baltasar Lomelín)之间的贷款合约的一部分,在1588年,埃斯特班·洛梅林(Esteban Lomelín)和多纳·萨桑德拉·德·格里马尔多(Doña Sasandra de Grimaldo)都被允许改变他们长期债务担保的税收流(这项交易增加了他们所持债务的价值)。

银行家之间的合作也超出了放贷范围。例如,在1567年,托马斯·德·马林(Tomás de Marín)在米兰接受了国王30万杜卡特的存款,但随后未能偿还。尼古拉·德·格里马尔多(Nicolao de Grimaldo)介入,并同意如果国王放弃起诉马林,就提供给国王同等数额的钱款。Marín银行的存款被转换为有利于国王的利息为8%的永久租金。③ 另一个例子,在1587年,国王与奥古斯丁·斯皮诺拉签订了一份价值100万杜卡特的阿西托恩短期贷款。在这个事件中,国王同意对另外三名银行家卢西安·森图里翁、安东尼奥·阿尔瓦

---

① AGS,总会计,文件85。Lucián Centurión and Agustín Spinol,文件在1569年5月2日转移。
② 这些银行家分别是尼古拉斯(Nicolás)和卡塔尼奥子爵(Visconte Cattaneo)、阿尔贝托·皮内洛(Alberto Pinelo)、米格尔·德·梅纳(Miguel de Mena)、康斯坦丁·真蒂尔(Constantin Gentil)、贝尼托·萨巴戈(Benito Sabago)和胡安·安东尼奥·德内格罗(Juan Antonio De Negro)。他们中的许多人还通过斯皮诺拉(Spinola)和Centurión家族的银团进行贷款。
③ AGS,总会计,Legajo 84。"Tomás de Marín. Asiento tomado con Pirro Boqui en su nombre."我们从未见过格里马尔多(Grimaldo)和马林(Marín)一起向国王借贷。尽管如此,他们都属于该网络,因为他们与其他银行家联合发放贷款。

雷斯·德阿尔科瑟（Antonio Alvarez de Alcócer）和和曼努埃尔·卡尔德拉（Manuel Caldera）撤销一系列诉讼。① 银行家也利用其网络影响力强迫国王兑现他的承诺。据说，弗朗西斯科·斯皮诺拉（Francisco Spinola）在1588年的3万埃居的贷款中，包括一项要求国王解决与洛伦佐·洛梅林（Lorenzo Lomelín）债务的条款。②

我们认为，网络成员关系和银团贷款对于维持主权借款至关重要。要让这一论点站住脚，就不应该有其他联合贷款的理由。例如，较大的贷款可能需要比单个银行家族更多的资源。因此，联合贷款可以突破容量限制。然而，数据并不支持这样的解释。单一家族贷款实际上比多户贷款略大（1%）。单一家族贷款的贷款期限为26.4个月，其余为25.5个月。另一个可能的联合借贷原因：转账，在单一家族贷款中也比在多户贷款中更常见。所有其他可观察指标，包括利率，抵押品的使用和应急条款，都没有显示出重大差异。我们得出结论，贷款要求或贷款人的简单能力限制不能成为联合贷款的原因。

就像欧洲贵族和统治王朝一样，银行家族经常使用婚姻作为加强商业联系的工具。③ 我们使用热那亚多利亚档案馆记录的七家热那亚银行家族的部分家谱来探索他们之间的婚姻（Saginati, 2004）。在图16中，我们添加了热那亚贷款内的通婚信息。重要的是，联合贷款和婚姻之间存在重叠。斯皮诺拉家族与格里马尔多家族，真蒂尔家族、森图里翁家族和多利亚家族之间的联系特别强大，森图里翁家族和迪内格罗家族之间的联系也很强。这些联系都涉及财务和家族"联合贷款"。联合贷款的网络成员之间也有新的联系，比如萨巴戈家族（Sabago）和多利亚家族。尽管我们的通婚数据仅涵盖了7个家庭，但我们发现，有6个家庭相互通婚，同时还联合贷款，占47%。

---

① AGS，总会计，文件88。奥古斯丁·斯皮诺拉（Agustín Spinola），已故弗朗西斯科（Francisco）的儿子，他在意大利提供的100万杜卡特。

② AGS，总会计，文件88。我的任务是与弗朗西斯科·斯皮诺拉·热那亚（Francisco Spinola Genoves）就30 000埃斯库多达成协议。

③ 例如，一般情况的语境下，埃斯特万·洛梅林（Esteban Lomelín）是尼古拉·德·格里马尔多（Nicolao de Grimaldo）的岳父。AGS，理事会和财政委员会，第42卷。文本中偶尔提到类似的家庭关系。

第五章　贷款给来自地狱的借款人

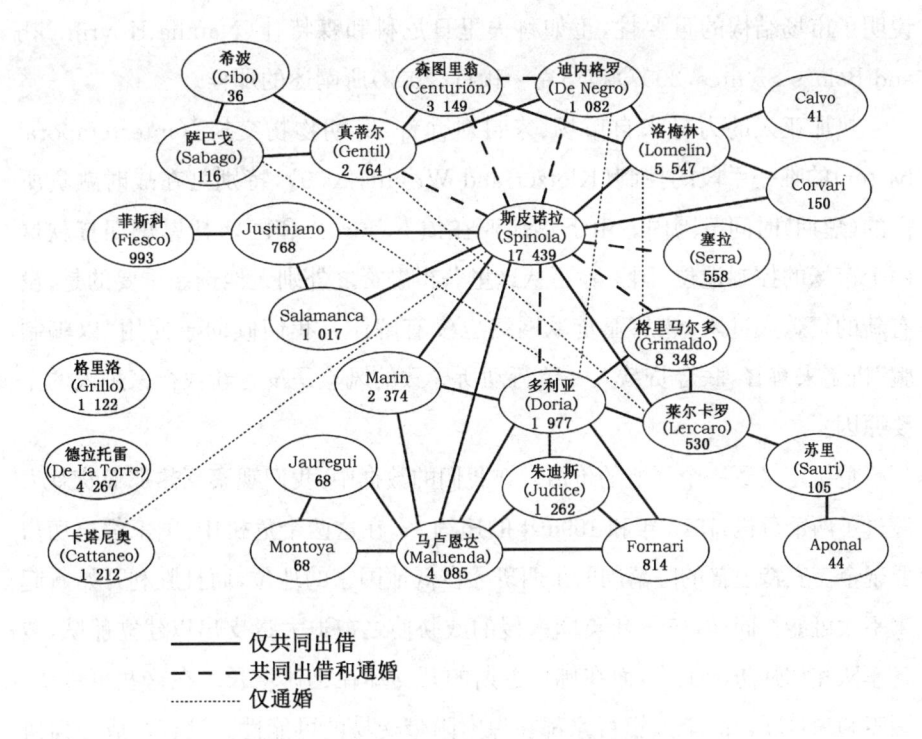

──── 仅共同出借
－－－ 共同出借和通婚
·········· 仅通婚

注：本书中未提及的银行家族名称以原文显示，不再译为中文。

图 16　基于共同借贷和通婚的社会网络结构

还有另外五个家族与其他网络成员通婚，但没有与他们结婚的家族联合贷款。它们占网络贷款总额的 9.5%。[①] 联合贷款只是其他关键联系的一个方面。由于我们的家谱数据有限，这些结果构成了超越联合借贷的关系的下限。

以骗制骗的强制执行

有两个因素相互作用，使菲利普二世的贷款得以持续：银行家族网络的稳定性及其在贷款中的主导作用。热那亚人密切联系并一致行动。由于资金需求，菲利普二世离不开热那亚联盟。因此，他最终不得不与银行家达成和解，因为他们对他实施了延期付款。这也打击了圈外人贷款给国王的积极性。这

[①] 三个家庭都与关系网络成员内部联姻，包括共同出借的人以及其他没有在同一贷款文件中参与的网络成员。

153

说明了市场结构的重要性,正如科夫里日尼科和森特什(Natalia Kovrijnykh and Balázs Szentes,2007)和马克·赖特(2002)所阐述的那样。

热那亚人的力量来自市场、来自对允许"跨期物物交换"(intertemporal barter)的唯一手段的控制(Kletzer and Wright,2000),特别是在战时融资所需的(短期)时间范围内。由于热那亚在债券(juros)和阿西托恩短期贷款这两个市场的控制地位,国王除了从这里获得融资之外别无他选。重要的是,没有新的贷款人进入,热那亚贷款网络也没有解体。我们倾向于使用"以骗制骗"机制来解释,联合贷款人一致行动所导致的风险是没有新银行家进入的主要原因。

危机定义了一个联盟的价值。在我们的数据中,我们观察到热那亚贷款人渡过了两个危机:1575 年和 1596 年的违约。① 在这两个危机中,国王都迫切需要现金。安特卫普的陷落削弱了西班牙在低地国家的地位,而且胜利开始看起来不太可能。同样,1596 年英国入侵的威胁使之被迫大量支出以建立船队,装备军队和加强防御工事,而在佛兰德斯的开支却在迅速增长。在这些事件中,国王和来自联盟的个人银行家都在探索附带交易的可能性。没有达成任何协议,也没有任何新的贷款人签订协议。社会执行机制(热那亚人之间)和激励机制(热那亚人和所有其他潜在贷款人)的重叠是造成这一结果的原因。

在 1576—1577 年和 1596—1597 年这两段债务重新谈判的期间,国王的代表试图破坏联盟的凝聚力。他们把重点放在了斯皮诺拉家族,为旧债提供优惠,以换取新的贷款,但没有达成任何协议。在 1576 年,洛伦佐·斯皮诺拉(Lorenzo Spinola)和尼古拉·德·格里马尔多(Nicolao de Grimaldo)参与了旷日持久的私人谈判,但未能与国王达成协议(Lovett,1982:12—13;De Carlos Morales,2008:170)。最终尼古拉参加了一般结算(medio general)。虽然洛伦佐没有参加综合结算的谈判,他的兄弟奥古斯丁(家族合作伙伴的一个成员)参加了。整体来说,违约贷款的 93% 被重新安排。剩下的是与小银行家签订的合约,这些小银行家没有参与谈判,而是在晚些时候提供了相同的条

---

① 较早的违约贷款影响了富格家族(Fugger)和韦尔斯家族(Welser)给查理五世贷款。解决方案涉及大量实物资产的转移(包括矿山,土地和税收农场),这是难以估值的。此外,我们的阿西托恩数据系列仅回溯到 1566 年。

款。1596年,安布罗西奥·斯皮诺拉(Ambrosio Spinola)玩了双面游戏。他代表其他网络成员进行谈判,同时为他自己促成了一个特殊解决方案。国王也为一小部分银团提供优惠待遇。最后,所有银行家再次通过一项全面协议达成了相同的条款(Sanz Ayán,2004:34—36)。我们无从得知热那亚银行家族在暂停支付禁令期间到底都在想什么,但相互商业和其他关系的紧密网络似乎抑制了一些银行家族的机会主义行为。

通过分析联合贷款银行家族外的银行家的行为和著述,我们可以进一步了解热那亚人和其他贷款人的动机。在16世纪的下半叶,菲利普从36个不属于热那亚网络的家族中借款,用工业组织的术语来说,这是一个"竞争边缘"。网络之外最重要的银行家是富格尔,在1575年的暂停支付期间负责了大部分到佛兰德斯的转账。国王在决定继续偿还富格尔的债务时,显然考虑到了这些服务。皇家顾问达瓦洛斯·德·索托马约尔(Dávalos de Sotomayor)也表示:"陛下有不可原谅的义务……偿还富格尔,他们不受法令影响,有接近200万杜卡特。"(Lovett,1982:13)

事实上,富格尔的债务仍在偿还,尽管颁布了普遍暂停支付的法令,这可以被看作是支持制裁观点的依据——切断转移到佛兰德斯的持续贷款的能力。这是不正确的。富格尔家族作为最后的没有被拖欠的贷款人,因为他们仍愿意转移资金,所以有更大的市场力量。与此同时,尽管地位优越,他们在西班牙的君主需求最大的时候没有提供新的资金。富格尔家族没有任何贷款业务说明,贷款和转移资金之间是保持严格独立的;制裁的威胁不足以支持连续获得信贷。[①]

富格尔试图从荷兰的危机和国王的资金需求中获益。他们在西班牙的代理人托马斯·米勒(Tomás Miller)实际上建议贷款支付西班牙在低地国家的部队(Lovett,1982:13)。[②] 最后,富格尔直到1580年才有新的贷款。他们的

---

① 有一种可能的例外:1576年有数十万杜卡特转移到佛兰德斯。王室提高5万杜卡特,其余的从明年的税收增加中支付,这是国王官员之一弗朗西斯科·加尼卡(Francisco Garnica)的最初请求。尽管这样的安排将构成一笔贷款,但没有证据表明富格尔家族实际上追加了任何资金。

② 富格尔家族有使用代理商的历史,实际上在16世纪50年代代理商就开始向西班牙国王发放信贷。这些代理商延长的一些贷款在1556—1560年违约中受损。在这一事件之后,规则被收紧了,如果没有"总部"授权,代理商再也无法进行出借(Ehrenberg,1896)。

来自地狱的债主

私人信件告诉我们,为什么在国王急需现金时,他们没有抓住这个看似诱人的机会借钱给国王。阻止他们的担心是,如果他们在暂停支付期间借出的话会被拖欠。

德国的富格尔家族对米勒提出的新贷款视而不见。汉斯·富格尔(Hans Fugger)与他的兄弟马克思(Marx)保持着活跃的通信,他们讨论一切,从巨额融资、政治到猎犬,以及甜美的意大利葡萄酒等。在一次关键的交流中,汉斯强调,马克思必须阻止米勒。否则,富格尔家族将被骗,最终将受到停止支付的影响:

> 日复一日,我们必须向(西班牙的)国王提供越来越多的服务……托马斯·米勒必须停止;否则,我们将以欺骗和嘲弄的方式被扔在法令中(受止付的影响)。①

汉斯担心,如果要延长一笔新的贷款

> 西班牙人会永远利用我们,他们会榨干我们,利用我们的立场,如果我们不做唯命是从,他们会把我们扔进法令里,像热那亚人一样被虐待,他们的命运就在我们眼前。②

汉斯的想法是清楚的:在收到新的资金后,国王对他们也会违约。因此,奥格斯堡银行家族决定像热那亚人那样切断贷款,即使他们没有被拖欠。尽管他们仍然向西班牙国王提供转账服务。富格尔的担忧说明了克莱策和赖特(2000)所说的欺骗者机制。因为他们无法满足国王的所有要求,所以富格尔认为他们实际上肯定会被欺骗和拖欠。他们无法满足菲利普的所有可能要求的原因也很清楚:他的需求太大了。最终国王不得不与热那亚人和解,然后富格尔一家就会失去一切。热那亚人已经因富格尔转移资金给低地国家而愤怒,并作为报复"试图在法庭上尽可能地伤害他们"(Ehrenberg,1896)。有充

---

① "Du siehst, daß sich von Tag zu Tag die Servitios, so wir dem Künig [von Spanien] thun müeßen hauffen. "...[W]irds ain grosse Notturfft erfordern, dem T[omás] Miller ain Bys einzulegen, wir khummen sonst burlando ins Decret." Karnehm 2003, 408−9. 根据查尔斯·卡内姆(Charles Karnehm)(同上)的说法,这里的"Burlare"表示"欺诈性地";另一种翻译是"嘲笑"。

② 汉斯·富格(Hans Fugger)给马克思·菲格(Marx Fugger)的信,1576年9月5日,引自 Karnehm(2003:408−409)。国王也不会将富格家族的想法置于越来越多的猜测中。危机期间西班牙的几次转账是由富格家族在马德里的代理商组织的,直接违反了奥格斯堡的命令,因为米勒无法在必要时对国王和他的顾问说"不"(Ehrenberg,1896)。

分的理由相信,阻止富格尔放贷的同样逻辑也在约束着其他银行家的行为。因此,以"骗制骗机"机制的力量反映了热那亚联盟的市场力量,阻止了内部人士的背叛和外部人士的冲击。银团贷款是维持主导银行家联盟市场力量的关键因素。①

主权贷款持续:市场力量和危机时期的凝聚力

西班牙的菲利普二世积累了高额的债务,曾经四次将所有给银行家的付款都中断了。尽管如此,他在任期间仍继续拥有获得新的贷款的途径——绝大多数情况下,他违约的是同一贷款人。如何看待和解释历史上第一个连续违约者和他的金融家之间令人困惑的共生关系?

利用我们从西曼卡斯城堡档案中收集的新数据,我们再现了菲利普二世的热那亚银行家克服执法和集体行动问题的独特方式:在重叠的集团中放贷。我们记录了一个独特的方式,菲利普二世的热那亚银行家用这种方式克服执法和集体行动问题:以集团的重叠的方式贷款,在重叠的辛迪加中放贷(lending in overlapping syndicates)。贷款人之间的有效协调使得这个联盟有巨大的市场力。由于国王的借款需求巨大,任何其他贷款人团体都不能满足他的需求;实际上,菲利普二世只能接触到少数几个一致行动的贷方。基于社会关系的网络可以解决各种情况下的不完全契约问题,从而创造一个私人秩序机制(Greif,2006)。例子包括钻石交易商和证券交易商,从事远距离交易的商人之间的合同执行,以及共同资源的管理。② 在菲利普二世的案例中,最大和最重要的银行家们表现的行为就好像他们是一个单一的金融实体——贷方联盟。最终,以骗制骗的激励措施(Kletzer and Wright,2000)确保了热那亚人简单的暂停贷款足以强制像菲利普二世这样的强大的君主偿还债务。

对我们假设的关键检验出现在 1575 年的违约期间。没有任何外部力量能够帮助热那亚人,正如 1904 年美国海军陆战队代表欧洲债权人在圣多明各

---

① 这里的逻辑与 Wright(2002)中的论点相关。
② 例子可见 Wade(1987);Baker(1984);Bernstein(1992);Greif(1993)。

(Santo Domingo)所做的那样；菲利普二世指挥着当时世界上唯一超级大国的军队。除了停止放贷外，贷款人几乎没有办法制裁菲利普二世。他们试图实施转账禁令，这将切断对佛兰德斯军队的资助。文献证明这个惩罚措施是无效的；关键是，1576年西班牙在荷兰遭遇的重大挫折并非由资金危机推动，而是由当时动荡的政治推动。富格尔和其他银行家族继续为西班牙王权转移资金，这些资金足够偿还尼德兰的叛乱者。因此，菲利普二世的情况不能被称为布洛和罗格夫式制裁的例子。银行家的非理性或情绪在向西班牙国王放贷方面也没有发挥作用。与布罗代尔(1966)提出的观点相反，银行家的流动性很小，在违约之后，没有出现大规模的贷款人外流。这表明，暂时停止支付和与银行家达成全面和解并没有让人们失望。

当1575年的止付发生时，无论是新的还是现有的贷款人都没有破坏热那亚贷款人的延期还款。对于任何贷款人来说，为国王提供新的资金都是一个坏主意。国王的借款需求如此之高，以至于他最终不得不与热那亚联盟和解。由于热那亚人一致行动，根据克莱策和赖特(2000)的预测，任何在暂停支付期间向菲利普二世提供资金的贷方最有可能被欺骗。正如对富格尔家族内部的通信进行的详细分析所表明的那样，这一考虑对于当时的银行家来说无疑是重要的，也是著名的奥格斯堡银行选择不提供新贷款的关键原因。

贷款是在无政府状态下进行的，双方都无法做出坚定、有约束力的承诺。热那亚联盟中的老牌贷款机构之所以一再同意减免债务并恢复贷款，或许最好的解释是该集团凝聚力所产生的市场力量（Kovrijnykh and Szentes, 2007）。这确保了即使在早期债务减少后，未来的利润也会很可观。[①] 16世纪西班牙君主制的繁荣与萧条周期远远没有说明银行家的非理性和贷款人情绪的重要性，而是反映了私人机构秩序制度安排的效率和灵活性。

---

① 我们在第六章中详细研究了贷方的盈利能力。

第六章　连续的违约，连续的利益[①]

国王在统治期间继续大量借款，借助银行家来筹集短期资金。热那亚的银行网络使得激励机制能够保持一致，国王最好的策略是偿还债务，这样能使他留在资本市场之内。观察银行家方面：他们因"放贷者权力"而获利多少？我们计算了贷款给卡斯提尔王室的回报，并把违约和银行家的资金成本考虑进来，计算表明，贷款给菲利普二世非常有利可图。虽然违约和重新规划降低了回报率，但扣除损失后的净利润仍然很高，明显高于其他投资的回报率。平均来说是这样的，也适用于绝大多数银行王朝的个人。因此，很少有金融家停止向菲利普二世借贷。有利可图的贷款也解释了为什么在1575年违约后，退出借贷舞台的人数并不比以前更多。

衡量收益

为了估算回报率，我们需要重新构建每个合约的现金流。第3章中描述的阿西托恩短期贷款数据库包含有关商定的现金流、抵押品和外汇条款、支付日期和附带福利的详细信息，可以用于计算每个贷款合同的回报率。

我们现在以一个例子来说明这个过程。佩德罗和弗朗西斯科·德·马卢

[①] 本章基于 Drelichman and Voth(2011b,2012)的文章。

来自地狱的债主

恩达两兄弟于1595年7月13日与国王签订合同。① 他们同意在里斯本通过13次付款,交付349 464杜卡特。② 第一笔付款是26 856杜卡特,在合约日期后8天支付。剩下的12笔付款,每笔26 884杜卡特,从1595年7月开始,每个月月底支付。国王承诺按以下方式还款:

- 1595年11月从国库支付75 000杜卡特。
- 第一批船队抵达后一个月,支付97 000杜卡特。
- 前两次付款的金额将从8月份开始每月产生1%的利息(非复利)。
- 1595年10月支付1 950杜卡特,用于支付杂项交易费用,银行家不必逐项列出费用。
- 1596年船队抵达后一个月支付最后一笔款项;这笔款项是根据未偿还的17.7万杜卡特计算的,另外加上1595年10月起每月1%的利息,再加上"其他费用"基础金额的2%。

如果1596年的船队未能在12月前到达塞维利亚(Seville),银行家可以要求获得与未付款相同面值的债券(juros),最高利息为7.14%。最后,还有一套标准的条款,允许银行家出口黄金(需要在国外支付资金)。

与马卢恩达家族的合约相对简单。因为是通过卡斯提尔货币计价的汇票来完成交付的,而且在卡斯提尔当地进行还款,不需要货币换算。船队能否到达是唯一的不确定因素。我们假设银行家预计船队将在9月份到达西班牙——船队到达月份的中位数。因此,应该在10月份付款。如果船队晚一点到达,每月将收取1%的利息,直到付款或银行家收到债券(juros)。由于债券(juros)的现值低于其面值,在正常情况下,接受债券(juros)与现值计算无关。当违约发生时,该选项可能是有用的,而在正常情况下,不会履行这个选项。因此,在计算事先回报时,我们不考虑可能以债券(juros)代替还款的可能性。③ 按照以上的方式计算得出的现金流见表14。

---

① AGS,总会计,文件92。"1595年7月13日超过439 500杜卡特,必须在里斯本提供。"
② 合同上的摘要记录本金为349 500杜卡特。这些小小的差异很有可能是为了取整,并不少见。我们在整个实证研究中使用的是具体条款中的相关金额。
③ 银行家可以要求最高约7.14%的债券(juros)。在我们的折现率假设(也是7.14%)下,任何允许收益率的终身债券(juros)的现值将低于其面值。

第六章 连续的违约，连续的利益

表14 马卢恩达兄弟的合同中商定的现金流

月份	支出	还款	净现金流	描述
1595年7月	53 740		−53 740	第一次支付26 856杜卡特；初始每月支出26 884杜卡特
1595年8月	26 884		−26 884	按月支出
1595年9月	26 884		−26 884	按月支出
1595年10月	26 884	100 890	74 006	按月支出；还款1 950个杜卡特；偿还97 000杜卡特加上1%的单利两个月
1595年11月	26 884	77 250	50 366	按月支出；还款75 000杜卡特加上1%的单息三个月
1595年12月	26 884		−26 884	按月支出
1596年1月	26 884		−26 884	按月支出
1596年2月	26 884		−26 884	按月支出
1596年3月	26 884		−26 884	按月支出
1596年4月	26 884		−26 884	按月支出
1596年5月	26 884		−26 884	按月支出
1596年6月	26 884		−26 884	按月支出
1596年7月	0	0		
1596年8月	0	0		
1596年9月	0	0		
1596年10月	0	201 780	201 780	最终还款177 000杜卡特加上十二个月的1%单利以及2%的总红利

在构建现金流时，我们需要采用几项惯例。上文所述的阿西托恩短期贷款说明了我们对与船队抵达有关的付款的处理方式。其他假设与用于还款的债券(juros)的估值有关。作为一般规则，我们使用债券(juros)本身的现金流，并计算其净现值NPV。[①]

我们使用两种不同的盈利能力来衡量收益率：修正后的内部收益率

---

① 有关我们使用的所有假设的完整说明，请参见Drelichman and Voth(2011b)中的附录。

(MIRR)和利润指数(PI)。我们几乎所有的研究结果对于衡量标准的选择都是稳健的。[①]

MIRR定义为正现金流的未来价值与负现金流的现值之间的比率。

公式是：

$$MIRR = \sqrt{\frac{-FV(\text{positive cash flos}, r_r)}{PV(\text{negative cash flows}, r_f)}} - 1,$$

其中 n 是合同中的期数。如果贷款人在合同结束前收到正的现金流,则假设这些现金流可以按 r_r 利率进行再投资。贷款开始后的负现金流按利率 r_f 进行贴现。

因为阿西托恩短期贷款合同的性质,使用MIRR是有吸引力的。许多阿西托恩短期贷款的现金流在贷款期限内从正数转为负数,并反复多次。马卢恩达兄弟的合同就是一个例子。MIRR的一个明显替代方案是内部收益率(IRR),这是公司财务中的一个常用指标。内部收益率被定义为使一系列现金流的净现值(NPV)等于零的折现率。鉴于我们数据的性质,使用内部收益率是不合适的。内部收益率只适用于简单的现金流的情况,即单次支出金额然后单次偿还。只要有中间的现金流,都会出现两个问题。首先,内部收益率IRR公式假设任何中间正现金流都可以以与整个项目相同的回报率进行再投资,这是不现实的,国王对贷款合同的需求并非无限弹性。银行家明显会选择将还款项投资于债券(juros)。因为债券(juros)的收益低于阿西托恩短期贷款,所以内部收益率(IRR)会高估合约的盈利能力。第二,中间的负现金流会导致IRR公式产生多种解决方案,或者根本没有解决方案。由于大多数阿西托恩短期贷款指定了分期付款和中间还款,因此我们不使用内部收益率(IRR)。

修正后的内部收益率(MIRR)的优点是可以产生一个独特的解决方案。在没有中间现金流的情况下,它与内部收益率(IRR)相同。与内部收益率(IRR)一样,MIRR可以解释为使项目的净现值NPV等于零的收益率。MIRR需要对再投资和融资率进行明确的假设。在我们的基准估计中,我们使用7.14%的债券(juros)收益率作为再投资利率,5%作为融资利率。这些

[①] 在第4章中,我们将用MIRR量度阿西托恩的回报率。

是保守的选择,用于产生利润率的下限估计。① 我们还使用替代参数值进行灵敏度分析。

利润指数(PI)定义为合同的净现值除以风险资本。与 MIRR 相比,它的优势在于只需要指定一个贴现率。缺点是当存在多个交错支付和还款时,资本风险的概念没有得到很好的定义。支出会增加风险资本,偿还则可以减少风险资本。一份最终只有一次还款的长期合同比同期中间还款的合同风险更大。我们将风险资本衡量为合同有效期内支付的总金额,这夸大了真实的风险敞口,因为中间还款会减少风险资本。我们也没有对未来的支出进行贴现,而是使用其全部价值。综合来看,这些假定推演出一种向下的偏差即会低估收益。

MIRR 和 PI 之间的主要区别在于,前者是一个总量度,而后者是机会成本的净值,我们将其视为债券(juros)债券收益率。为了比较它们,必须首先从 MIRR 中减去债券(juros)债券的利率。其次,两者使用的折现率在概念上有所不同。在 MIRR 中,再投资和融资利率是指替代资产的收益率。在 PI 中,折现率是一个主观的衡量标准,结合了资金的机会成本和投资者的风险规避。最后,正如我们在分析中讨论的那样,MIRR 不太适合评估长期贷款。当与期限相关时,我们使用 PI 来替代。

场　景

我们的数据来自国王和银行家之间商定的合约。在许多情况下,原始协议并没有得到严格遵守。1575 年和 1596 年的破产影响了 119 个合约。即使在正常时期,付款和还款的延期也很常见。几乎 20% 的贷款包含重新安排以前未履行的义务的条款。由于没有观察到现金流,我们无法精确估算盈利能

---

① 再投资率的明显选择是债券(juros),其收益率为 7.14%。juros 是相对安全的投资,可以在相当流动的市场上进行交易。在这种情况下,银行家可能拿到更好的收益,我们的估计向下偏差,会得到盈利能力的下限。特定的投资成本更棘手。我们的基准估计通过指定投资成本为 5% 来寻找盈利能力以保持向下偏差。这是任何不属于强迫转换的一部分的 juros 的收益率,显然低于长期债务的平均收益率。我们还通过将投资成本一直降低到零来进行灵敏度分析。由于中间的负现金流量大大比中间积极的现金流量要小得多,因此任何投资成本假设的影响都将受到限制。

力。然而,我们可以对可能的收益进行括定,用对违约和其原本规定回报的信息来估计实际现金流。

首先,假设其条款得到严格遵守,计算每个合同的盈利能力,这就是估计收益的上限。然后,我们考虑如果国王在 1575 年和 1596 年的破产中否定所有未偿还的债务将会发生什么,这就产生了下限。① 最后,我们通过计算国王对每个受违约影响的合约所做的结算付款,来估计实际的现金流。为了说明这三种情况,我们再来看看与马卢恩达兄弟的合同。

表 15 中的第一列展示了原始合同中商定的现金流。使用我们的基准再投资和融资利率,得出预期的 MIRR 为 12.5%,或比债券(juros)利率高出 5.4%。PI 为 6.8%。然而,1596 年 11 月,国王颁布了统治期间第四次暂停令。与 1596 年船队一起抵达的财宝在"贸易署"(Casa de la Contratación)被禁运;合同的最终付款没有完成。② 如果国王拒绝偿还未偿还的债务,那么这个收益肯定是负的。注意,大多数合同即使在拒绝履行的情况下也不会有如此糟糕的回报。大多数合同在违约发生之前就已经部分或全部偿还。没有支付全额贷款额的银行家可能会停止进一步贷款。马卢恩达家族的合约说明了在最糟糕的情况下,一个特别不幸的银行家可能会发生什么。事实上,这样的可怕情形并没有出现。国王同意在 1597 年 10 月偿还 80% 的未偿还债务。表 15 结算栏汇报了我们对实际现金流的估计。由于大多数合约中的表述没有区分资本回报和利息,我们假设所有的还款都首先进行资本摊销。这产生了违约时未偿资本的下限,从而产生了结算付款。按照这种方法,截至 1596 年 10 月,国王在这一特定合同中欠马卢恩达兄弟 171 324 杜卡特。③ 我们将这笔金额乘以 0.8 倍的结算比率,并将其作为 1597 年 10 月的正现金流。这样得出的 MIRR 为 −5.3%(与 PI −14.8% 相当)。④

---

① 请注意,假设任何一位银行家都可以获得与这种情况所预示的低回报是不现实的。1575 年之后,银行家很可能不会再借出。

② 我们使用 1985 年舰队到达莫利诺(Morineau)的日期。

③ 由于该特定合同中的子句结构已详细介绍,因此可以计算出违约时的未偿还资本为 177 000 杜卡特。因此,它的 MIRR 将为 −4.6%。很少有合同包含类似的细节。因此,我们统一地应用"首先摊销"方法。

④ 尽管马卢恩达兄弟因这份特定的合同而损失了金钱,但他们与国王的整体关系却是有利可图的。他们借给菲利普二世超过 430 万杜卡特,将违约的影响考虑在内,实现了 20.6% 的 MIRR。

表 15　　　　　　　　马卢恩达兄弟的合同现金流和盈利能力

	原始协议	最终解决方案	拒付
1595 年 7 月	−53 740	−53 740	−53 740
1595 年 8 月	−26 884	−26 884	−26 884
1595 年 9 月	−26 884	−26 884	−26 884
1595 年 10 月	74 006	74 006	74 006
1595 年 11 月	50 366	50 366	50 366
1595 年 12 月	−26 884	−26 884	−26 884
1596 年 1 月	−26 884	−26 884	−26 884
1596 年 2 月	−26 884	−26 884	−26 884
1596 年 3 月	−26 884	−26 884	−26 884
1596 年 4 月	−26 884	−26 884	−26 884
1596 年 5 月	−26 884	−26 884	−26 884
1596 年 6 月	−26 884	−26 884	−26 884
1596 年 7 月			
1596 年 8 月			
1596 年 9 月			
1596 年 10 月			
⋮	201 780	⋮	
1597 年 10 月		137 059	
年度 MIRR	12.5%	−5.3%	−61.1%
年度 PI	6.8%	−14.8%	−55.4%

　　虽然 1597 年的解决方案对未偿还的债权实行统一的 20% 的减免,但 1575 年的条款因合约的抵押方式不同而异。[①] 持有标准债券(juros)作为抵押品的银行家收回了 70% 的债权;由"贸易署"担保的银行家获得了 55%;没有抵押的贷款获得了 42%。我们根据所使用的抵押品类型计算每个受到 1575 年违约影响的合约的回收率。

---

① 我们在第四章中描述了其中每个的术语。

贷款的整体收益情况

我们的第一个问题是，银行家是否能通过向国王贷款而总体上赚钱。为此，我们将1566—1600年所有贷款人合并为一个虚构的单一金融实体。就像马卢恩达兄弟的情况一样，合同约定的（事前）回报率只是评估银行贷款利润率的第一步。我们可以从三种类型的证据中了解实际的现金流。我们详细总结了违约后的解决方案：首先，我们知道国王对谁违约，以及僵局是如何解决的。第二，合约本身在记录国王在早期合约中的付款行为方面一丝不苟、非常细致。当旧的贷款没有按照原始合同严格支付时，下一笔贷款往往会提供赔偿。第三，当同一银行家贷款后再提供贷款时，他们获得的回报不太可能远低于他们的资本机会成本。

国王可能以两种不同的方式背离贷款协议。一方面，他可能会拖欠某笔特定贷款的付款。在这种拖欠情况下，欠款的支付将与银行家的新合同中重新安排。虽然回报率可能不如原先约定的那么高，但银行家很少损失本金，并经常得到一些补偿性利息。另一方面，国王可以宣布破产，并同时暂停支付所有未偿还的贷款。菲利普在他的统治期间曾四次这样做，我们的数据涵盖了最后两次。这些违约将在一个总的解决方案中与所有银行家重新谈判，其中规定了本金和利息核销。因此，总的事后回报可以写成

$$R = R_e - P_r L_r - P_d L_d$$

其中 R 是总事后回报率，R_e 是合约利率，p_r 是个别合约中重新安排的债务比例，L_r 是重新安排债务的损失率，p_d 是一般破产违约债务的比例，L_d 是违约期间的损失率。

根据预期收益，R_e 为20.3%。有96个案例的早先贷款合约的债务被重新安排。国王通常会承认先前的债务，然后在新的贷款合同中提供各种优惠条件。该程序影响了贷款总额的10%，因此 p_r 为0.1。重新安排早期的债务通常会使新合同的回报增加2%至3%。①

---

① 分量和稳健性回归均显示重新安排早期义务的合同的超额回报率为2.5%至3.2%（分别为 t 统计1.5和1.6，低于10%水平的显著性所需的水平）。

重新安排贷款的回收率有多高？最乐观的解释是，后续贷款的额外回报完全补偿了贷款人的损失。一种更为谨慎的做法是假设贷款人在其早期贷款中没有利息。按照重新安排的贷款，这将使平均利润率直线下降。L_r 将为 0.203，与贷款的平均贷款回报率相同。因此，由于随后的重新签约，回报率将比先前的合约利率低 0.1 * 0.203=0.0203。

接下来，我们需要得出违约贷款的比例和回收率的数值。菲利普的四次违约的规模并不相同。前两个在 1557 年和 1560 年，主要涉及德国银行家。他们主要涉及菲利普父亲查尔斯五世欠下的债务，并通过转让有收益的资产来解决。例如，著名的阿尔马登水银矿被送给了富格尔家族，以换取债务的免除。由于原始贷款不属于我们收集的数据集，无法验证这两个止付对收入的影响。

1575 年，国王暂停支付 1460 万杜卡特的未偿还贷款。大多数银行家与官方谈判达成全面的解决方案。结果是免除了 30% 至 58% 的贷款。平均而言，国王同意兑现未偿还占本金的 62% 的短期借款及相关利息。长期债券毫发无损。在 1596 年，国王拖欠了 700 万杜卡特的债务，被削减的金额为 20%。我们知道，在这两次违约期间，阿西托恩短期贷款借款总额名义上为 9970 万杜卡特，而不超过 2160 万杜卡特的贷款受到影响，仅占所有合同的 21%。第三和第四次违约的加权回收率为 68%。因此，贷款人的违约成本为 $p_d L_d = 0.21 * 0.32 = 0.067$。在此期间，贷款违约金的平均注销额不到贷款额的 7%。因此，违约对利润率的降低是我们对普通的重组的悲观预测的两倍。

根据上面得出的数据，我们计算

$$R = R_e - P_r L_r - p_d L_d = 0.203 - 0.1 * 0.203 -$$
$$-0.21 * 0.32 = 0.203 - 0.0203 - 0.067 = 0.116$$

贷款的利润有多高？根据我们的计算，菲利普二世统治时期的财政动荡使得贷款人损失了不到一半的潜在利润。他们的平均收益率比债券（juros）利率高出 4.43%，表明他们的利润超过机会成本。

这个结果是通过计算得出的，实际情况有许多未知数。我们已经尽可能地谨慎，只会更悲观地对银行家的利润进行估计。我们的发现有多可靠？由于重组的债务额是相对确定的,我们会考察当我们改变免除率时会发生什么。为了将平均盈利能力降至零,考虑到普通债务重新安排的损失,违约期间的债务免除将不得不为87%,而不是实际遭受的32%。或者,重新安排的债务免除必须大于100%(135%),而不是我们计算的20.3%(将违约期间估计的损失视为给定的)。只有在估计的损失率和重组的金额之间出现极大偏差,才会使事后回报率降低到零。

各个家族的收益率

虽然迄今为止的结果显示,对菲利普二世的贷款平均下来有利可图(即使在不利的假设下),但这可能掩盖了贷款人之间的相当大的差异。我们现在按家族来研究回报率。在1566年至1596年间,属于78个家族的145名不同的银行家与菲利普二世有业务往来。然而,只有属于60个家族的127位银行家曾面临资本风险。其余的人提供了中介服务,但没有将自己的资源置于危险之中。我们集中关注这60个家族的信贷服务。

表16报告了1566—1600年各家族的MIRR。这些家族以整个期间的贷款总额进行排列。信贷的提供是非常集中的。斯皮诺拉家族的12个活跃成员提供所有资金的20%以上。前10名家族提供的贷款占全部贷款的70%,其中19个家族每年出资100多万杜卡特。

表16　　　　家族的MIRR(1566—1600年,年度汇率)

家族名称	原始协议	解决方案	拒付	总支付金额
Spinola	20.6%	19.3%	16.8%	16 359 959
Grimaldo	18.6%	11.7%	2.6%	7 306 110
Lomelín	23.8%	17.3%	0.8%	5 219 088
Fucar	11.4%	6.2%	−3.8%	4 951 107
Maluenda	26.1%	20.6%	10.9%	4 360 131
Torre	22.2%	16.1%	3.0%	4 142 326
Espinosa	12.0%	8.4%	6.8%	3 405 119
Centurión	19.3%	17.2%	10.9%	3 253 726

第六章 连续的违约，连续的利益

续表

家族名称	原始协议	解决方案	拒付	总支付金额
Gentil	19.9%	15.6%	8.8%	2 927 399
Marin	20.1%	20.0%	19.3%	2 646 472
Vitoria	19.4%	10.4%	−19.7%	2 063 816
Doria	23.8%	13.8%	−4.1%	2 027 106
Judice	27.0%	27.0%	27.0%	1 697 703
Latorre	11.5%	11.5%	11.5%	1 489 818
Carlessequi	16.1%	16.1%	16.1%	1 425 315
Cataneo	21.5%	7.6%	−5.1%	1 226 934
Isunza	25.0%	24.8%	23.6%	1 171 464
Ruiz	9.9%	7.5%	−7.9%	1 140 276
Salamanca	11.8%	11.8%	11.8%	1 005 657
Fiesco	24.5%	16.6%	−5.0%	995 290
Fornari	16.7%	8.1%	−8.6%	940 188
Grillo	27.8%	21.4%	12.6%	930 411
Justiniano	25.9%	15.9%	−11.4%	786 673
De Negro	18.1%	13.8%	−12.9%	769 407
Pasqual	21.8%	16.1%	16.1%	582 976
Lercaro	12.4%	3.1%	−13.2%	551 300
Suarez	22.2%	21.0%	20.5%	525 413
Isla	10.8%	10.8%	10.8%	497 175
Serra	8.0%	2.9%	−12.3%	458 178
Herrera	10.8%	10.8%	10.8%	451 234
Galletto	13.9%	−11.3%	−100.0%	407 817
Carmona	17.8%	17.8%	17.8%	395 333
Salazar	17.8%	17.8%	17.8%	395 333
Pinelo	15.8%	15.8%	15.8%	341 405
Mena	17.0%	10.6%	−6.0%	306 982

续表

家族名称	原始协议	解决方案	拒付	总支付金额
Murain	8.1%	8.1%	8.1%	299 000
Cambi	9.6%	8.3%	6.7%	275 549
Salinas	17.3%	−10.5%	−22.7%	264 440
Adorno	31.0%	31.0%	31.0%	230 938
Curiel de la Torre	151.1%	151.1%	151.1%	186 309
Sauri	21.7%	5.8%	−30.0%	126 605
Corvari	23.4%	23.4%	23.4%	119 224
Diaz Aguilar	9.9%	9.9%	9.9%	118 480
Sabago	16.5%	16.5%	16.5%	100 155
Obada	8.3%	8.3%	8.3%	100 000
Franquis	9.4%	9.4%	9.4%	83 000
Villaldo	20.5%	20.5%	20.5%	77 409
Aponal	32.1%	32.1%	32.1%	67 026
Salucio	78.2%	78.2%	78.2%	60 027
Interiano	31.1%	31.1%	31.1%	53 333
Calvo	12.4%	12.4%	12.4%	50 000
Serna	12.9%	12.9%	12.9%	30 581
Vicuña	12.9%	12.9%	12.9%	30 581
Palavecin	8.6%	−5.5%	−50.7%	28 601
Cibo	67.3%	67.3%	67.3%	19 624
Picamillo	15.6%	15.6%	15.6%	16 184
Rastrogago	19.1%	19.1%	19.1%	15 000
Lago	19.1%	19.1%	19.1%	15 000
San Vitores	8.6%	−4.9%	−45.3%	6 110
Bobadilla	10.0%	−0.6%	−14.8%	2 080

注:1. 假定再投资率为7.14%,投资成本为5%。支付的金额用杜卡特计算。我们使用姓氏的西班牙拼写,因为它们出现在档案文件中。

2. 此表中银行家族名称以原文显示,不再翻译中文。

回报率差异很大。没有一个家族同意接受低于利率为7.14%债券(juros)

第六章　连续的违约，连续的利益

作为赔偿。① 如果完全拒付，有 18 个家族将会损失金钱。其余 42 个家庭却会实现正的回报率；其中 37 个家族将获得超过债券(juros)的回报率。②

根据我们对实际收益率的最佳估计，在补充栏中显示，只有 9 个家族没能赚回机会成本；足足有 51 个家族的收益超过长期债券收益率。实际亏损的 5 个家族中，3 个家族投资的很少，分别是 2 080、6 110 和 28 601 杜卡特。这五个家族都是在国王违约之前一点与国王签订一两份合约。加列托(Galletto)和萨利纳斯(Salinas)家族的损失稍大，但分别为 -11.3 和 -10.5% 的回报率并不是灾难性的。事实上，加列托家族在 1596 年破产前四天才签署了唯一的合同。很可能从未支出款额，没有遭受任何损失。尽管如此，我们仍假设合同已履行，以使我们的结果不利于盈利，因此，拒绝履行合同的情况下，盈利能力为 -100%，这个家族将失去全部支付金额。这五个家族的绝对损失为刚刚超过 75 000 杜卡特。这个数目不到菲利普二世短期贷款总额的 0.1%。

根据和解方案的情况，有 4 个家族在绝对价值上没有损失，但未能赚取相当于债券(juros)的利率。其中之一是富格尔家族。事实上，富格尔家族是唯一不受 1575 年破产条款约束的家族。其实际回报率原本为 11.4%。其他 3 个家族分别是莱尔卡罗(Lercaro 3.1%)、塞拉(Serra 2.9%)和苏里(Sauri 5.8%)。最后的两个家族与国王只有零星的关系，而且恰好在违约之前借钱。莱尔卡罗家族在整个时期的贷款金额较高，略超过 55 万杜卡特。这些贷款是在破产前提供的，而且还款的减少导致了莱尔卡罗家族的收入低于投资于 juros 债券的收入。

表 16 中显示的三个 MIRR 值异常高。胡安·库里亚·德拉托雷(Juan Curiel de la Torre)借出约 18.6 万杜卡特，收入超过 151% 的收益。萨卢西奥(Salucio)家族和希波(Cibo)家族的利润也超过了 50%。库里亚·德拉托雷通过复杂的投资组合实现了如此高的回报。他在小型合同方面获得了高额回报，并通过错开支付和还款来保持风险最小。③ 萨卢西奥家族和希波家族贷款很少，因此没有获得巨大的绝对收益。

---

① 这验证了我们选择的债券(juros)利率作为资金机会成本的上限。
② 请注意，在三种情况下的每种情况下，不受违约影响家族的收益率相同。
③ 我们使用净支付作为每个单独合同的权重来计算盈利能力。库里尔·德拉·托雷(Curiel de la Torre)的付款时间与国王的还款相吻合。尽管合同名义上是大量的合同，但 Curiel de la Torre 的实际净风险很低，因此他的资本回报率很高。因为他没有大量贷款，效应特别明显。

收益的相关因素

表16显示了家族收益率存在巨大差异。在个人贷款中,结果的差异更加显著。应该如何解释?一些银行家是否获得优惠待遇?还是说这种差异主要反映了每笔贷款的不同特征?

我们检查了合约特征与约定的贷款利率之间的一些关联模式,首先要注意的因素是许多贷款都包含了外汇成分。平均而言,这些贷款的价格更高。

图17绘制了有和没有明确外币条款的贷款利润分布情况。虽然收取的利率有很大变化,但平均值和模式的差异是明确的。具有外汇成分的贷款的未加权平均(中位数)利率为27%(17%),那些没有外汇成分的贷款加权平均(中位数)利率为19%(11%)。那么,涉及外币支付的债务合约在签订时就提高了贷款的成本,根据所我们使用的测定方法,增幅高达9%。

贷款期限也影响了贷款成本。由于MIRR不太适合评估长期贷款,所以我们使用PI代替。[①] 中位数期限(超过22个月)的贷款往往获得更高的利率。图18绘制了分布情况。长期贷款的未加权平均(中位数)PI为24%(13%),而短期贷款为17%(11%)。

表17总结了贷款利润的特点。那些带有外汇条款的贷款,其回报率高出3%至5%。[②] 有抵押品的合同没有对应更高的回报率。转账自身的资金(不考虑使用外汇条款)也没有吸引更高的回报。大额贷款比小额的贷款便宜些,但明显的区别只是在平均值上,而不是中位数。最后,贷款人的国籍影响了利润。德国贷款人的回报率较低,他们的贷款在违约期间经常得到偿还,因而风险较小。热那亚人获得的(中位数)回报比其他人约高2%,但他们的平均收益是没有区别的。[③] 贷款特征几乎不能解释盈利能力的差异,与盈利能力的

[①] MIRR假设所有中间正现金流都以外部假设的再投资率进行再投资,直到合同结束。对于长期贷款,这使估计的盈利能力偏向于再投资率。PI与贷款期限无关。

[②] 如果我们在多变量设置中控制其他特征,这一溢价将上升到6.5%至9.3%(Drelichman and Voth, 2011b)。

[③] 回归分析不允许我们确定西班牙人和热那亚人的较高回报是否证明了他们的"内幕"角色,或者反映了德国贷款人只参与特别安全的贷款的事实。

第六章 连续的违约,连续的利益

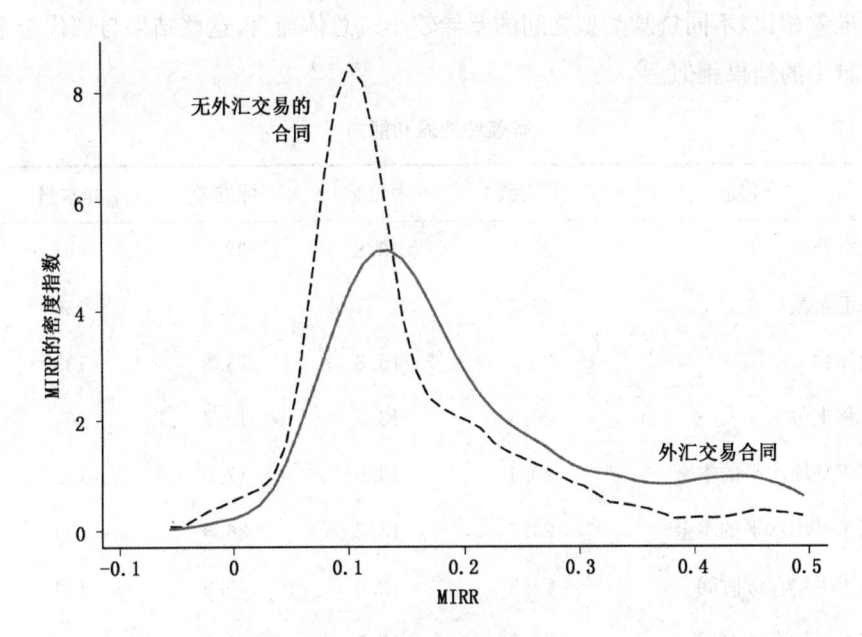

图 17 按外汇条款划分的 MIRR 密度

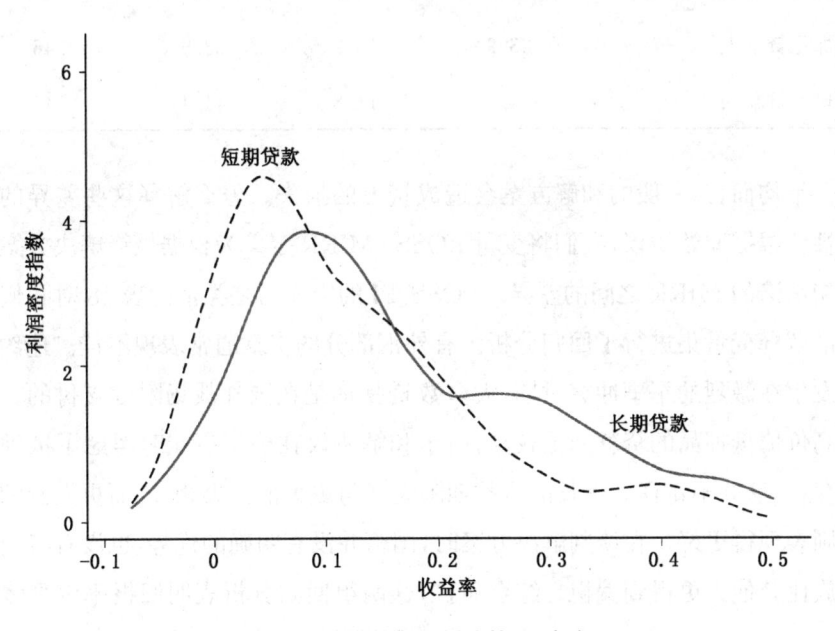

图 18 按贷款期限划分的 PI 密度

173

标准差相比,不同贷款类型之间的差异较小。总体而言,这些结果与现代金融文献中的结果相似。①

表 17　　　　　　　　　　　有条件的盈利能力

性质	平均数	中位数	标准差	样本量
所有合同	23.6	13.8	32.5	401
外汇条款	29.3	17.1	33.2	166
担保物	22.5	15.3	23.8	133
转移支付	20.3	13.5	16.7	164
高于平均水平的本金	20.4	13.9	17.0	102
低于平均水平的本金	24.7	13.7	36.3	299
高于平均存续时间	14.5	12.0	9.9	159
高于平均存续时间	29.7	17.5	40.0	242
德国贷款人	13.4	9.6	10.7	12
热那亚贷款人	23.9	15.9	23.9	246
西班牙贷款人	24.0	11.8	44.4	143

平均而言,一般的和解方案会造成贷方的损失。怎么解释这些差异的典型性? 根据原始协议,我们将变量 LOSS_MIRR 定义为根据最终解决方案和当初承诺的 MIRR 之间的差异。LOSS_PI 的定义与之类似。表 18 对我们的标准解释变量集进行了回归分析。有外汇部分的贷款通常表现不佳。违约事件发生在激烈的军事冲突时期,大多数贷款都是在国外战场附近支付的。带有高价值抵押品的贷款回报较高;由于和解协议在确定折减时考虑了抵押品的存在,这并不奇怪。更长的贷款期限无疑与更大的损失相关,而更大额的贷款则表现得更好。在谈判解决方案时,国籍并没有明确的优势,也没有特定的家族比其他人更得到偏袒。综合而言,这两组回归分析表明回报率由具体贷

---

① Allen Berger and Gregory Udell(1995)以及 Mitchell Petersen and Raghuram Rajan(1994,1995)在现代数据中发现 R 平方值约为 0.06 至 0.15。另见 Eugene White(2001a)。

款的特征决定,并没有反映特定银行家的具体谈判地位。违约期间的亏损也是如此。

表 18 违约期间损失的相关性分析

因变量	(1)	(2)	(3)	(4)	(5)	(6)
	\multicolumn{3}{c}{LOSS_MIRR (MIRR-based losses)}	\multicolumn{3}{c}{LOSS_PI (PI-based losses)}
外汇抵押品	−0.036*** (−2.58)	−0.036*** (−2.61)	−0.044*** (−2.76)	−0.055* (−1.85)	−0.056* (−1.93)	−0.076** (−2.34)
抵押品		0.037*** (2.88)	0.039*** (2.84)		0.063* (1.92)	0.065* (1.75)
存续时间		−0.002*** (−3.00)	−0.002*** (−3.00)		−0.003*** (−3.01)	−0.004*** (−3.00)
存续时间的平方		1.47E−5*** (2.67)	1.36E−5** (2.43)			
贷款规模			4.68E+8** (2.18)			9.72E−8* (1.70)
热那亚人			0.011 (0.72)			0.050 (1.36)
德国人			0.005 (0.19)			0.000 (0.00)
相关系数	−0.041*** (−7.21)	−0.020 (−1.61)	−0.025** (−2.08)	−0.117*** (−6.84)	−0.042* (−1.75)	−0.055** (−2.29)
样本数	400	400	400	400	400	400
R^2	0.020	0.048	0.057	0.009	0.082	0.094

显著性水平:* 10%,** 5%,*** 1%。

随着时间推移的营利能力

贷款利率是如何随时间变化的?违约导致国王贷款更加昂贵吗?换句话说,是否有证据表明"债务不宽容"在不断增加?(Reinhart,Rogoff and Savastano,2003)图19绘制了随时间变化的贷款额度及其营利能力。与左侧轴线成指数关系的线条显示的是根据合同结算后的MIRRs的加权平均数。柱状图显示每年实际贷款额。[①]

---

① 这是通过将每份合同中实际发生的付款相加,并将付款总额分配给签订合同的年份来计算的。

来自地狱的债主

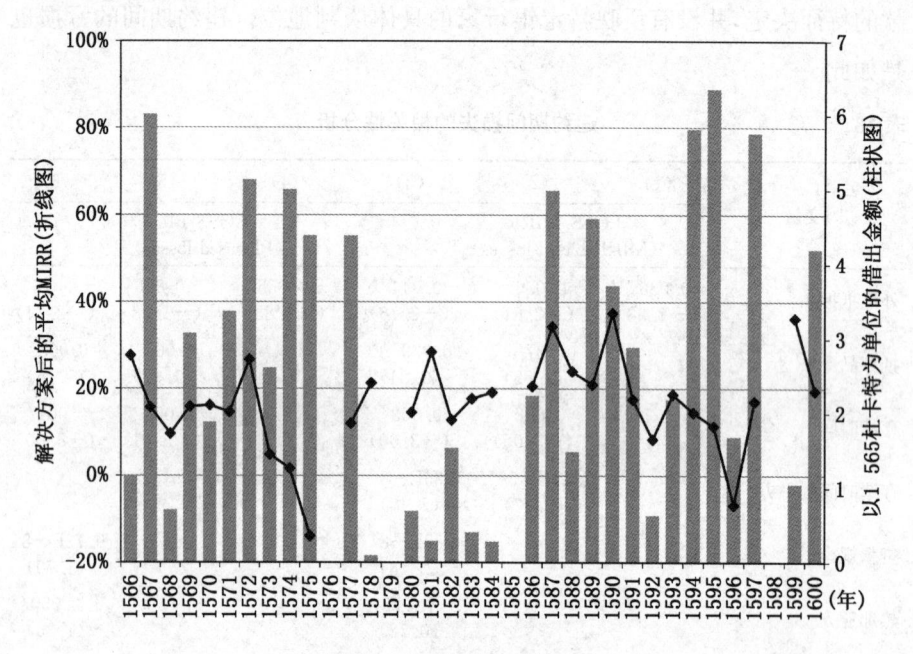

图 19 营利能力和贷款量

MIRR 波动幅度在 15% 到 30% 之间。例外情况为默认值。只有在 1573 年、1574 年、1575 年和 1596 年签署的合同未能达到债券（juros）的利率。MIRRs 与贷款量之间相关系数为 −0.16，可以说两者几乎没有任何关系。除了违约时期暂时下降之外，利率没有显示出现重大波动。

表 19 显示了在每次破产之前的年份签署的合同事前和事后 MIRRs 之间的平均差额。1575 年的违约比 1596 年更严重。因此，合同利率和实际利率之间的差距在 1575 年之前更高。许多长期合同的期限受到了影响；1575 年期限最高为 7 年，1596 年最高为 4 年。1575 年违约金额为 1 460 万杜卡特，平均估值折扣率为 38%。在 1596 年，国王停止偿还 700 万杜卡特的债务，并通过谈判将未偿还债权减少了 20%。这些数字反映了每个财政危机的严重性。在 1575 年，两个同时进行的战役，三个价值异常低的运宝船队，以及议会不愿意增加税收，导致现金流的严重不足。相比之下，1596 年税收已经大幅增加。流动性短缺主要还是由于新的军事活动引起的，而计算错误可能促成了形势危急的感觉。与任何贷款合同一样，当财政状况更为紧迫时，贷款人所遭受的损失更大。

表 19　　　　　　　　　平均合同 MIRR 和实际 MIRR 之间的差异

合同签订年份	1575 年违约	1596 年违约
违约年份	30.9%	24.7%
t-1	16.8%	9.4%
t-2	11.6%	1.4%
t-3	3.1%	1.2%
t-4	1.7%	0.0%
t-5	0.7%	0.0%
t-6	0.9%	0.0%
t-7	4.3%	0.0%

净收益率

在我们的基准情景中,银行家获得的平均事后总 MIRR 为 15.5%。为了得出净盈利,我们需要减去成本。不幸的是,我们在合同层面上看不到大部分成本。反过来,我们使用其一般范围的可用信息来估计对平均回报率的影响:这些成本不足以推翻贷款有利可图的结果。然而,他们可能会将一些明显过高的回报率降低到正常范围。

最重要的融资成本由长期债券利率来体现。接下来,我们需要考虑中介的成本。贷方依靠的是一个代理网络。使用该网络的成本反映在签发汇票的费用上。在 1566 年至 1575 年间,大多数合同都需要以现金支付,或通过特定市场上提供的汇票进行支付。当要求后者时,国王会被收取本金 0.5% 的额外费用。[①] 此外,大多数银行家没有用自己的资本冒险,而是作为中间人,将合约分解成小部分,并将其卖给个人投资者,通常这项服务的费用是 1%。

---

① 当要求向法院支付现金时,具体的措辞是"en esta corte en reales de contado"。因为银行家或他们的代理人在法院驻扎的地方居住并收取款项,所以这类交易的交易成本最低。当在卡斯提尔或国外的支付时,措辞是"en feria de[specific fair],en banco con cinco almillar",也就是说,以银行汇票的形式收取千分之五的附加费。

货币转换和运输黄金的需求也增加了成本。有外汇部分的合同通常规定,银行家将以"商人间的惯例"获得补偿。① 有时,国王要求由三四名独立银行家签署一份宣誓书,证明所产生的费用。其他费用要么在支付给银行家的所有其他款项之外得到补偿,要么直接由国王直接承担。因此,这些费用不会影响回报率。②

一些合同包括其他费用的详细补贴。马卢恩达兄弟的合同是一个很好的例子。国王同意向银行家支付总计 5 490 杜卡特,以承担可能产生的任何费用,且不要求他们说明具体费用。这笔金额是国王还款总额的 1.6%。我们不知道费用配额是否涵盖了实际成本,或者只是用作提高回报率的方法。在我们的现金流中,我们对待它们的方式与支付给银行家的任何其他款项相同。因此,它们的影响被纳入总利润中。他们通常占本金的 1% 至 2%。

最后,我们的回报率是名义上的。16 世纪下半叶见证了价格革命(又叫物价革命,Price Revolution),因为美洲白银的流入使价格水平普遍上涨。现有价格指数在年度频率上不够准确,阻碍了我们计算每个合约的实际回报率。周期平均值更可靠。1556—1600 年,价格年均涨幅为 1.7%(Drelichman,2005)。

我们现在可以计算出净回报率。起点是我们的基准估计值 15.5%,这已经考虑到破产的影响。我们减去 7.14% 的机会成本,最多 1.5% 的中介成本,最多 2% 的其他交易成本,1.7% 的通货膨胀率。在高成本的情况下,实际收益率为 3.16%。如果特定合同的中介或交易成本较低,净实际回报率可能高达 5%。在强调这些是粗略估计的同时,我们注意到,收益仍旧保持正值,符合我们总的结果,而且考虑到短期借贷的风险性质,它们是相对温和的值。③

筹集资金

本章中的所有计算都是以热那亚银行家直接放贷的方式呈现的,斯皮诺

---

① 标准措辞是,国王将向银行家支付"一笔钱,让他们知道自己是谁"。
② 只有当银行家在这些服务上系统性地向国王低收费时,我们的计算才会出问题。没有证据表明这一点。
③ 我们不知道银行家们在多大程度上出售了他们发放的贷款。如果他们以较低的利率出售贷款,他们的利润会更高。在缺乏可靠信息的情况下,我们尽量避免猜测。

第六章 连续的违约，连续的利益

拉或马卢恩达家族有效地向菲利普二世开出大额支票,然后等待偿还。实际上,银行家很少只用自己的资本提供贷款。相反,与现代银行一样,他们会利用各种渠道融资,包括活期存款和出售参与主权贷款的业务。以这种方式,他们可以提供比自己的资源所允许的大得多的贷款,而且在客户和股权合作伙伴之间分散风险的同时有效控制了他们自己的风险。这些安排也可能对银行家的回报率产生重要影响。

个人贷款的盈利能力可能与负责组织向西班牙国王放贷的大型多层次财团的国际银行家的收益有很大不同。最终投资者的回报可能再次不同：金融中介链将国王与欧洲各地的小型和大型投资者联系起来,并最终承担风险。有关这方面贷款的现有信息远比阿西托恩短期贷款本身的数据更为零碎。

在我们的开篇章节中,我们叙述了迪内格罗-皮切诺帝(Di Negro-Pichenotti)合作伙伴关系的故事,热那亚的小商人在1596年购买了由奥古斯丁·斯皮诺拉和尼古拉斯·迪内格罗转让的两个阿西托恩短期贷款的股份。我们来仔细观察他们的交易并展示向国王借贷的风险如何通过几层金融中介来分散承担。在状况良好的时候,大量的大大小小投资者都从阿西托恩短期贷款中收益。当付款被暂停时,许多组织通过多样化的投资组合来承担损失,确保大多数人不会受到风暴的影响。

1596年2月和7月,奥古斯丁和尼古拉斯共同提供了两个阿西托恩短期贷款。① 如上所述,斯皮诺拉家族是菲利普二世最大的贷款人,在此期间,仅他们的款就占短期借款总额的20%以上。尽管迪内格罗家族贷款规模较小,总计约77万杜卡特,但他们也是热那亚的主要商业家族之一。② 奥古斯丁和尼古拉斯在马德里永久居住,负责管理其家族与国王进行的财务业务。这种管理包括谈判新的贷款,安排在马德里承诺的付款,并签发必要的汇票以授权海外支付。他们还负责收取还款,这需要在皇室官僚机构中游刃有余,并在许多地方有值得信赖的代理人,这些地方有财务主管负责管理皇室的收入来源。

---

① 这些合约位于AGS,总会计,第92号文件。
② 我们报告了Spinola和De Negro家族实际支付的累计金额,而不是签合同的那些。例如,在我们本节审查的第二份合同中,Spinola和De Negro同意贷款100多万杜卡特,但在1596年停止付款之前只支付了12.7万杜卡特,从而提前终止了合同。我们在计算中使用了后一个数量。

最后，银行家必须获得必要的许可证，以便将收益汇回意大利的家族或其他任何需要的地方，并且必须确保金条被送到港口并安全运输。

第一个阿西托恩短期贷款于 1596 年 2 月 24 日达成。斯皮诺拉家族和迪内格罗家族最初同意在米兰提供 9 万意大利埃居(ecus)。一半的金额是立即付款的，由皇室官员出示兑换汇票时支付。另一半将在 4 月、5 月和 6 月分三次等额支付。此外，银行家还承诺在马德里分 6 次交付 112 500 杜卡特。前两次付款已于 1596 年 1 月 1 日和 2 月 1 日支付；其余四笔款项将每月支付一次。① 该合约对意大利埃居的估价为每意大利埃居兑换 404 马拉维(maravedies)，比其含金量(略低于 400 马拉维)高出 1%(约合 1.067 杜卡特)。因此，合同总额为 209 460 杜卡特。

国王承诺用 1597 年和 1598 年的三种恩典税收以及普通和特殊服务的收入偿还资本。② 合同规定，这些税收的收益将分六批付给银行家，从 1598 年 7 月开始，之后每 4 个月支付一次。利率是每月 1%，没有复利；每笔还款也包括该部分资本的应计利息。第一期还款还将包括额外的两个月的利息。作为额外的补偿，银行家们被允许用价值高达 485 杜卡特的债券(juros)交换他们的其他债券。因此，他们可以以低廉的价格购买不良债券，并在国库将它们换成债券(juros)，净利润可观。③

合同包括一些额外的规定。首先，允许银行家出口相当于本金的价值的黄金。虽然在卡斯提尔交付了 112 500 杜卡特，但银行家们将在国外筹措必要的资金，因此需要出口被偿还的金额以偿付自己的负债。银行家还获许向葡萄牙出口 6 万杜卡特。这些出口许可证很有价值，因为它们允许持有者在不同货币市场之间套利。银行家可以将其卖给其他商人。如果许可证还没有

---

① 付款和支付早于实际签署临时协议并不罕见。合同上注明了国王签署合同的日期。然而，银行家和王室官员可能早在几周或几个月前就达成了协议，而在文件正式签署时，一些承诺的现金流可能已经实现。

② 正如第三章所讨论的，这三种恩典是教会代表王室收集并转交给王室金库的三种收入来源(cruzada、subsidio 和 excusado)。人头税是由议会(cortes)批准的直接税。

③ 由于这笔交易将于 1596 年 3 月进行，银行家们将在 1596 年 11 月收取新债券(juros)的全部年利息，尽管他们只持有了 9 个月。这将使操作的现值从 485 杜卡特增加到 502 杜卡特。这笔交易的金额很小，这表明银行家们手中已经有一个价值 485 杜卡特的债券(juros)无法履行，并利用阿西托恩将其处理掉。

使用,国库有时会将其重新收回。

斯皮诺拉家族和迪内格罗家族也被赋予从其他收入来源收回他们的还款这样的选择权。特别是,特别是,他们被允许选择从1596年和1597年的船队收成中偿还。以这种方式,他们可以在几个月前开始收集资金,代价是没收第一期贷款中额外的2%。或者,银行家可以要求以债券(juros)的形式进行还款。这样可以让他们几乎立即收到付款,但费用较高。① 根据合同,银行家也可以选择永久性的债券(juros),但必须等到原来承诺的还款日期才能收到。如果由于某种原因原来收入的现金流断了,最后一个选择将是有价值的。最后,合同允许银行家使用一两个皇家桨帆船(royal galleys)将黄金运送到意大利。

表20显示了2月24日阿西托恩短期贷款商定的现金流。所有付款均在合同前6个月进行,除了从债券(juros)运营获得的小额利润外,直至1598年7月,即合同开始后的整整30个月,都没有承诺偿还。在列出现金流时,我们从银行家可以用的几个方案中概括出来,例如选择不同的还款流程或将部分信贷转换为债券(juros)。其中大部分都会对合同的盈利能力进行一些小的修改。变化的实际迹象和幅度取决于不可观测的条件。为了对回报率进行保守的估计,我们忽略了黄金出口许可证的价值。②

表20 关于1596年2月24日阿西托恩的现金流的协议

月份	支付	偿还	净现金流	描述
1596年1月	18 750		−18 750	马德里首次付款(预签署)
1596年2月	18 750		−18 750	第二次马德里付款(预签署)
1596年3月	66 688	502	−66 186	第三次马德里付款;米兰首次付款;债券(juros)运营的利润
1596年4月	34 729		−34 729	第四次马德里付款;第二笔米兰付款
1596年5月	34 729		−34 729	第五次马德里付款;第三笔米兰付款

① 出于会计目的,债券(juros)被视为永久的现金流。然而,终身债券在持有人去世时会停止支付,因此其现值低于永久债券。

② 这可能会产生许可证下60 000杜卡特中1%至2%的收益,因此可能会将合同的整体盈利能力提高到每年0.2%至0.4%的水平,具体取决于交易的时间和实际收益。由于实际回报率取决于西班牙和意大利货币市场的相对条件,而我们没有观察到这一点,因此我们避免在计算中包括这一额外利润。

续表

月份	支付	偿还	净现金流	描述
1596年6月	34 729		−34 729	第六次马德里付款；第四笔米兰付款
1598年7月		46 081	46 081	首次还款加利息（包括一次性支付两个月的额外利息）
1598年11月		46 779	46 779	第二次还款加利息
1599年3月		48 176	48 176	第三次还款加利息
1599年7月		49 572	49 572	第四次还款加利息
1599年11月		50 969	50 969	第五次还款加利息
1600年3月		52 365	52 365	第六次还款加利息

　　如果按原本签署的合同执行，银行家将实现每年10.4%的回报率。[①] 如果他们选择行使一些内置的选择，例如，要求从舰队中付款，而丧失额外的几个月的利息，那么回报率就会攀升到每年11.7%。1596年11月的破产令一度使银行家支付了整个本金，但还没有收到一笔还款。在时间方面，这是银行家可能会遇到的最糟糕的情况。1597年的和解给了银行家价值80%的未偿债务债券(juros)。承诺的利润蒸发了。考虑到债券(juros)本金和收益率的减少，在1600年3月的终止日进行评估，该操作导致每年损失1.08%。[②]

　　第二个阿西托恩短期贷款于1596年7月26日签署，这是一个更大的合同。斯皮诺拉和迪内格罗同意在佛兰德斯分14次交付100万埃居。前面13笔付款分别为6.5万埃居，第十四笔为15.5万埃居。这些支出将从1596年9月1日开始，并持续以月为频次还款。为了计算方便，佛莱芒的每个埃居价值为1.088杜卡特，虽然其黄金含量理论上仅相当于0.977杜卡特。因此，合约在交易操作中实际提供了10.5%的潜在利润，虽然实际利润将取决于佛莱芒埃居的市场价值。

---

　　① 我们使用MIRR计算阿西托恩的盈利能力，融资成本为5%，再投资率为7.14%。有关MIRR特性的详细讨论以及我们选择参数的理由，请参见Drelichman and Voth(2011b)。

　　② 由于MIRR包含了资金的机会成本，其价值取决于合同的终止日期。我们使用合同中最初规定的终止日期来计算重组中遭受的损失。原因是，银行家们预计在那之前他们的资金会被冻结，并会根据截止日期做出最初的投资决定。这也确保了预期回报率和实际回报率之间的可比性。

第六章 连续的违约，连续的利益

国王同意偿付总额为 1 088 267 杜卡特的本金，按协议转换率计算为 1 000 245 埃居。① 与 2 月份的合同一样，还款期间将连带利息分期付款。由于贷款的规模巨大，国王不得不用几项收入来偿还贷款。他答应银行家：

- 来自 1595 年的皇家直接和间接税的 75 133 杜卡特，应在 1596 年底之前支付。
- 塞维利亚市（Seville）所欠 75 133 杜卡特的税款，以及对应船队所带来的货物的贷款，应在 1596 年底前支付。
- 大主教唐·加斯帕尔·德·奎罗加（Don Gaspar de Quiroga）的货物收益对应的 75 000 杜卡特。②
- 预计在 1596 年 9 月至 11 月期间，从船队获得 466 667 杜卡特。
- 263 000 达克特，从 1598 年 7 月开始分三期支付，每 4 个月支付一次
- 133 333 杜卡特的支付方式与前一条款相同，但时间在 1599 年。

从 1596 年 7 月开始计算，每笔付款的年利率为 12%（单利，不复利）。分三期支付付款额外收一个月的利息，而服务费的付款额外增加了两个月的利息，另外还有两个月没有另外规定的"费用"。银行家被授予广泛的权力，可以从其他收入来源收回他们的钱款，但是他们最多只能将 10 万杜卡特的还款转换为债券（juros），并将 1596 年付款中的另外 10 万杜卡特转换为来自西印度群岛的白银。国王还为黄金的运输提供了帆船。表 21 显示了 7 月 26 日阿西托恩短期贷款商定现金流。

表 21　　　　关于 1596 年 7 月 26 日阿西托恩的现金流的协议

月份	支付	偿还	净现金流	描述
1596 年 9 月	63 488		−63 488	每月支付 65 000 埃居，价值 0.977 杜卡特的黄金含量
1596 年 10 月	63 488		−63 488	按月支出；

---

① 由于使用了特定的记账单位，额外的 245 个埃居是舍入误差。
② 基罗加·维拉（Quiroga y Vela）是西班牙教会等级制度中的杰出人物。他担任了两个最令人垂涎的职位——检察长和托莱多大主教。他享有巨额租金和财产，其中许多在 1594 年 11 月去世后归还给了王室。这份合同表明，王室并没有将这些资产完全转让给新的大主教，而是选择使用其中的一部分来履行其财务义务。

续表

月份	支付	偿还	净现金流	描述
1596年11月	63 488	485 333	421 845	按月支出；从舰队收入中偿还（第4条）加上四个月的利息
1596年12月	63 488	236 530	173 042	按月支出；第1条至第3条的还款加上五个月的利息
1597年1月	63 488		−63 488	按月支出；
1597年2月	63 488		−63 488	按月支出；
1597年3月	63 488		−63 488	按月支出；
1597年4月	63 488		−63 488	按月支出；
1597年5月	63 488		−63 488	按月支出；
1597年6月	63 488		−63 488	按月支出；
1597年7月	63 488	99 940	36 452	按月支出；第5条第一期付款加利息
1597年8月	63 488		−63 488	按月支出
1597年9月	63 488		−63 488	按月支出
1597年10月	151 395		−151 395	155 000埃居的最终支付
1597年11月		103 447	103 447	第5条第二期付款加利息
1598年3月		106 953	106 953	第5条第三期付款加利息
1598年7月		56 000	56 000	第6条第一期付款加利息
1598年11月		57 778	57 778	第6条第二期付款加利息
1599年3月		59 556	59 556	第6条第三期付款加利息

第二个阿西托恩短期贷款与2月24日签署的不同。很大一部分还款是在合同有效期的早期规定的，即1596年11月和12月。实际上，如果实现了这两笔还款，银行家们将直到1597年9月都会有现金盈余。银行家们只有两

第六章 连续的违约，连续的利益

个时间段会发现自己处于亏损状态：1596年9月至10月，以及1597年10月至1599年3月。实际上，可以认为这个合同有三个组成部分：

1. 1596年9—10月期间支付一笔相对小的贷款127 000杜卡特，并于11月偿还。

2. 向佛兰德斯的大量转账，国王在1596年11月和12月预付款（1597年7月又额外支付了一笔款项），银行家实际上是在1596年11月至1597年8月间执行了这笔转账。[①]

3. 1597年9月至10月期间贷款约215 000杜卡特。

将三个组成部分中的每一个组成部分的分开是不可能的，因为它们在合同本身中没有确定。尽管如此，由于银行家们在最后六次还款中果断地一并转为盈余，利润全部收回。合同中的选项只允许银行家切换还款的来源；由于它们不会影响时间或数量，因此它们不会影响回报率。如果合同按约定履行，年化回报率将为17.6%。

这份合同反映了一些其他贷款的情况，这些贷款在1596年11月至12月要求大量偿还。事实上，停止支付的时间很可能是由这一事实决定的。[②] 银行家在1596年11月停止付款之前设法收回了第一笔款项的一部分，并在1597年收回了剩余金额的80%。当在1599年3月的最后一天进行评估时，该运营导致了4.82%的年化损失。

像斯皮诺拉这样的家族经常签订价值数十万的杜卡特的阿西托恩短期贷款协议。即使他们有足够的资金在国王宣布停止支付时保持流动性，向单个借款人发放如此巨额的贷款也不是一个好的商业策略。例如，菲利普第一次和第二次破产时期，富格尔家族一方面陷入了西班牙王室的大量非流动债权中，另一方面又陷入了自己的小债权人的债务中。只有大规模的私人资金注入才能挽救他们的银行业务（Ehrenberg,1896）。在上一节中，我们计算了阿西托恩短期贷款整体上的超额收益。扣除资金机会成本和破产损失后，收益

---

① 本合同说明了合同双方如何承担风险。十个月来，银行家们的现金流一直是正的，因为他们逐渐将国王提前给他们的大笔资金转移到佛兰德斯。如果斯皮诺拉（Spinola）和德内格罗（De Negro）破产，国王就会赔钱。

② 1596年1月至10月期间，国王获得了310万杜卡特的净流入。在11月和12月，预计他将净流出150万杜卡特。11月底前宣布的停止支付冻结了这些付款。

可达 3.16%。虽然这样的回报与其他可用的金融工具甚至某些商业投资相比较为有利,但它也面临着贷款无法偿还的长期风险。国际银行家采取的解决办法是出售阿西托恩短期贷款以换取费用。这使得他们能够在几个投资者之间分散风险,同时微调自己的风险。分担风险是阿西托恩短期贷款系统的核心。多数大额合约在支付前能给银行家几个月的准备时间。这样他们就可以利用欧洲的支付交易会来获得所需的资金。在某些情况下,国王甚至向银行家提供了"流动资金",为他们提供了一笔可用于召集潜在投资者的资金。①

虽然在西曼卡斯城堡档案中保存的原始阿西托恩短期贷款合约中只确定了主要承销商,但可以在位于热那亚的银行家族的账簿中找到西班牙的阿西托恩短期贷款的股份记录。其中一个资料来源来自拉扎罗和贝内德托·皮切诺蒂兄弟(brothers Lazzaro and Benedetto Pichenotti)与吉奥·吉罗拉莫·迪内格罗(Gio Girolamo Di Negro)组成的伙伴关系,我们在本书开始时提到了。②皮切诺蒂属于一个知名的商人家族,从未直接向西班牙国王贷款。吉奥·吉罗拉莫是德内格罗家族的成员,尽管他的名字从未出现在合约中,但他实际上参与了阿西托恩短期贷款。③

皮切诺蒂—迪内格罗家族购买了上述两种类型的股票。它为 2 月 24 日签署的合约提供了 5 265 杜卡特和 4 500 埃居,为 7 月 26 日签署的合约提供了为 30 000 埃居。皮切诺蒂兄弟提供了半数的资金,德内格罗家族贡献了另一半。这个团体将在与西班牙银行家与国王规定的条件相同的条件下进行付款和收取还款。向西班牙银行家支付的中介费用为 1%。

暂停支付法令于 1596 年 11 月 29 日发布。此刻,斯皮诺拉家族及迪内格罗家族尚未收回 2 月 24 日合约的款项。尽管如此,由于 7 月 26 日合同中部分偿还了他们的份额,他们还是向热那亚银行组织转交了 12 200 杜卡特。这表明国王已经偿还了部分债务,尽管在 11 月底之前预计完全这笔钱。最有可

---

① 例如,1572 年 7 月 1 日,国王与巴勃罗·德·格里马尔多(Pablo de Grimaldo)签订了一份 80 万杜卡特的合同,将于 1573 年 10 月交付。商定的还款结构显示,国王将于 1573 年 7 月首次还款 12.5 万杜卡特,也就是银行家首次付款的三个月前。这种做法在大型合同中并不罕见,尤其是涉及国际转让的合同。

② ADG,第 193 号档案。更详细的研究请参阅 Felloni(1978)。

③ 当提到热那亚的银行家时,我们使用意大利语的名字拼写。

第六章 连续的违约,连续的利益

能的原因是,船队舰队必须比预期提前一个月到达,从而允许银行家在付款停止前从该来源收取 466 667 杜卡特。①

违约冻结了皮切诺蒂-迪内格罗家族参与的所有进一步现金流。随着 1597 年 11 月的和解,这一问题开始得到解决,银行债务被转换为债券(juros)。2/3 的债务以 7.14% 的债券偿还,这些债券大部分以票面价值交易。剩下的 1/3 是通过债券互换偿还,降低了银行家获得的或已经持有的债券(juros)的利率,并导致未偿担保人原始资本的 20% 的净损失。西班牙银行家收集了与结算相对应的债券,计算了与热那亚银行组织相对应的本金和利息份额,扣除了他们的费用、收款和运输费用,并使用他们从国王那里获得的相同资产组合将剩余部分转交给热那亚。这是我们前面提到的那些"相同的货币"(la misma moned)的规定。由于银行家在解决方案里收到债券,但要求他们以现金偿还债权人,这将造成严重的流动性问题。货币市场的安排允许国际贷款机构将债券转让给提供资金的较小投资者。无论投资者是否购买了阿西托恩短期贷款中的特定股票,还是只是在银行存款(Neri,1989),这一点都适用。

皮切诺蒂-迪内格罗家族的账目在 1600 年完成并关闭。届时,由于不再有任何未偿信贷,该组织共收到了 38 741 杜卡特的现金和不同性质的债券。这意味着损失了原始资本的 8.4%。② 然而,由于损失在几年内分摊,所以年化损失率大大降低。虽然我们没有观察热那亚风险投资的每一笔现金流的实际日期,但我们可以利用这一事实,即其投资的结构是模仿了西班牙的阿西托恩短期贷款,我们之前已经重建了现金流。加上 1% 的中介费后,皮切诺蒂-迪内格罗家族在 2 月 24 日的合约中获得了 -1.32% 的年化收益,在 7 月 26 日的合约中,总收益为 -5.19%。③ 因此他们的总体(加权)年化回报率为 -4.27%。

---

① 西曼卡斯档案馆的阿西托恩只允许我们观察所承诺的现金流,而不是实际的现金流量。因此,皮切诺蒂-迪内格罗档案馆的账本提供了一个难得的窗口,让我们了解合同签署后实际发生的事情。这个例子清楚地表明,与合同字面的偏差并不总是损害银行家的利益。船队的提早到达意味着他们提前收回了一部分债务,因此减轻了破产的影响。

② 在 Pichenotti-Di Negro 账簿中,欧洲货币单位的价值是按照国王和马德里银行家之间商定的汇率计算的,而不是按照其金属含量计算的。这表明,马德里的银行家们并没有通过外汇交易获得利润。

③ 为了获得保守的估计,我们假设中介费是预先支付的。

来自地狱的债主

任何风险分担制度的真正考验都来自糟糕的时期。破产期间的言论是苛刻的。银行家们向国王大声抱怨说,他对信誉的遵守是多么糟糕。例如,1575年12月22日,洛伦佐·斯皮诺拉写信给国王,认为自己受到暂停令的严重伤害,并强调他自己多年来提供的许多服务和好处。然后,他要求国王兑现承诺,因为"国王的话是法律"。当代商界评论员哀叹热那亚的寡妇和孤儿的困境。例如,威尼斯商人乔瓦尼·多梅尼科·佩里(Giovanni Domenico Peri,1672年)在描述1627年破产的影响时写道:"除了银行家的破产之外,还有其他几家为他们提供资金的金融家也退出了业务。在它们之间,许多富有的家庭被毁灭,许多寡妇和孤儿同时也沦为悲惨的穷人。"后来的学者认为,暂停法令是灾难性事件,周期性地使欧洲金融精英破产。这是斯皮诺拉家族—迪内格罗家族的合约所不能体现的。虽然破产造成了特定合同的短期损失,但这些损失被正常时期的高利润所抵消。这一结果适用于在马德里有代表并直接与国王交易的银行家族。破产对小的金融家产生更大影响。这是第二份档案文件可以提供更多信息的地方。

根据惯例,吉奥·吉罗拉莫·迪内格罗(Gio Girolamo Di Negro)像他的父亲一样,也保留了自己的总账簿。这些账簿详细列出了相关期间的所有资产、负债和利润或损失,涵盖1596年4月至1598年10月。这本账簿保存在多利亚的档案馆,让我们一窥1596年违约的影响。[1] 在这一时期结束时,即1598年10月,迪内格罗还没有收到参加的阿西托恩短期贷款的结算款项。[2] 他记录了和皮切诺蒂(Pichenotti)兄弟以价值7500热那亚里拉的资产和另外1116热那亚里拉投资于不同的阿西托恩短期贷款。[3] 最终的资产负债表显示,迪内格罗家族的总资产价值为96252热那亚里拉,他赚了6025热那亚里拉。由于这些资金是在30个月内赚取的,因此年利润是2.4%。用当时的标准看,迪内格罗家族的表现并不特别好。投资长期债券将使他净赚7%或更多,几乎没有风险(但也不太可能在短期内或不打折的情况下收回本金)。虽

---

[1] ADG,第192号档案。
[2] 这与该协会的书是一致的,该书记录了1600年的最终解决方案。
[3] 该合同被确定为"百万阿西托恩",这是1 000 000杜卡特或埃居合同的通用名称。由于在1596年暂停还款时,有四个不同的备用金用于支付这笔金额,因此无法确定Di Negro投资的确切备用金。

然吉奥·吉罗拉莫·迪内格罗没有报告其资产中含有债券(juros),但大多数商人都持有多元化的投资组合,其中包括以各种收入流支撑的西班牙债券。例如,他亲戚安布罗吉奥·迪内格罗(Ambrogio Di Negro)在1560年拥有债券(juros),债券(juros)以各种来源支付利息,包括在格兰纳达(Granada)征收的丝绸税、塞维利亚(Seville)的内部关税、卡莫纳(Carmona)的销售税、王室征收的羊毛税,以及国王从牧羊人行会获得的年度付款。①

总体而言,迪内格罗家族相对平庸的表现,一定是由商业冒险造成的,他投入了超过90%的资本。更重要的是,他没有因西班牙违约而陷入财务崩溃的危险。如果菲利普二世完全拒绝偿还债务,迪内格罗将损失不到9%的资产。在账簿所涵盖的时期内,这将转化为3.5%的年化超额损失。这一结果与我们对顶级银行的调查结果一致,并对整个系统的实力产生了有力的洞察。虽然菲利普二世的违约造成重大损失,但金融中介链中的任何环节在发生违约时都不会面临灾难性风险。

结　论

借款给西班牙国王有很好的商业意义;尽管阶段性违约和重组,但它的平均利润还是非常丰厚。根据我们的估计,菲利普统治后半期,一般的合同每年成本为20.3%,比长期债务回报率高出13.1%。损失约9个百分点的回报,比如利息收不到,以及拖延解决旧债务。借钱给菲利普二世的银行家们净回报率为11.6%,比长期债券的回报率高出4.4%。

分析不同家族银行贷款利润可以发现同样结论。在借给菲利普的六十个家族中,只有五个未能赚到可能的资本机会成本,而这些银行家提供的短期贷款在国王的贷款中占比微不足道。因此,很少银行家停止借款给西班牙国王就不足为奇了。虽然我们的数据不能考虑1566年之前贷款的盈利能力,但额外的信息不太可能推翻我们的结果。即使是富格尔家族,其哀叹也得到了埃伦伯格(1896年)的共鸣,他们对回报也没有失望到完全停止放贷。

---

① ADG,第342号档案。

来自地狱的债主

这些回报与其他时间或其他地方的贷款人相比如何？热那亚和德国的贷款人可以轻松地向其他借款人提供贷款。虽然很少人有像菲利普二世那样规模的资金需求，但对信贷的普遍需求并不低。在图 20 中，我们将菲利普二世的平均贷款利率与其他 16 世纪的利率进行了比较（Homer and Sylla，2005：119）。合同范围包括（法国、英国和葡萄牙）政府借款、富格尔等银行家借款、土地普查合同以及年金。我们不能假装这些在风险性、期限和流动性方面与对菲利普二世的贷款有可比性。但从我们的分析中可以看出，总回报率和净收益率总体上与其他地方提供的收益相当。[①]

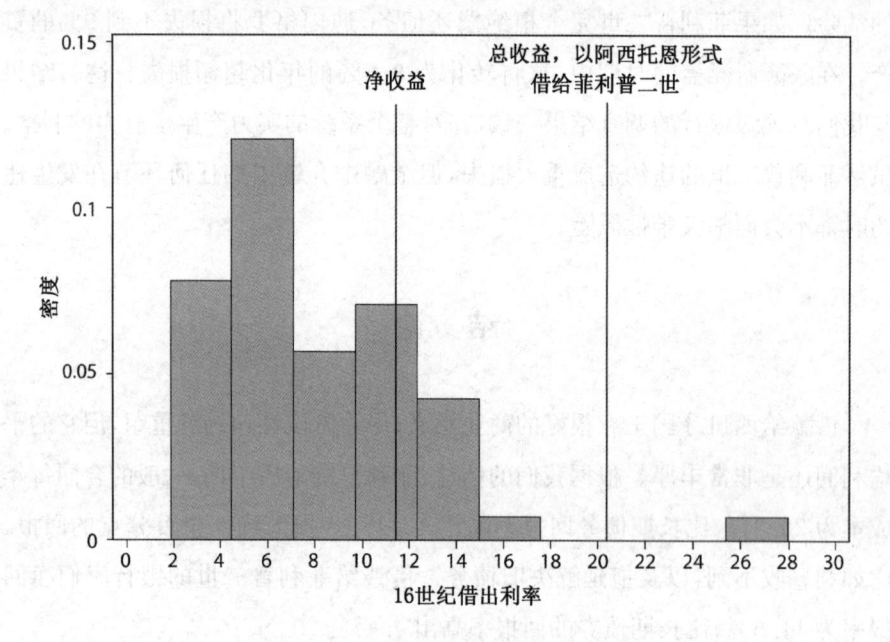

图 20 16 世纪贷款利率和利息收益

平均而言，过去 200 年的主权贷款有利可图，但不时会有遭受严重损失的时期（Eichengreen and Portes，1989b）。我们的研究结果表明，这在 16 世纪已经是事实。损失率（相对于事前的超额收益下降 65%）高于艾肯格林和波

[①] 为了进行同类比较，我们标绘利率不计任何减值、违约或重组的总回报率。由于大多数贷款可以说比向卡斯提尔国王贷款更安全，我们也给出了贷款给菲利普二世的净回报率。即使按照这种比较标准，与马德里的生意似乎也是一个有吸引力的选项。

茨调查的美元和英镑债券的损失率,它们的损失率为34%。① 同时,贷款人对菲利普二世的绝对超额回报是460基点,比林德特和莫顿(1989)发现的44个基点高。事实上,在林德特和莫顿以及费德里科·斯图辛格和杰罗明·泽特梅耶(2006:27)的近期研究的借款人之间,只有一个国家的超额收益率较高,并在短期内实现:巴西在1992年至2001年间支付了1 623个基点的溢价。长期以来,超额收益高于以前的事实表明高回报率不仅仅是对风险的补偿。市场力量是热那亚网络从严重依赖信贷的借款人获取有利条款和条件的技能,市场力量一定是我们故事的重要组成部分。

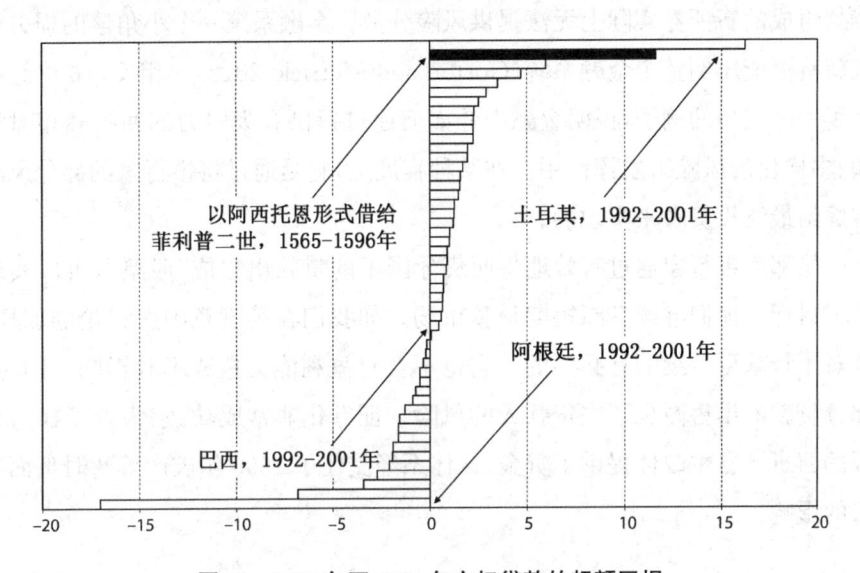

图21 1850年至2001年主权贷款的超额回报

热那亚贷款人的权力支撑是募集资金的一种非常有效的方式。贷款是通过主要银行家银团贷款进行的,通过向较小的投资者出售股份。我们观察在菲利普二世的第四次也是最终的违约期间,在1596年进行的两次投资,以了解最终投资者的实际损益。皮切诺蒂-迪内格罗家族合作购买了由奥古斯丁·斯皮诺拉(AgustínSpinola)和尼古拉·迪内格罗(NicolásDe Negro)担保的国王的两次短期贷款。他们受到止付的影响。我们仔细重构这两项投资的盈利

---

① 全面的比较必须考虑到卡斯提尔的债券(juros)在16世纪根本没有违约。

能力,并在投资者整体投资组合的背景下进行解释。

原承销商实现了完全的风险转移。他们从国王那里得到的贷款,各个合作伙伴各占一定比例。总体损失不大;对这些贷款的投资并没有占合伙人财富的很大一部分。突然支付停止对于投资者而言并不是一件小事情,但并没有发生多米诺骨牌效应:违约的浪潮导致一个又一个债权人眼看自己的资产大部分消失或变得无法流动。

值得注意的是,2000年后,热那亚重新包装和重组风险的体系比证券化运作得更好。正如2008年以来的金融危机所表明的那样,由重新打包的抵押贷款组成的新证券实际上无法提供风险分散。金融系统一个小角落的损失很快就有可能压倒整个金融系统(Gorton and Metrick,2012)。相反,16世纪产生了一个成功的例子,说明金融中介如何通过提供有吸引力的回报和相对温和、多样化的风险来发挥作用。在某种程度上,它是通过将银行家的部分风险转嫁给最终投资者来实现的。

热那亚银行家通过有效地将西班牙国王的贷款出售成"股票",可以实现双重目标。他们继续垄断短期贷款市场。如我们在第五章中所讨论的那样,这对于贷款可持续的是必要的。它也不会对盈利能力造成不利影响。同时,部分贷款的出售减少了主贷款人的风险。证券化非常成功:它为处于权力顶峰的西班牙君主政体提供了资金,该体系经受住了1596年破产等暂时负面冲击的影响。

第七章　与君主共担风险

在1591年10月初,加的斯附近的瞭望者可以看到西班牙运宝船队的风帆。从哈瓦那穿过大西洋之后,大帆船的最后一站旅程沿着瓜达尔基维尔河(Guadalquivir River)航行。他们进入塞维利亚城墙下的港口,卸下了他们守卫严密的货物:白银,这些白银是在现代的玻利维亚地区使用最新的化学工艺和强迫劳动开采的。在西班牙贸易署(Casa de la Contratación),进口商品价值被详细评估;1/5作为税款缴纳。

前一年,两艘富有的船队抵达西班牙,带来了价值250万杜卡特的货物(Morineau,1985)。一旦船队没有航行或带来的白银货物比预期的少时,王室收入也会降低;由于资金紧张,国王不得不从热那亚银行家那里获得更多的短期贷款。在某些年份,运来的白银比人们的预期多得多。例如,在1595年3月份抵达的舰队运回的货物超出西班牙贸易署的储存能力。多出来的部分不得不囤积在院子里(Deforneaux,1979)。没有人能准确地预测舰队的到达日期;只有承载美洲白银的船抵达目的地,其他人才能得知相应的消息。[①] 此外,在皮特·海恩(Piet Heyn)1628年的成功突袭之前,海盗从未捕获过整个西班牙的运宝船队。大帆船抵达的规模和时间的主要决定因素是夏季和秋季大西洋的天气。

1591年,托马斯·菲斯科(Tomás Fiesco)特别关切地等待着舰队到达的消息。这名热那亚银行家最终将升格为全体代理人的角色,他同意向菲

[①] 有时,更快的船(护卫舰或单桅帆船)将在主舰队前面航行,并告知塞维利亚当局舰队即将抵达(Perez-Mallaina,1998)。

利普二世提供30万埃居(约29.3万杜卡特)贷款。① 这些资金将交给佛兰德斯的军事指挥官帕尔马公爵。国王承诺以1591年载银船队的收益偿还大部分贷款。

通常情况下,西班牙载银船队在9月或10月抵达,如图22所示。合同规定,在舰队抵达后一个月,国王必须偿还贷款。如果他在30天内没有这样做,银行家可能会停止今后的所有付款。如果在10月前舰队未到达塞维利亚,国王有权延期付款,作为交换,银行家会追加每月1%的利息罚款。最后,银行家可以要求以长期债券(juros)的形式还款。

来源:Morineau(1985)。

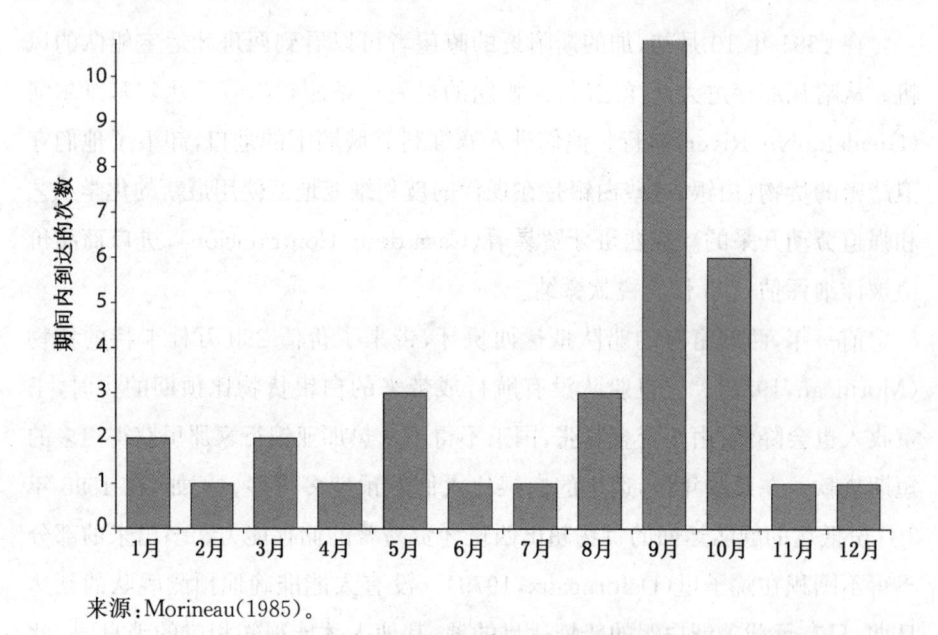

图22　载银船队到达频率,1587—1600年

在这一章中,我们将追问,加的斯载银船队的目标是什么;国王与菲斯科的合约有哪些具体内容。这些都能教会我们近代早期欧洲主权债务的历史,以及跨境借贷的性质。

---

① 他们一般负责筹集贷款以满足国王的融资需求,并经常自己提供部分贷款。

非约定性债务问题

菲利普二世及其银行家有效解决了当今困扰的债券市场的一个问题：如何将主权债务还款条件与借款人的财务状况联系起来，同时避免不正当的激励。我们首先总结这个问题的性质，以了解这个16世纪"金融工程"的壮举。然后展示合约结构如何运作，以及君主时代有关跨境贷款的内容。

发行无条件的主权债务可能会破坏稳定。它需要顺应周期性的财政政策，否则会加剧经济衰退（Eichengreen,2002）。在极端情况下，非条件性债务在不利时期不会得到偿还。违约后，国内生产总值通常下降，发生贸易逆差，银行体系不得不进行资本重组（Eaton and Fernandez,1995；Rose,2005）。经济学家和政策制定者都认为，债务发行和国内生产总值（或出口价格）挂钩可以降低破产风险，使消费平稳（Borensztein and Mauro,2004；Borensztein,2004；Kletzer Newbery and Wright,1992）。虽然国家相关的债务是有吸引力的，实际上已经发行的债券很少跟国内生产总值挂钩（Griffith-Jones and Sharma,2006）。① 大多数情况下，如阿根廷和希腊的与国内生产总值挂钩的债券，都发生在违约后。② 总的来说，人们对国债问题能否被克服持怀疑态度。

为什么一个16世纪的君主和他的金融家能在现代国家和投资银行都失败的领域取得成功？我们认为有两个关键因素。首先，国王对超前收入的需求特别大。以战争筹资为主的支出逐年波动；收入大体稳定。③ 跨期易货的需求（Kletzer and Wright,2000）非常强烈。在这种环境下，君主的主要风险是流动性不足。风险分担特别有价值，而且负面冲击很可能是暂时的。④ 其次，16世纪的财政环境产生了容易观察到的、可验证的变量，可反映国王的财政实力。例如，来自美洲的载银船队的到达和规模以及由第三方控制的单个

---

① 一些学者认为，所有主权债务都是事实上的偶然因素（Grossman and Van Huyck,1988）。
② 希腊通过"自愿"重组避免了彻底的违约。
③ 白银收入波动很大；我们在下文中介绍。
④ 在其他地方，我们已经证明菲利普二世著名的违约并不反映破产，而是由流动性危机引起的（Drelichman and Voth,2010）。

税收流量的收益率,都可以作为应付款项的参考。

坏消息被有效地转换为较低的付款义务或较晚的到期日期;借款人和贷方之间的风险分担起到作用。这种安排挽救了菲利普二世著名的违约事件。国王在长期统治期间暂停支付不少于四次,但格罗斯曼和范霍克(Grossman and Van Huyck,1988)认为违约情有可原。在应急贷款中,违约涉及比合同规定更大规模的冲击。还涉及难以写入合同的突发事件,主要是战争的爆发和后果。我们的数据显示,贷款定价在付款停止后没有发生不利的变化;贷款人没有更新对借款人菲利普二世贷款的类型。这一事实伴随着贷款合同中的应急条款的流行,为在跨境债务中强调隐性风险分担的主权贷款解释提供支持。

研究债务重组的学者们强调,这个过程可能是漫长而低效的(Benjamin and Wright,2009)。另一方面科夫里日尼科和森特什(Kovrijnykh and Szentes,2007)认为,借款和违约的循环可能是由于出借人有动机让借款人逃脱债务。帕特里克·博尔顿和奥利维耶·珍妮(Patrick Bolton and Olivier Jeanne,2009)认为,事后过分难以重组的合约可能是事前有效议价的结果。菲利普二世的违约得以重组的速度非常快,并且有适度的减免,这表明暂停支付更像是隐性的或有合约,而不是债务市场的全面崩溃。

给菲利普二世的应急条款

在本章中,我们使用了 393 份合约,我们能够观察每个条款和还款方案。[①] 其中 270 个至少有一个应急条款;很多包含好几个应急条款。国王和银行家共商定了 408 个不同的场景。我们首先总结了写入合约的应急类型,然后分析其经济影响。

应急条款类型

这些贷款包含各种各样的情景,允许国王和银行家偏离基本的付款时间

[①] 我们无法对其中 41 份合同这样做。主要是由于文件的实质性损坏。在少数情况下,这些条款过于模糊,无法准确估计现金流和回报率。

第七章　与君主共担风险

安排。可以区分为五大类。前两者与国王或银行家无法控制的事件有关：船队的到来和具体的税收流的表现。实际上还有两种类型是给国王或银行家的选择。在某些情况下，国王可以拖延付款，通常是为了换取一些罚款。在其他方面，银行家可以在贷款到期日之前要求以债券（juros）支付。我们把这些选项称为"国王的自由裁量权"和"银行家的自由裁量权"。最后，涉及抵押品的合约也有一个"执行"条款，其中规定了银行家在什么条件下可以扣押和出售抵押品。图 23 显示了每个合约的主要类型的应急条款情况，显示了简单的频率和本金加权分布。

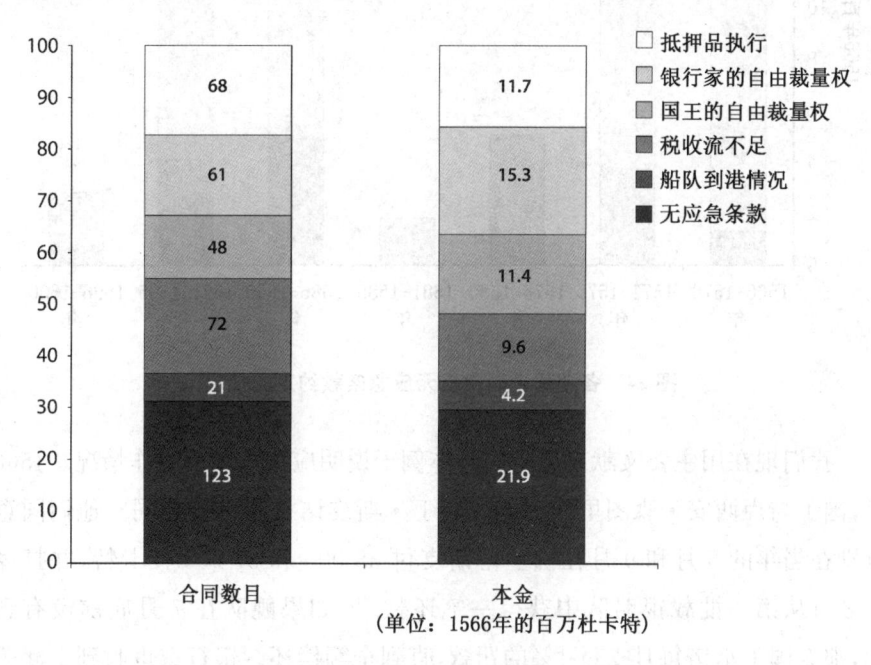

图 23　按合同数目和本金划分的涉及主要类型应急条款的合同分布

接近 1/3 的合约没有设定应急条款。这些应急条款约有 31% 涉及税收不足或者载银船队没有按时到达或运货量不够大导致的国王的收入不足。有超过 40% 的应急条款可以让国王或银行家酌情决定是否更改付款的时间或性质。其余条款赋予银行家在国王未能还款时扣押和出售抵押品的权利。

随着时间的推移，担保条款的使用并非一成不变。如图 24 所示，随着时间的推移，它波动很大。虽然在整个期间，应急条款的使用是一个主要特点，

来自地狱的债主

但在 1576—1585 年,应急条款被减少了。相比之下,1575 年和 1596 年的破产之前,应急条款的使用非常普遍。

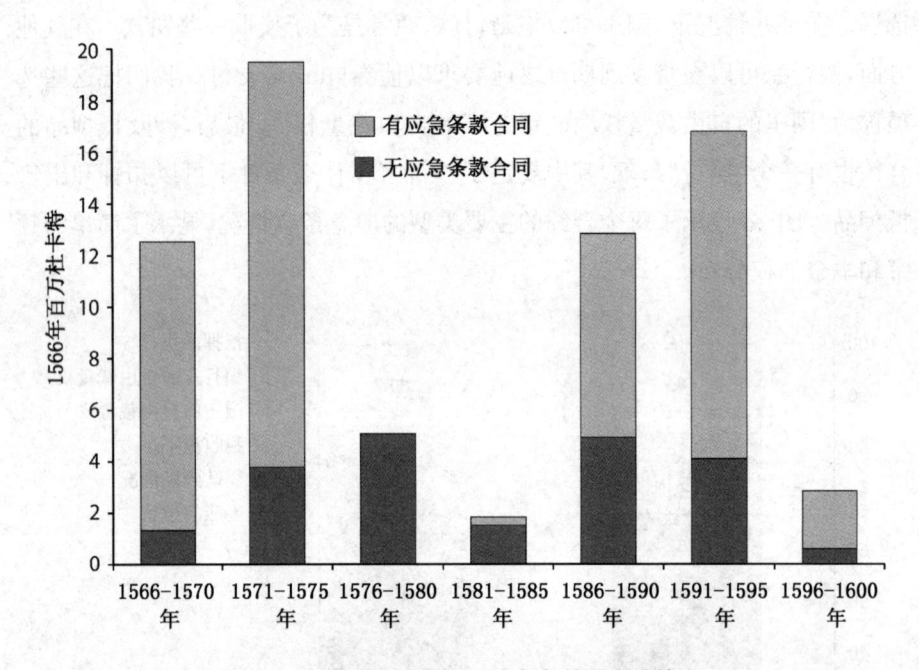

图 24　各期间合同中有无应急条款约定的情况

我们现在用主要文献来源中的具体例子说明应急条款的运作情况。1566 年,国王与卢西安·森图里翁和奥古斯丁·斯皮诺拉签订了合同。他们同意分别在当年的 5 月和 9 月在佛兰德斯支付 38 000 和 57 000 杜卡特,并打算在 8 月从第一批载银船队中获得一笔还款。① 如果舰队在 7 月底前没有到达,那么国王承诺每月支付 1% 的罚款,直到全额偿还。银行家也收到了涵盖合同全部价值的债券(juros),如果国王不履行义务,债券(juros)被允许出售。没有应急条款的原始合同年化 MIRR 为 24.1%,如果援引应急条款,则下降到 15.6%。因此,国王可以为来自高度波动的白银收入流的部分收入风险投保。同时,有债券(juros)作为抵押品,银行家的财务状况在很大程度上得到

---

① 这个阿西托恩合同还显示了贷款如何与转移相结合。银行家首先支付了 38 000 杜卡特,国王接下来偿还了 95 000 杜卡特的本金和利息,之后银行家才向法兰德斯支付最后 57 000 杜卡特。因此,后者的支付是转移而不是贷款,因为银行家已经收到了国王的钱。

第七章 与君主共担风险

了保障,避免了国王不支付的风险。①

另一个案例演示了可变税收收入是如何触发应急条款的。1581年10月,胡安·奥尔特加·德拉托雷(Juan Ortega de la Torre)借给国王60 000杜卡特。他将从第二次付款中的免责税(excusado)中得到偿还。② 德拉托雷并没有排在第一位,该合同规定,巴尔塔萨尔·卡塔尼奥(Baltasar Cattaneo)可以首先收回他的钱。重要的是,银行家必须亲自收款,国王为此向他提供了必要的文件。如果免责税的收入不足,银行家有权从对教会租金征收的小额税收收入(perlados y cabildos)中得到偿还。该类别的其他合同规定,如果某一年的税收收入不足,国王将支付罚款利息,直到他可以偿还下一年的税款。③

我们现在转向一个更复杂的阿西托恩短期贷款合约。我们已经介绍过贷款人——托马斯·菲斯科,在本章开头等待运银船队到来的热那亚银行家。他与王室的合约展示了在各种情况下如何利用多个应急条款为国王和银行家提供保险。1591年,菲斯科同意提供30万佛莱芒埃居。其中,20万佛莱芒埃居在佛兰德斯支付,其余的则在贝桑松(Besançon)的支付交易会上交付。国王在合约签约时预收了7.5万杜卡特,这意味着实际的贷款是218 000杜卡特(其余的只是资金的转移)。银行家也在4月份首次支付了61 500佛莱芒埃居。随后是9个月的等额付款,每月支付26 500佛莱芒埃居。

国王承诺从各种来源偿还贷款。其中一些还款并不是偶然的:在1591年11月和1592年5月从新的磨坊主税(millones excises)中支付84 700杜卡特;1592年10月和11月从十字军税(cruzada ecclesiastical tax)中支付另外60 000杜卡特;售出空置土地的12 000杜卡特;30 000杜卡特来自特供服务税(extraordinary service)。④ 最大单笔付款是90 100杜卡特,来自1591年

---

① 用债券(juros)抵押的更深层次的原因是卡斯蒂利亚的财政集权有限—国王有时可能不会直接向银行家支付,但塞维利亚市仍然会支付债券(juros)的持有人。因此,财政权力的分散促进了贷款的继续。支持将一种债务工具与另一种债务工具抵押的激励措施与Broner, Martin and Ventura(2010)中的相似。

② 如前所述,免责税是对教会收入征收的一种税,是1567年引入的所谓三种恩典税之一。

③ 这个例子还说明了在确定贷款安排时税收征收能力薄弱的重要性,国王有效地将已征税的征税权外包出去。

④ AGS, Contadurias Generales, Legajo 90.

预计在夏末或初秋抵达的载银船队收益。紧随其后的是一个船队应急条款：如果白银在 10 月没有抵达，每月将有 1‰ 的罚款，直到银行家从诸如补贴、消费税和普通和特供服务税等其他税收中得到偿还。即 3 月、7 月和 11 月，财政部每 4 个月从这些来源中支付一次。

即使船队准时到达，国王也可以单方面选择延期还款，直到 12 个月后贷款到期。这就是我们所称的国王的自由裁量权。这需要付出高昂的代价：如果援引了应急条款，银行家有权停止剩余的借款（总共 53 000 埃居），同时仍然有权收回之前所有应付的承诺还款。最后，从 1592 年 1 月起，银行家的自由裁量权条款包括，银行家有权要求可以用永久债券（juros）的方式索要最多 10 万杜卡特本金利息。这种应急措施使银行家可以收到安全债券，而不是承诺的现金支付。

表 22 显示了菲斯科合约在基准情景下的现金流，以及每个船队和国王的自由裁量权情况下的现金流。因为银行家的自由裁量权只影响付款工具，而不影响实际的时间或价值，所以我们没有以单独一列说明。

表 22　　　　　　　　　　菲斯科合约在三种情景下的现金流

	基准情景	船队到港情况	国王自由裁量权
1591 年 4 月	14 931	14 931	14 931
1591 年 5 月	−25 884	−25 884	−25 884
1591 年 6 月	−25 884	−25 884	−25 884
1591 年 7 月	−25 884	−25 884	−25 884
1591 年 8 月	−25 884	−25 884	−25 884
1591 年 9 月	−25 884	−25 884	−25 884
1591 年 10 月	−25 884	−25 884	−25 884
1591 年 11 月	124 283	34 183	34 183
1591 年 12 月	−25 884	−25 884	0
1592 年 1 月	−13 948	−13 948	0
1592 年 2 月	0	0	0
1592 年 3 月	0	31 535	0
1592 年 4 月	0	0	0
1592 年 5 月	54 767	54 767	54 767

续表

	基准情景	船队到港情况	国王自由裁量权
1592 年 6 月	0	0	0
1592 年 7 月	0	32 736	0
1592 年 8 月	0	0	0
1592 年 9 月	0	0	0
1592 年 10 月	30 033	30 033	30 033
1592 年 11 月	30 033	63 971	120 133
年化 MIRR	23.2%	24.0%	39.8%

注：以杜卡特为单位计算，1 杜卡特＝1.023 埃居。

基准估算方案能给银行家带来 23.2% 的回报率。虽然高于平均水平，但对一份包括向多个地点转运、种货币交付以及从许多不同税收来源获得还款的合约来说，这样的收益也算正常。在船队情况有变的情况下，国王在 1591 年 11 月没有支付理应支付的最大部分（约 90 100 杜卡特），并构成了 1592 年 3 月、7 月和 11 月的还款不足，需要每月多付 1% 的利息。这种情况下，合约收益率略有上升至 24%。

国王的自由裁量情况明显不同。国王还在 1591 年 11 月错过了 90 100 杜卡特的还款，导致银行家取消了 12 月和 1 月的支付。国王仍然有义务做出所有承诺的偿还，包括 1592 年 11 月到期的 90 100 杜卡特。银行家得到的报酬比承诺的要晚得多，但是由于他跳过了两笔总计超过 50 000 杜卡特的支出，所以他的回报率增加到 39.8%。

对比这两种突发事件是很有用的。截至 1591 年 11 月，现金流是相同的。错过的付款是完全一样的。然而，在一种情况下，原因是外部可验证的事件：船队尚未到达。银行家继续按期付款，而还款延期。合同成本略有上涨。在第二种情况下，船队已经到了。如果国王没有付钱，他的借口就会少很多。在这种情况下，合同的成本大幅上升。

船队的应急条款保证国王不受其他控制之外的因素的影响，例如加勒比海的恶劣天气和对白银开采的中断。由于这些因素在中期内是自我调整的，银行家不会收取较高的保险费。国王的自由裁量权是不同的。即使船队及时抵达,它也给予国王延长债务期限的选择权,而不必借入新的资金。国王现在受到保护,免受意外的流动性需求或金融危机的影响。由于这些情况会对国王的财务状况(或者是降低的使用可用资金偿还的意愿)施加压力,所以银行家要求提供巨额保费来交换保障。最后,银行家对意外事件的自由裁量权确保了贷款人免受国王支付能力低迷的影响。在合同的前8个月后,银行家几乎可以将所有剩余的所有债权交换为相对安全的相同现值的长期债券。

应急条款的经济影响

不同的应急条款的经济目的(和影响)是什么?在本节中,我们研究了应急条款对现金流的影响。作为影响国王和银行家利益的机制,我们也分析成本和期限的修改制度,以及对船队抵达的新信息的回应。应急条款提供了国王与其银行家之间充分的双向风险分担。应急条款的使用很有意思:它们揭示了一种偏好,即在事先处理事件,而不是事后重新谈判、协商。这意味着在国王和金融家眼中,频繁的重新签约并不是无成本的(Bulow and Rogoff,1989)。

应急条款究竟如何影响现金流?对于每个情况,我们将收益率与非现金流情景的收益率进行比较。具有偶然情景的贷款的基准回报率为 20.5%。总而言之,偶然事件不会大幅影响回报。在应急条款情况下,合同成本的中位数的平均变化接近零。① 图 25 中的 A 组绘制了成本变化的分布。虽然一些合约的成本每年上涨或下降了 20% 甚至更多,但大多数变化要小得多。大部分的观测结果涉及每年 5% 左右的变化。

偶然情景也影响了贷款的到期日(B组)。平均来看,贷款期限变化不大,增长了2个月,标准差为9个月。有121个情景允许更长的到期时间,国王平均需要额外偿还9.7个月。在18个案例中有提前终止的情况,原因是国王行使提前了还款条款,或者是由于错过付款,银行取消了未来的付款。在这些情况下,平均终止日期比最初的终止日期早了 17.6 个月。其余的269个案例没有影响到期日,因为它们打乱了中间还款,或因为指定了付款工具的互换。

---

① 相比之下,没有或有条款的贷款的中位数回报率为 19%。

第七章 与君主共担风险

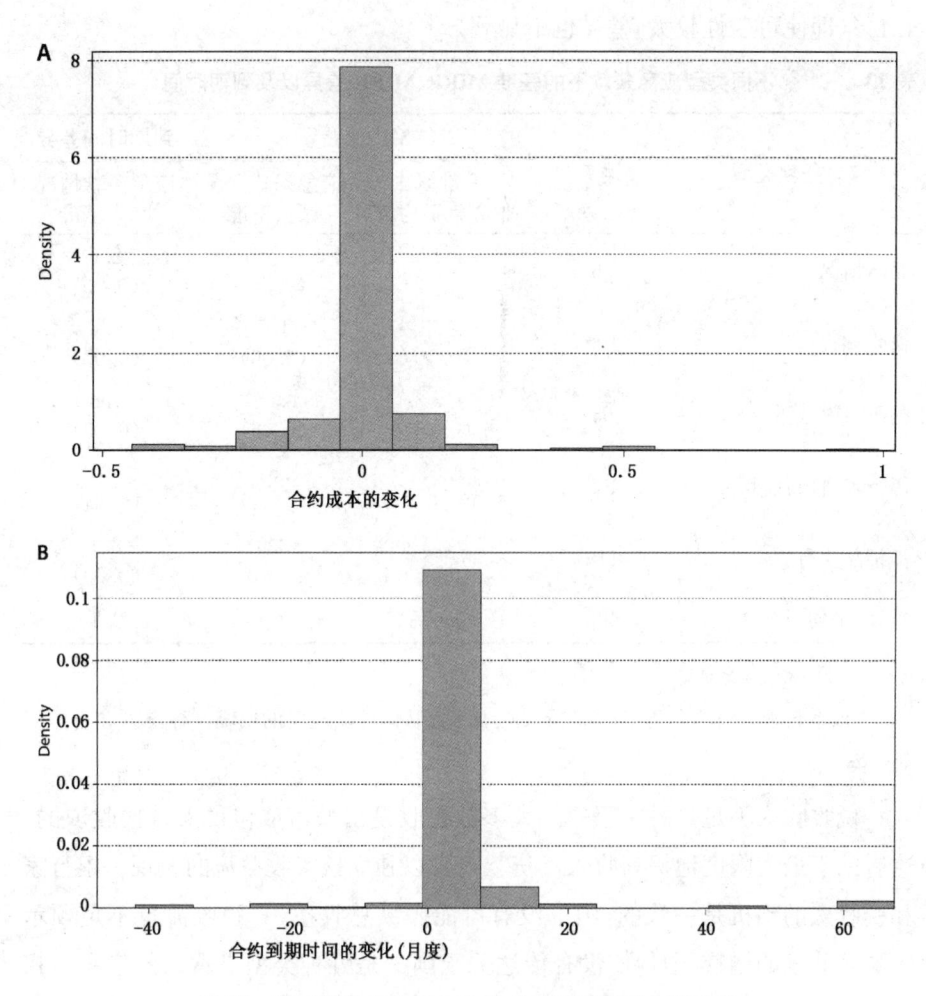

图 25 援引应急条款后合约的成本和到期时间的变化

表 23 总结了 MIRR 和贷款到期日的应急变化。这些修改反映了与每种应急类型相关的国王财政状况的变化。如果是与船队有关的事件，贷款的到期期限平均延长了 2.6 个月。成本只是少量增加。[①] 平均来说，银行家获得了一些补偿，反映出风险只略有上升。船队最终会到达，但延误并没有传达有关国王偿债能力的新信息。与此同时，银行家们在签订合约时，平均需要一些额外的补偿，这些合约中写入了船队的应急情况；平均而言，基准成本高出

---

① 增幅仅为 0.4%；与基线相比，成本差异在统计学上并不显著。

203

4.1%(即使可变性较大,差异也不显著)。

表 23　不同类型应急条款下的基准 MIRR、MIRR 差异以及到期时间

应急条款类型	频率	MIRR 差异 基准减去非应急平均值*	MIRR 差异 应急条款情况减去基准	到期时间差异 应急条款情况减去基准
船队情况	26	4.1% (0.72)	0.4% (0.75)	2.6 (0.00)
税收流程	100	−1.6% (0.10)	−1.7% (0.06)	4.6 (0.00)
国王自由裁量	63	4.3% (0.03)	4.1% (0.06)	1.6 (0.30)
银行家自由裁量	102	1.6% (0.08)	1.5% (0.04)	−0.2 (0.84)
抵押品执行	118	−2.1% (0.03)	−2.3% (0.01)	2.1 (0.00)
总计/平均	408	0.0%	−0.1%	2.1

注:括号内为 P 值。

*该系数来自对应急类型、外汇条款使用、期限和贷款规模的回归。标准差在合约级别聚类。

　　税收收入不足是另一回事。大多数税收是由城市或包税人直接收取的,这有助于最大限度地提高收入。贷款人可以独立核实收益流的表现。银行家和税收人的动机是一致的,国王没有可能操纵总收益。[1] 税收流量不足预示着财政前景的糟糕,但他们没有传达关于国王是哪种类型借款人的信息。相关的偶然情况给了国王额外 4.6 个月的还款时间,同时将回报率降低了 1.7 个百分点。与风险分担安排一致,财政收入的负面冲击导致借款成本下降。带有税收短缺条款的贷款协议的基准成本,比平均水平低 1.6 个百分点;银行家愿意提供这种"保险"而不收取任何额外费用。

　　国王的自由裁量权方案涉及无外部可验证触发因素的不付款。其次是现金流的重组。国王任意推迟付款无疑是一个坏消息,要么是因为新的紧急支出需求,要么是其他贷款优先偿还。不同于税流不足的情况,需要额外流动性

---

[1] 然而,国王可以操纵贷款人的付款顺序。因此,在涉及个别贷方在特定税收方面的收款优先权时,合同非常具体。

的原因是不确定的,也不能排除道德风险的存在。与原始合约相比,银行家的风险在增加。风险分担意味着这种额外的风险应该与对银行家的转移有关。平均 4.1% 的回报率大幅上升与此解释一致。在基准情景下,国王有延长选择权的合约成本也更高,平均为 4.3%。

银行家自由裁量权的影响更难评估,因为要考虑到流动性的问题。这些条款通常允许银行家以债券(juros)的形式收取部分或全部还款,而不是现金。应付金额通常不会减少,银行家被允许收取债券(juros)的整个当期利益。这就是回报率上升了 1.5% 的原因。在实践中,这种会计利润可能没有转化为实际的现金流优势。① 银行家不得不在二级市场上出售债券(juros),这是一项成本很高的操作,可能会抵消 1.5% 的收益。如果他们选择保留债券,他们将不得不等待并监督收取债券的付款。合理的猜测是,银行家的自由裁量条款允许贷款人将其还款转为更安全的资产,而不对其现金流产生实质性影响。当银行家有理由担心未来的非常收益时,通常会要求加入这些条款。② 无论何时,只要阿西托恩短期贷款合约包含银行家的自由裁量权的条款,对国王来说,他的融资成本平均比最初的价格要高出 1.6%。

最后一个应急条款类型是附带抵押品执行条款,这是由国王未能支付最后的还款引发的。由于事件是在合同条款中预先定义的,因此不被视为违约。当它被行使时,合同成本下降。有时,合约规定银行家在出售抵押品债券(juros)前必须等待,因此增加了平均两个月的期限,这降低了盈利能力。银行家也有损失,因为抵押品并不总是足以支付最后一笔还款。当银行家和国王的代表签订了附带抵押品执行条款的合约时,成本平均下降了 2.1 个百分点。这反映了持有抵押贷款的额外安全性。

我们的研究结果显示,国王主要关注流动性短缺的风险;借款成本相对来说不那么重要。大多数短期贷款合同都设想了推迟付款或更换付款方式的选择。根据应急条款类型的不同回报差异很大,这表明,这些选择允许有效的风

---

① 十年的利息每年支付两次。如果银行家在 10 月收到债券(juros),他将被允许收取整个 12 月的利息,而不是与他持有债券的三个月相对应的部分。与 12 月份的现金支付相比,这增加了合约的盈利能力。

② 国王贷款期限与银行家的贷款期限有所不同。国王现在只能通过放弃税收来偿还,这意味着收回贷款的速度缓慢。

险分担安排。国王无需找到新的资金来赎回到期的债务,而是有权通过拖延付款或交换短期债务来延长其借款的到期期限。同时,银行家减少了国王改变支出优先事项所带来的风险。代价最高的可能事件会结合较高的基准成本和应急成本的费用,并由国王决定是否触发。这种情况下,银行家能收到额外的8.4%的利息。换句话说,当王室以船队晚到或者税收不足这样的"正当理由"推迟付款时,借款成本的增加大于平均水平。银行家们意识到,这种情况意味着国王的财政状况不好的消息,因此要求得到相应的补偿。

我们现在仔细研究应急条款对贷款期限的影响。在表24中,我们将贷款到期时间的变化(以月为单位),以及其原始到期时间以及一系列的控制变量进行了回归。

表24　　　　　　　　　　应急条款对贷款期限的影响

	到期时间增加
常数	−1.97 (−2.31)**
船队情况	2.14 (2.19)**
税收流不足	4.07 (6.19)***
国王的自由裁量	0.44 (0.28)
银行家的自由裁量	−1.03 (−0.97)
抵押品执行	1.19 (2.02)**
本金(真实)	−1.13 (−0.96)
持续时间	0.07 (1.72)*
外汇	1.58 (1.88)*
R^2	0.09
N	531

注:以合约类型聚类标准差。t统计量在括号里。
显著性:* 0.1,** 0.05,*** 0.001。

第七章　与君主共担风险

在援引应急条款的情况下,更长的期限与到期延期没有强烈关联;该系数显著但很小。当援引应急条款时,有外汇成分的合约通常提供超过一个半月的延期。船队出现意外情况到期日平均延长两个月,大致相当于寻找替代还款来源所需的时间。税收流短缺平均延期 4 个月或更长时间。抵押品执行条款只延期 1 个月。国王和银行家的自由裁量条款主要是在贷款到期前重新安排付款,因此,与到期日的变化没有显著关联。

每种特殊类型的应急条款何时使用? 在图 26 中,我们以五年间隔来研究应急条款的演变。一开始,在 1575 年破产之前的几年中,超过一半的条款与抵押品执行有关。与此同时,近 25% 的情况涉及王室收入减少的冲击,例如船队到达延迟和税收不足。1575 年违约事件之后,抵押品执行条款消失了。此后直到到 1585 年,为入侵英国做准备工作导致了新一轮的阿西托恩短期贷款合约签订。在样本的最后 15 年中,银行家的自由裁量权条款成为最主要的类别,其次是收入短缺条款。

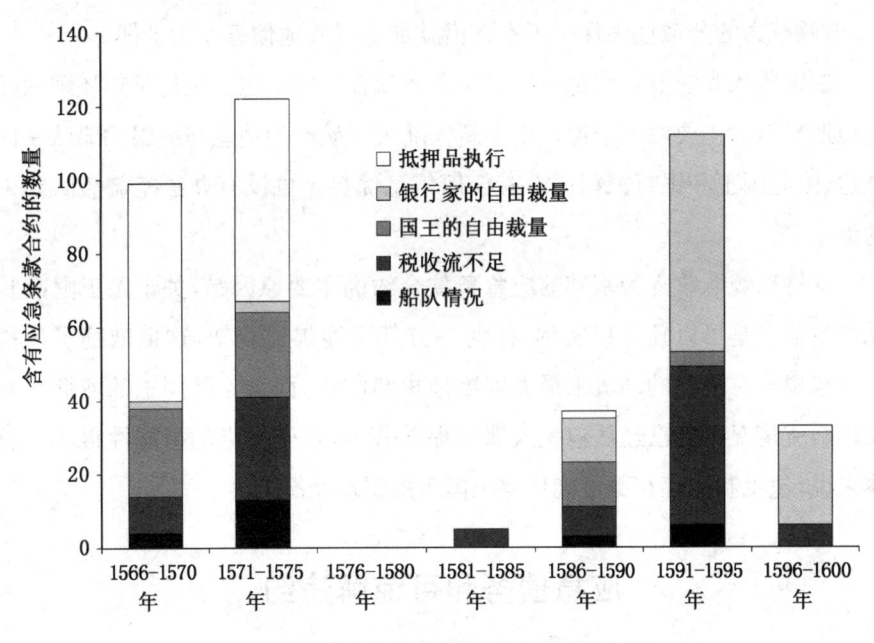

图 26　以类型和期限区分的应急条款数量

使用应急条款的贷款不受 1575 年违约的影响;他们的份额在前后大致不

207

变。① 然而,他们的构成发生了重大变化。1575年以前,大多数或有合同都有抵押条款。在1575年的破产期间,王室宣布阿西托恩短期贷款是非法的,因此抵押债券的付款被暂停。银行家们也被禁止在二级市场上出售抵押品。在1577年的和解方案中债券(juros)被恢复。然而,此后很少有银行家对抵押品执行条款感兴趣。他们转而使用银行家的自由裁量权条款,该条款允许在合同到期之前随意获得和卖出债券(juros)。银行家的自由裁量权条款也被定价,以抵消收集和转让债券(juros)的成本。实质上,银行家学会了如何更好地保护自己。如果之前他们不得不等待国王错过付款,转而使用安全资产,那么现在只要有一丝麻烦,他们就可以这样做了。

为什么这些合约条款的拟定符合银行家和国王的利益?我们强调三个关键事实。首先,由于原始的通信手段以及在紧急、突然的支出需求和可变收入的情况下进行跨期交易,存在信息不对称的问题。第二,贷款定价和期限对利息成本的影响表明,王室主要应对的是流动性问题,而不是偿付能力问题。第三,财政权力的分散性确保了王室的借款能够以其他债务作为抵押。

白银收入和农业税收都促成了应急条款合约的拟定。银税是偿还阿西托恩短期贷款的主要收入来源。由于新大陆关于矿产的消息与载银的船队一同抵达,因此国王和银行家相比没有任何信息优势。也没有办法掩盖船队到来的消息。

支持以舰队收入为基础的应急条款合约的主要原因是,关于国王财政状况的新信息是可以独立核实的,任何一方都不能提前获知,这也鼓励了包税制。包税人有强烈的动机来最大限度地提高收入,而且不受国王的雇佣。相关现金流情况可能已经从包税人那里提前获得,且受操纵的可能性很小。总体来说,包税制的存在更可能反映出国王的财政状况。

应急债务和可谅解违约

我们分析了许多向菲利普二世贷款的条款性质,基本了解了主权贷款和

---

① 例外是1576—1580年期间,当时大部分贷款来自1577年的和解方案。

违约的性质。有许多不同国家的国王与银行家签订借款合约；他们找到了一种分担风险的有效方法。尽管如此，一些意外情况不能写入贷款契约。[①] 在这些条件下的违约是一种风险分担形式，但与贷款文件中预见的意外情况没有根本区别；它只是将现有的共享安排扩展到不同的情况。我们认为，菲利普二世的违约是可以原谅的(Grossman and Van Huyck, 1988)。[②] 虽然发生了违约行为，但双方都预料到了这些行为，最终并没有违背贷款人的最初期望。为了支持这个论点，我们需要证明，违约是在外部的、独立的可以核查的负面冲击下发生的，而实际违约后贷款条件没有显著的负面变化。[③]

据说，在纽约或伦敦发行的现代主权债券，如果借款人错过了一笔约定的付款，就会违约。16世纪的债务市场上没有这样的定义。当时银行家和王室都不能坚定地承诺偿还债务或接受存款。实际结果可能介于完全合规和违约之间。具体有五种可能性：完全遵守原始合同中详细规定的基准方案；使用一个或多个应急条款；违反一个或多个条款，然后进行债务重组；完全暂停向所有债权人支付款项，然后进行全面和解；彻底否认债务。

我们认为，由于已经考虑到世界上有各种不可控的意外状况，双方都知道根据原始协议的还款并不总是可行的。同时，应急情况被写入贷款文件的事实表明，国王对不违反明确的贷款条款相当重视。如果违约是可以谅解的，贷款人的财务结果应反映借款人的财务状况。至关重要的是，结果的差异应该由外部冲击驱动，即借款人无法控制的事件。国王应该在正常时期严格履行他的义务。我们大量文件说明，当发生一些轻微的冲击时，他会援引合同中的一些紧急条款。更大的冲击事件将会使他违反其中的一些条款，事后才对贷款人进行补偿。全面的暂停还款反映了更大的负面冲击，在这个意义上，是由无法提前签约的事件推动的。最后，为了使得违约可以被原谅，王室是不会完全拒付的，除非有一个非常大的负面冲击，王室出现再也拿不出任何付款的情况。这是论证中最简单的部分；我们的数据库中没有一个彻底拒绝付款的案例。

[①] 军事失败引发的冲击就是一个明显的例子。例如，王室很难就舰队沉没的可能性签订合同。

[②] 严格地说，在第五章中我们推测默认是可以原谅的；在这里，我们实际上是在仔细阅读贷款和财政状况的基础上进行辩论。

[③] 如果实际贷款条件发生变化，这些也可以通过贝叶斯更新(例如，西班牙海军的实力)进行合理化。从这个意义上说，证明利率没有变化需要我们假设的"加强"版本。

来自地狱的债主

我们首先证明了，菲利普二世的支付停止发生在面临外部的冲击而且经济状况糟糕时。这种情有可原的违约也意味着没有超出贷款人的预期。这些是无法直接观察到的；因此，我们分析了1575年违约后贷款定价如何变化。

经济状况不良下的违约

赫歇尔·格罗斯曼和约翰·范·怀克的解释是正确的，世界状况不好的时候不得不发生违约。菲利普二世的情况也确实如此。在1575年和1596年，西班牙国王的财政受到双重冲击，军费开支激增，新世界的收入呈下降趋势。

在图27中，我们展示了1566—1596年的军费开支。每年，军队和船队的支出差异很大。三个峰值清晰可见：1572—1575年、1587—1588年和1596年。这些反映了荷兰起义、无敌舰队以及与英国的战争升级。在其中两起中，国王违约。这些冲击的外部性各不相同。荷兰起义已经酝酿了数年，对其的回应是慎重的政策选择。然而，它升级成为一场全面、代价高昂的独立战争，已经超出了西班牙统治者的想象（经欧洲观察家们验证的）。选择撤退是不现实的，因为这关系到国王对重要创收领土的控制。[1]

无敌舰队是一个慎重的选择，计划了多年也有一直有预算安排。它的失败始终是一种可能性，根据可原谅违约文献的预测，它并没有导致付款停止。1596年的英西战争升级是由英国挑起的，它需要西班牙投入大量的军事行动。支出冲击也很大。1574年，军费开支占所有支出的93%（不包括偿债成本）；超过王室收入25%。1588年，开支也超过收入16%（而在1596年仍低于总收入）。[2] 图28显示了菲利普二世统治期间最后三十年里的年度收入和HP过滤后的趋势。

收入波动并不像军费开支那样大。国王只有在收入显著下降，而且支出同时呈上升趋势的年份才会违约。这种支出和收入的冲击在16世纪70年代中期连续数年。如图28所示，也有很多年收入大大降低，而国王没有违约。这并不违背我们的观点：即国王的违约是情有可原的，因为违约发生在国际局势不好的时候。不过国王不必每次状况糟糕就违约；只要在好的时期国王从

---

[1] 有关菲利普军事战略的详细分析，请参阅Parker(1998)。
[2] 所有数据均来自Drelichman and Voth(2010)的第4章和附录中的分析。

第七章 与君主共担风险

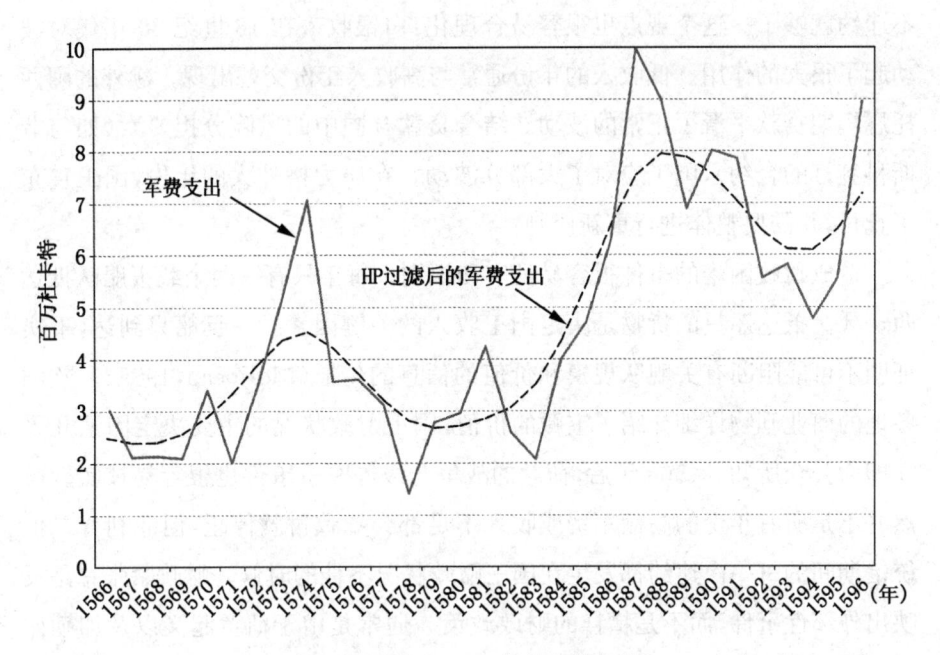

图27 1566—1596年的军费开支

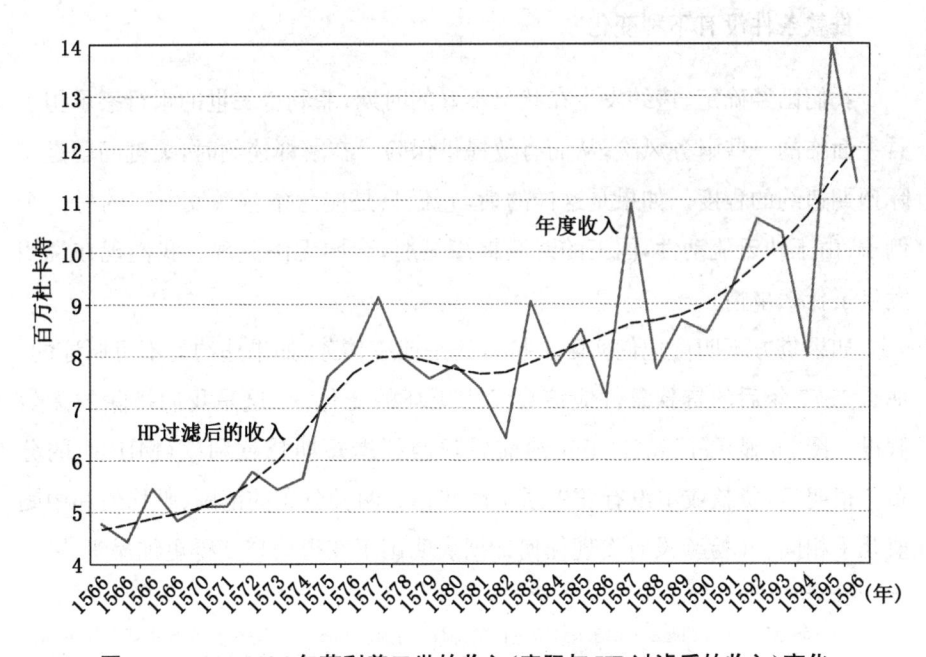

图28 1566—1596年菲利普二世的收入（实际与HP过滤后的收入）变化

211

不违约就够了。这个观点也很容易合理化：白银收入在 16 世纪 80 年代对波动起了很大的作用。低收入的年份通常与高收入年份交替出现。额外的阿西托恩短期贷款平滑了正常的波动。结合贷款合同中的风险分担要素（如与菲斯科签订的合约），国王应对了大部分波动。在压力格外大的年份，国王宣布了止付，并需要整体进行重新谈判。

造成财政困难的事件很容易证实和识别。每年只有一两个载银船队抵达西班牙。抵达船只的货物是决定国王收入的关键因素。一旦船只到达，事实证明不可能阻断有关舰队规模和价值的信息的传播（Morineau，1985）。欧洲各地的商业刊物详细介绍了宝藏的价值；国王财政状况的主要决定因素几乎立即为公众所知。1568 年后，荷兰的战争升级等军事事件也很容易核实。虽然并不是所有年份的高额军费或收入不足都会导致付款停止，但菲利普二世统治期间的每一次违约都发生在国王财政状况不佳的时候。财政紧张总是反映出外部性事件，而不是糟糕的财政政策。通常是由于荷兰起义以及加勒比海的风暴造成的。

贷款条件没有不利变化

我们已经确定，违约发生在状况不好的时期，菲利普二世的银行家承担了君主面临的一些财务风险，从而有效提供保险。在解释违约时，关键问题是实际预期违约的程度。如果是这样的话，它们只是应急条款触发索赔的另一个例子；由于缺乏流动性，国王的财政捉襟见肘，合同无法兑现。我们现在说明发生了什么事情。

如果贷方不明白他们实际上持有的是或有债务，如果违约是不可原谅的，那么 1575 年后的贷款条件应该会发生更坏的变化。[①] 这是我们排除的无效假设。图 29 显示了 1575 年违约前后阿西托恩短期贷款利率（MIRR）的分布。很明显，贷款成本没有发生系统性变化。两种分布的范围、平均值和中间值几乎相同。t 检验没有发现任何证据表明国王获得信贷变得更加昂贵。[②]

---

① 正如 Alfaro and Kanczuk（2005）所论证的那样，违约后利率上升是对在或有贷款背景下违反原始贷款合同的借款人的惩罚。

② 我们得到 0.68 的值（p 值 0.49）。

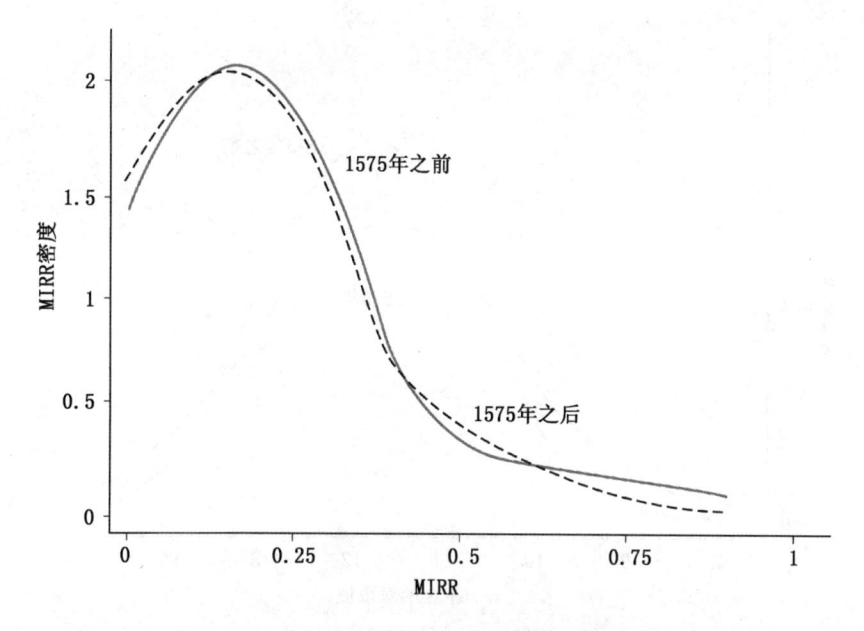

图 29　1575 年前后阿西托恩短期贷款的收益率变化

或者,即使成本保持不变,贷款的数量也可能下降。事实是贷款本金并没有下降。在图 30 中,我们绘制了 1575 年前后贷款金额的对数值。平均值从 11.86 下降到 11.83(p 值为 0.78)。虽然贷款分布不一样,但没有证据表明贷款规模系统性较小。[①]

接下来我们更正式地考察借款的成本。在表 25 的第一栏中,我们将借出的本金、外汇条款和期限的回报率以及 1575 年以后的借款虚拟数进行了回归。[②] 我们发现,平均而言,较长期限的贷款费用较低,这一结果与承销阿西托恩短期贷款的固定成本和国王可进行长期借款的相对较便宜的替代方案相一致。贷款的规模并不是其成本的重要决定因素。外汇交易使借贷成本平均提高了 6% 以上,这既是海外经营成本的结果,也是利用外汇交易规避高利贷法律的结果。1575 年违约后,贷款平均成本便宜了 5%。如果用银行家固定效应来估计(第 2 列),我们发现 1575 年后的虚拟变量失去了意义。这意味着

---

① t 检验的值为 0.48(p 值为 0.63)。
② 这些回归的数据在 1596 年结束,因为在该日期之后没有可用的财政指标。因此,我们无法探索 1596 年破产的影响。

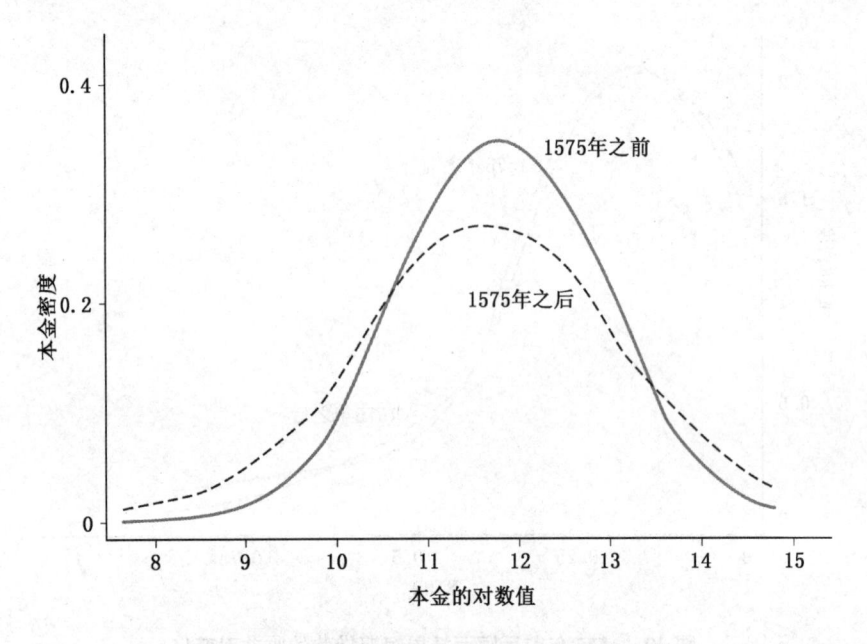

图30 1575年前后阿西托恩短期贷款金额变化

同一批银行家以与以前相同的利率放贷,但愿意只提供"昂贵"信贷的银行家数量现在所起的作用较小。如果我们使用OLS的回归方法进行稳健性检验,1575年后的虚拟变量系数的大小和意义变得很显著(第3栏)。迄今为止的结果表明,违约并未导致银行家们突然更新对菲利普二世贷款风险的看法,他们没有开始收取更多的费用来弥补察觉到的更高的风险。如果有的话,在破产案问题解决后,借贷成本大幅下降。

在第(4)和(5)列中,我们对1575年前后两个时期进行了基本回归。在这两个时期,贷款期限越长,融资成本越低。在1575年之前,合同期限每延长一年(大约一个标准差),借款成本下降2.4%;此后,预测的下降幅度为4%。这两个系数在统计上是不同的(β系数-0.015;t统计量为-3.05)。第5列也显示了一个显著的系数。这与1575年之前的结果形成对照。同时,如果我们将1575年后的虚拟变量与提供的本金规模进行交互,我们没有发现贷款定价随贷款量而发生统计上的显著变化。总体而言,1575年后贷款定价的唯一重大变化有利于王室。

表 25　借款成本的相关因素（因变量：MIRR）

	(1) OLS	(2) OLS	(3) Robust regression	(4) OLS	(5) OLS	(6) OLS	(7) OLS
	All years	All years	All years	<1576	<1575	All years	All years
持续时间	−0.0025***	−0.0027***	−0.0006***	−0.0023***	−0.0035***	−0.0025***	−0.0025***
	(−6.65)	(−6.03)	(−3.27)	(−3.93)	(−4.39)	(−6.35)	(−4.10)
外汇条款	0.066***	0.048**	0.024***	0.029	0.071**	0.059**	0.040
	(3.82)	(2.35)	(2.63)	(0.99)	(2.34)	(2.40)	(1.05)
本金	0.035	0.065	0.026	−0.145	0.150**	0.372	0.048
	(1.05)	(1.58)	(1.44)	(−1.56)	(2.69)	(1.30)	(1.20)
1575年之后的虚拟数	−0.050***	−0.089	−0.066***			−0.051***	−0.067*
	(−3.01)	(−1.62)	(−2.69)			(−3.08)	(−1.82)
债务收入比率						0.010**	0.008
						(2.21)	(1.09)
财政平衡						0.001	−0.001
						(0.26)	(−0.21)
常数	0.264***	0.461***	0.212***	0.403***	0.359***	0.206***	0.206***
	(14.45)	(4.30)	(4.42)	(4.65)	(3.98)	(5.18)	(4.06)
银行家固定效应	No	Yes	Yes	Yes	Yes	No	Yes
N	393	393	383	181	212	381	381
Prob<F	0.000	0.000	0.000	0.010	0.012	0.000	0.001
Adj. R^2	0.137	0.130		0.133	0.146	0.149	0.15

注：在第(6)和(7)列中，标准差在年水平上聚类。t 统计量在括号中。
显著性：* 0.1，** 0.05，*** 0.001。

在第(6)和(7)列中,我们加上两个财务指标作为解释变量:债务收益率和财政平衡。① 在第(6)列中,债务与收入比率在5%的置信水平上显著。该系数表明,该比率每增加一个单位,国王借款成本就会增加1%。然而,一旦加入银行家固定效应,系数就不再显著。这意味随着债务的增加,只有一部分"优质"银行家继续在短期债务市场上运作。相比之下,财政平衡从来都不重要;银行家在为贷款定价时,没有考虑预算中的逐年波动。②

总而言之,我们发现16世纪的西班牙违约发生在状况不好的时期;这没有对贷款定价产生不利影响,而且王室的借款能力也没有受到影响。结合广泛使用应急条款的证据,这验证了赫歇尔·格罗斯曼和约翰·范·怀克(1988)的观点,违约是情有可原的。

违约的时机

菲利普二世为什么违约呢?毫无疑问,他在收入异常低而支出高的情况下暂停了还款。我们研究能够深入计算国王财政的另外一个因素:到期债务的结构。到目前为止,我们推理的结果是,西班牙由于紧迫的支出需求和收入短期缺,在某一时刻根本无法偿还债务。尽管在这种不良状况导致违约之前,通常会显现另外一个问题:无法展期到期债务。我们不确定这是否促成了1575年违约,但档案记录提供了一些引人注目的线索,指向了这个方向。

不用新借款偿还老债权人的话,很少的借款人可以应付突然需要偿还到期债务的情况。菲利普二世时代的西班牙也不例外。在一篇经典论文中,基欧和科尔(Kehoe and Cole,2000)认为,债务的期限越短,转滚(rollover,用旧债券购买新债券)危机越容易发生。债务的期限越长,在没有签订新债务合同的情况下,还款风险越高。有趣的是,借款人在这种情况下的最佳决策取决于债务展期的可能性。如果市场提供一个新借款偿还旧债券的机会,这通常是最好的偿还方式。相比之下,如果通过减少开支或增加税收来支付到期债务,成本可能会太高。科尔和基欧(1996)指出,1994—1995年墨西哥危机发生

---

① 这些数据将在第4章中讨论。
② 应该指出的是,债务与收入比率和财政平衡都不是现成的统计数据。估计后者要困难得多。

第七章 与君主共担风险

时,未偿债务相对较低,但在未偿债务的到期期限大幅缩短。那么该贷款人总是会将债务展期,以避免违约成本;一个更大的贷款人群体无法轻易地协调到良好的平衡,因为"驱动"君主并要求还款是个人最佳的选择。

我们现在表明,这一逻辑至少部分地适用于西班牙1575年的违约。通过重建所有现金流,我们知道定期付款所带来的还款负担在止付法令发布前夕有多高,而且随着债务负担的增加,签订合同的人越来越少,情况变得更糟。表26显示了阿西托斯短期贷款每年资金流入和流出的模式:

表26　短期贷款每年资金流入和流出情况(单位:杜卡特)

	流入	流出	总计
1568年	1 075 791	1 922 955	−847 163
1569年	2 212 168	1 690 146	522 023
1570年	3 389 018	4 055 424	−666 405
1571年	4 204 295	3 338 327	865 968
1572年	2 962 373	3 064 128	−101 755
1573年	3 590 391	5 218 367	−1 627 975
1574年	4 238 107	7 141 147	−2 903 040
1575年1—8月	5 221 784	2 775 257	2 446 527
1575年9月	417 888	40 000	377 888
1575年10月	227 876	1 018 095	−790 219
1575年11月	0	1 005 113	−1 005 113
1575年12月	922 818	2 415 391	−1 492 574

随着支出和税收的增减,正和负的净流量随着时间的推移交替出现。在经济增长和税收增加的情况下,这并不意味着有财政问题。1575年前8个月,余额仍是正的。但是,在这一年最后3个月里,流出量大幅度增加。签订合约所涵盖的全部需还款金额达440万杜卡特;与此同时,还有超过200万杜卡特的资金合约约定的还款缺口。净流出速度比1574年要快得多,当时全年的阿西托恩短期贷款面临290万杜卡特的流出资金。

217

来自地狱的债主

　　大量债务到期,这个事实只提供了关于1575年危机性质的有限信息。早些年曾出现过每月流动资金流失总额超过50万杜卡特的时期,但是相匹配的流入大大减少了流出的净额。在1575年的最后一个季度,几乎没有新资金投入的承诺。这表明至少有一些银行家已经开始怀疑,暂停还款的法令即将出台。事实上,在一位王室官员弗朗西斯科·古铁雷斯·德·库埃拉(Francisco Gutiérrez de Cuéllar)的一份未注明日期的备忘录中暗示,在违约前夕,银行家们有信任危机的迹象。备忘录指出,有大量的"暂停还款的谣言",这助长了对即将到来的暂停还款的担忧,特别是尼古拉·德·格里马尔多和洛伦佐·斯皮诺拉,他们已经开始为违约做准备了。[①]

　　古铁雷斯本人显然比银行家更晚才知道法令的颁布,这标志着这一决定的保密性很强,这决定主要是由国王自己做出的,只听取了官员的极少建议(Lovett, 1980)。这也表明,一些信息已经开始泄露。自1573年关于增加销售税的讨论以来,关于如何解决浮动债务问题的计划一直在散播,其中许多涉及针对银行家的措施。当银行家们心甘情愿地展期债务时,这些计划却化为泡影,一旦像洛伦佐这样一些知情的银行家寻求挽救自己的资金和收益,在普遍现金短缺的情况下支付到期合同的成本就变得太大了——这是一场经典的展期危机,起因是最大、最知情的贷款人争相退出。

　　如果我们的解释是正确的,就会出现一个问题:为什么银行家可以在违约期间进行协调(如第五章所述),而不是在违约前进行协调?我们认为激励机制的结构是不同的。暂停期内的贷款很容易被观察到,并可能导致热那亚贷款人团体的永久排斥。另一方面,不放贷可能有很多原因,包括缺乏可用资金。由于贷款人不必按固定的时间表推进,所以未能加入一个共同的有风险的计划是不太明显的,而且在最好的时期,协调更为间接。最后,风险和收益的平衡可以说是不同的;违约前的贷款只能提供平均回报,以换取高风险。违约期间的贷款风险极高,回报率也很高。贷款人对风险和回报的一种而非另一种组合的偏好可能是完全理性的。

[①] Instituto de Valencia de Don Juan, E22, C33, TB, 142。Lovett(1980)认为,斯皮诺拉甚至在危机爆发前卖掉了临时债券(juros de resguardo)。

218

结 论

过去800年里,债务积累的许多时期都伴随着违约(Reinhart and Rogoff,2009)。尽管有这些破坏,主权债务市场并没有消失。这种韧性是什么原因造成的?我们认为,至少在向菲利普二世提供阿西托恩短期贷款的情况下,情有可原的违约是一个重要的因素。通过直接研究贷款文件,我们发现,大部分短期借款均包含应急条款。我们分析了不同类型的贷款修改及其对现金流和贷款到期日的影响。这些修改使得国王和银行之间能够有效地分担风险,这是一种制度性解决方案,它实现了许多如今或有债务的理想特性(Borensztein and Mauro,2004)。

热那亚银行家们有效地为国王提供了保险。他们在正常时期收取相对较高的利率,但在形势不好的时候,提供了国王重视的服务:事实上的保险。贷款合同通常包括一些条款,如果财务状况以不可预见的方式恶化,这些条款会修改贷款条款。在短期贷款文件中一个典型的突发事件是船队抵达。如果国王的船只迟于预期(或者一年内根本没有入港),那么还款条款可以自动调整。类似的条款涵盖税收短缺等。此外,国王有多种可能自行决定延长付款期限。

菲利普二世治下的国家财政制度并非没有缺点。1575年的破产可能是由于负面的财政冲击、高支出加上低收入和银行家们对国库的"挤兑"共同造成的。有一些间接证据表明,由于王室的财政状况恶化,金融家们停止提供新的资金。阿西托恩短期贷款的短期到期情况,使国王停止偿还债务成为最佳选择,因为大量未偿还债务必须从其他来源赎回(而不是简单地展期)。在这个意义上,协调失败和流动性负面冲击的结合可能很好地解释了1575年违约的原因。

一位近代早期君主和他的金融家能够有效地签订国家或有债务合同,提供保险,这一事实本身就很了不起。这种观点也可以帮助我们理解菲利普二世著名的违约行为。很可能,这些违约是情有可原的。它们发生在一个涉及贷款的环境中,这些贷款被个别地以一定的频率重新安排,它们发生在世界上可核查的糟糕状态,它们反映了主权国家无法控制的事件。正如莱因哈特和罗戈夫(2009)所表示的那样,早期的西班牙违约行为远远不是单方面废除合同的代名词。[①] 相反,违约行为弥补了某种形式的市场不完全性:并不是所有可能的国际局势都可以包括在合同里。当出现一些不明确或可能无法明确的意外情况时,借款人违约是合理的。由于贷款人在事实发生之前就意识到了这一点,所以合同违约并不违背原始协议的精神。因此,止付并未导致更高的利率,也不会导致借款人长期被排除在贷款市场之外。一旦最初导致违约的暂时性不利冲击消散,"一切照旧"。这就是 1575 年和 1596 年破产时发生的事实。

[①] Reinhart and Rogoff(2009:86)将早期法国和西班牙违约视为相同的,并交替使用废除和违约这两个术语。

第八章 税收,帝国和西班牙衰落的原因

"这个世界还不够"(Non sufficit orbis——菲利普二世刻在与葡萄牙结盟徽章后的铭文)。1586年,当弗朗西斯·德雷克爵士的手下攻入圣多明各的西班牙总督府时,他们发现了一个刻有世界地图的徽章。徽章上面装饰着一匹马,前蹄高高扬起;上面醒目地写着这句拉丁文的格言。[①] 对现代人来说,这听来像是狂妄自大(这句格言会让读者想起詹姆斯·邦德电影),但对同时代人来说并不夸张:在菲利普二世的时代,西班牙帝国是无与伦比的。在接管葡萄牙之后,菲利普二世几乎统治了整个美洲,在非洲海岸、印度、菲律宾有许多贸易站,在意大利和低地国家有许多属地。菲利普二世的葡萄牙船只主宰了香料贸易和印度洋;西班牙舰队在勒班陀(Lepanto)战役中击败了似乎不可阻挡的奥斯曼帝国;西班牙军队在对法国的战争中赢得了辉煌的胜利。西班牙武装部队人数达16.3万人,是当时欧洲第二强国的3倍(Karaman and Pamuk, 2010)。世界上没有任何一个国家像哈布斯堡王朝统治下的西班牙一样,控制如此大面积的领土,拥有强大的武装力量,庞大的财政资源。

然而,在一个多世纪的时间里,西班牙帝国就成为泡影。到1700年,其武装部队人数不超过6.3万人,是原来规模的1/3。相比之下,法国的士兵从5.7万人增加到34.2万人,从西班牙的1/3几乎增加到它的7倍。英国也不甘落后,其陆军和海军的规模增加了3倍多,从6.6万人增加到了19.1万人

[①] 德雷克的一名士兵在《弗朗西斯·德雷克爵士西印度航行的总结和真实叙述》(Bigges, 1589)的中发表了一幅徽章草图。英国人显然在调侃西班牙人,他们反复要求西班牙人翻译这个拉丁文铭文(Parker, 2001)。

(Karaman and Pamuk,2010)。尽管仍然控制大规模领土,西班牙的地位却遭到打击。葡萄牙在1640年脱离出去了;加泰罗尼亚北部和弗朗什—孔泰(Franche-Comté)地区不得不在1659年和1678年按照和平条约割让给法国。加泰罗尼亚和西西里岛的叛乱,以及安达卢西亚和阿拉贡对抗王室的阴谋,凸显出帝国中心对其在欧洲和伊比利亚半岛领土的脆弱控制。最后,西印度的贸易前哨和香料贸易的控制权也丢失了。

表27　　　　　　　　　　欧洲的大国:实力的衡量

	武装力量*			财政收入**		
	1550年	1700年	变化	1600年	1700年	变化
英格兰	66	191	125	66	559	494
法国	57	342	285	294	878	584
西班牙	163	63	−100	431	219	−212

来源:Karaman and Pamuk(2010)。

* 单位:千人。

** 单位:白银吨。

从西班牙帝国鼎盛时期的每年400多吨白银收入,到此时已经折损了一半以上。其他国家则成功地增加了收入。1600年英国的总税收收入仅为西班牙的15%,到19世纪,英国的收入提高了10倍。它掌握的财政资源比西班牙多150%。法国的税收收入也从西班牙的68%增至400%。

毫无疑问,到1800年,在欧洲的权力舞台上,西班牙已经成为一个小角色;西班牙的"失败"正是英国成功的地方。英国开始控制像菲利普二世那样庞大的领土;它的护卫舰和战舰比西班牙的大帆船更为绝对地控制了海洋。

近代早期的两大帝国最终走上了截然不同的轨道。16和17世纪由哈布斯堡王朝统治下的西班牙,如今已成为治理不善、挥霍无度、经济停滞和军事衰落的代名词,西班牙至今仍未从中完全恢复过来。18和19世纪的英国是良好制度、财政廉洁、经济增长和军事实力的典范。

西班牙作为一个大国表现糟糕的主要因素之一是经济衰退。自厄尔·汉密尔顿(Earl Hamilton,1938)发表的著名文章以来,许多研究都对1600年后的经济增长放缓进行了研究和记录。15和16世纪,随着人均收入的增加和

第八章 税收,帝国和西班牙衰落的原因

人口规模的不断扩大,经济发展先是停滞不前,然后开始萎缩。汉密尔顿将这一衰退的大部分原因归于随着美洲白银的涌入导致的货币管理不善。艾略特(Elliott,1961)后来重新审视了这些证据,发现这绝对导致了最终的衰落,但他强调,卡斯提尔是其主要的受害者,而不是整个西班牙。①

艾略特强调,政府债券的高实际回报率使资本没有流入贸易和生产,并创造了一个食利阶层。他认为,战争是造成持续高利率的原因。这给西班牙企业家创造了的一种危险的诱惑。这个说法虽然有道理,但经不起推敲。西班牙人经常持有长期债务,但其中大部分债务放在国外;欧洲各地的企业家也同样受到诱惑,成为债权人。1610年以后,公共债务利率也逐渐下降,到18世纪下降到2.75%(Alvarez Vázquez,1987)。因此,没有理由认为比利牛斯山脉以西的挤出效应应该比其他地方更大。

新制度经济学方向研究的经济学家在分析西班牙衰落原因时,强调的是王室的超强实力。根据这种观点,在美洲被发现时,西班牙的统治者已经比其他君主更强大。白银的涌入,进一步加强了王室的地位。破坏性的、不必要的战争,频繁违约和止付,对财产安全的漠视,最终破坏了经济的增长和繁荣。②相比之下,1500年,像英国这样统治力最初较弱的国家,通过大西洋贸易加强了他们的商人阶级,商人阶级最终夺取了统治者的权力,提高了制度质量并促进增长(Acemoglu,Johnson and Robinson,2005)。

值得注意的是,对西班牙"失败"的主要解释融合了英国成功的相同成分。这两个国家,都进行了多次战争,获得很多领土,用于军事的财政资源、优惠贸易协定和对殖民地的剥削。根据帕特里克·奥布莱恩(Patrick O'Brien,2001)的观点,英国的好战政策和激进的重商主义战略推动了其作为经济强国的崛起。约翰·布鲁尔(John Brewer,1988)强调了英国皇室通过税收制度来控制更多资源的重要性,以支撑更多的战争。菲利普·霍夫曼(Philip Hoffman,2012)认为,武

---

① 近年来,西班牙在17世纪的衰落继续引起学术界的关注。最近的三个例子,见Kamen(2003);马科斯马丁(2000);Yun Casalilla(2004)。Robert Allen(2001)对包括西班牙在内的几个欧洲经济体的经济表现进行了长期比较分析。

② 例如,在Stanley Stein和Barbara Stein(2000,viii)的工作中发现了这一论点,他写道:"虽然西班牙基于白银的跨大西洋系统最初提供了哈布斯堡王朝优势的主要来源,但它也仅是一个基本结构。随着大都市逐渐依赖殖民地世界,西班牙的政治、社会和经济相对落后。"

器效率的提高影响到生产过程中。正如从一些文献中指出的那样,即使英国在18世纪期间积累了巨额债务,也没有产生令人惊讶的负面影响。①

似乎,相同的条件在一种情况下发挥了正面作用,在另一种情况下却是负面作用。一些研究国家的学者,他们分别从不同方面,在独特的叙事中寻找解释。因此,整个领域对近代早期欧洲帝国的兴衰的解释十分矛盾。在这里,首先,我们将回顾西班牙以及其他欧洲大国的财政表现。我们几乎没有发现政策失败的证据。其次,我们会对卡斯提尔的衰落提供另一种解释。并不是国王手中过多的权力导致了最终的厄运,而是在未能将西班牙的统治集中化,未能将各种各样的领土融入更大的整体,并在这些地方推行"绝对主义"的统治。我们认为,伊比利亚半岛比其他地方更强的政治异质性是其失败的主要原因,这个因素远远超出了白银对国家能力的有害影响。

比较视角下西班牙的财政情况

制度主义者对西班牙指责的核心部分在于该国看似灾难性的财政表现。西班牙在1550—1913年间一再违约(Reinhart,Rogoff and Savastano,2003)。17世纪,一连串的止付事件,在这期间及之后,该国的经济衰退也是毫无疑问的。违约是否可以被视为不谨慎的财政政策和暴力侵犯产权的迹象,至少从理论角度来看是有争议的。② 同样值得重复的是,西班牙的前四次"违约"只影响了短期债务总额的15%。正如第七章所言,这些违约行为是情有可原的,很可能是放贷人能预期到的。因此,这并没有违反政府与贷方之间最初达成的隐性合同。很清楚的是,除了在支付停止期间的短暂时间,菲利普二世从未失去过获得信贷的机会;换句话说,对债务可持续性的衡量标准是,他是否能设法维持住债务市场的准入。

此外,我们将证明,在1600年之前,西班牙实际上以比其他许多近代早期欧洲强国更审慎的方式管理其财政。这强化了我们在第四章中的结论,即债

---

① 罗伯特巴罗(1987)对李嘉图等价理论存疑。一些作者认为"挤出"并不重要(Heim和Mirowski,1987),与Jeffrey Williamson(1987)和Peter Temin和Hans-Joachim Voth(2005)的观点相反。

② 请参阅第一章中的讨论。

务是可持续的,支付停止反映的是流动性冲击。我们并不在同一时间点比较各个大国。相反,我们研究一系列处于权力顶峰的欧洲国家(在近代早期),将16世纪的卡斯提尔与后来几个世纪的荷兰、法国和英国的帝国前身进行比较。这样的比较更恰当。日期范围主要由数据可用性决定。这并不影响我们的比较;例如,如果把革命前的最后几年包括进来,法国的情况可能会看起来更糟(White,1989)。[1]

在表28中,我们使用了各种财政指标。[2] 评估财政系统实力时,经常使用的两个方法是债务与收入的比率和还本付息比率(Sargent and Velde, 1995)。[3] 荷兰是一个极端,其平均的债务与收入比率为68%;税收的2/3被用于偿还低地国家的债务。法国处于另一个极端,18世纪的债务与收入比率相对较低,为38%。[4] 法国的数据可能是低估的;因为平均值不包括1720年债务重组之前的时期,当时的债务占收入的80%以上。16世纪卡斯提尔处于中间水平,比例为51%。这使得它更像英国,而不是荷兰。[5] 与欧洲近代早期的其他大国相比,卡斯提尔的债务占收入的比例并不高。[6]

表28　　　　　　　　　　　　　国际比较

	英国****	荷兰	卡斯提尔	法国
平均偿债/收入	43% (1698—1793)	68% (1601—1712)	51% (1566—1596)	38% (1720—1780)
最高偿债/收入	70% (1784)	194% (1713)	75% (1574)	81% (1718)
税收增长速度	1.47% (1692—1794)	0.36% (1601—1712)	3.30% (1566—1596)	1.26%++ (1661—1717)
基本盈余/收入	19.5% (1698—1794)	Negative	31.50% (1566—1596)	14.2%++ (1662—1717)

[1] 有关卡斯提尔与其他当代欧洲国家的分析叙述,请参阅 Yun Casalilla(2004)。
[2] 我们的几个数据来源借鉴了"欧洲国家财政数据库"(Bonney,2007)以及其他工作的财政估算。
[3] 根据 Marjolein't Hart(1999)编制的"欧洲国家财政数据库"中的数据计算。
[4] 从 Sargent 和 Velde 1995 中的图1推断。
[5] 我们在 Drelichman and Voth 2008 中更深入地比较了西班牙和英国的案例。
[6] 虽然我们通过考虑重组的影响向下偏向这个数字,但我们在第四章中表明,即使我们将他们所保存的债务服务加入,但总体数字看起来相似。

续表

	英国****	荷兰	卡斯提尔	法国
收入/GDP	9.1%	21.2%+	2.7*—9.5%**	6.8%*** (1788)
债务/GDP	74% (1698—1793)		14.7*—51.4%** (1566—1596)	81.1%++ (1789)

注：数据取自"欧洲国家财政数据库"(Bonney 2007)。

+ 人均税收占非熟练工人收入的百分比，数据来自 Jan De Vries and Ad Van der Woude(1997)。

++ 基于 Francois Velde(2007)使用的数据。

+++ Sargent and Velde(1995)，table 1。

* GDP 数据基于 Alvarez Nogal and Prados de la Escosura(2007)的下限。

** GDP 数据来自 Carreras(2003)。

*** 基于 David Weir(1989)的数据分析，并由 N. F. R. Crafts(1995)整理。

**** GDP 数据来自 Crafts(1995)；财政数据来自 Mitchell(1988)。

同样的结论也出现在最大的债务偿还与收入比率上。卡斯提尔这一比例最高为77%，是这一组国家中第二低的，仅略高于英国70%。[1] 法国的最高比率为81%。[2] 西班牙继承战争期间，荷兰在短期内维持了高达近200%的高水平债务。

菲利普二世统治期间，卡斯提尔的税收增长比英国、法国或荷兰更快。18世纪，财政压力的增长速度大约是英国的两倍。这一点更加引人注目，因为历史学家长期以来一直认为英国提高税收的意愿和能力是其在与法国的战争中取得成功和避免违约的关键因素之一(Brewer，1988；O'Brien，2009)。诚然，卡斯提尔的数据比荷兰或英国的时间短，但时间跨度与法国相似。

英国和卡斯提尔相对于 GDP 的最大财政压力也大致相当。即使使用卡雷拉斯(Carreras，2003)的(相对悲观的)GDP 估算值，卡斯提尔王室抽取国民

---

[1] 请注意，到1815年，英国的比例可能要高得多；Barro(1987)使用债务与 GDP 的估计值表明约为185%。通过排除拿破仑战争的时期，我们偏向于在法国和英国寻找高财政压力的结果。13 到 18世纪末，这个数字在法国实际上低于英国，在 1788 年达到 52%。

[2] 到 18 世纪末，法国这个数据实际上比英国低，1788 年为 52%。

收入的比例也比荷兰要少得多,荷兰的政府收入达到了国民收入的20%以上。按照这一标准,英国和卡斯提尔的收入都略低于国民生产总值的10%。由于卡斯提尔国王收入相当大一部分实际上来自国外采矿业的税收,因此国内经济的实际财政压力甚至低于原始数据所暗示的。如果我们使用阿尔瓦雷斯·诺加尔和普拉多斯·德拉·埃斯科索拉(Alvarez Nogal and Prados de la Escosura,2007年)的GDP数据,这些数据比卡雷拉斯更乐观,那么卡斯提尔的收入与GDP之比是英国的一半,明显低于荷兰。

债务与国内生产总值的比率(尽管是暂定的)也说明了一个类似的问题。相对于经济总产出,卡斯提尔的政府债务低于法国或英国。按收入比例计算不会改变我们的结论。例如,在1801年,英国的债务是年度财政收入的13.7倍(Mitchell,1988)。1822年,这一比例仍为12.96,而卡斯提尔的比例则在5到6之间。

卡斯提尔的主要盈余也很高,即使按照提高的英国和法国标准也是如此。[①] 菲利普二世统治下的卡斯提尔实际上将其收入中的一部分用于支付利息和偿还债务,这一比例高于英国或法国。可以说,这是为了卡斯提尔的利益;较高的初级盈余部分是必要的,因为卡斯提尔支付的利率明显高于18世纪的英格兰。因此,要保证债务不会激增,需要付出更大的努力。英国的低借贷成本对于债务可持续性确实很重要,但这并不能反映市场对风险的公平评估。相反,有充分的证据表明,财政压制迫使私人贷款人以低于市场的价格承销政府债务对英国的债务管理至关重要。[②]

到目前为止,我们已经研究了一系列的指标,并指出了不同国家的相对地位。卡斯提尔的财政状况没有一个指标是最差的;在一些指标上,甚至处于或接近最高水平。如果说还有一个国家在平均债务偿还能力、最高偿债额度和收入与国内生产总值的比率与之大体相似,那就是长期以来一直被视为负责任的财务管理标杆的英国。

虽然没有一个单一的财政行为衡量标准可以作为政策的概括衡量标杆,但

[①] 如果只是一段时间的话,预先革命的法国是在安妮-罗伯特-雅克·图尔戈特(Anne-Robert-Jacques Turgot)的统治下取得了显著的总盈余。见White(1989)。

[②] 有关此问题的进一步讨论,请参阅Drelichman and Voth(2008);Temin and Voth(2008)。

有一个指标比我们已经讨论过的各种不同衡量标准更为有力。债务可持续性的一个关键因素是财政政策对债务累积的反应。财政政策职能的核心文献(Bohn,1998)指出,为了使债务保持可持续,较高的债务负担或早或晚必须以更大的基本盈余来应对。例如,20世纪,美国在第一次世界大战和第二次世界大战期间积累了巨额的债务,1980年之后又积累了许多债务。在这些债务累积时间段,美国在很长一段时间内保持了大量的初级盈余,逐渐减轻了债务负担。

通常,学者使用计量经济学的方法来估计财政政策的反应函数,以确定随着债务的积累,基本盈余上升的程度。这个方法不适用我们在编制西班牙哈布斯堡的年度财政账户时采用的逻辑。① 相反,我们可以根据财政反应函数的基本逻辑来研究不同的国家是如何表现的。在图31和32中,我们绘制了卡斯提尔和英国的基本盈余和债务存量。这两个大国的债务积累速度都相当快——英国的债务从1700年的1 400万英镑增加到1790年的24 400万英镑,而卡斯提尔在1566年至1595年之间,从2 500万杜卡特增加到7 200万杜卡特。

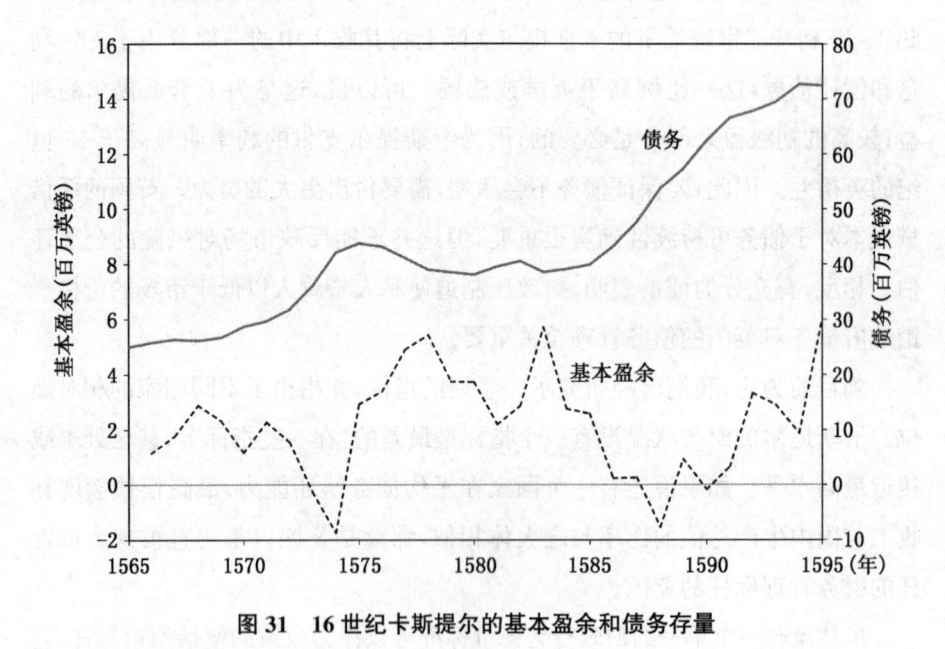

图31　16世纪卡斯提尔的基本盈余和债务存量

---

① 在第四章的财政核算工作中,我们将债务积累作为财政身份的剩余部分来计算。因此,只要基本盈余增加,我们对债务积累的估计就会自动下降。

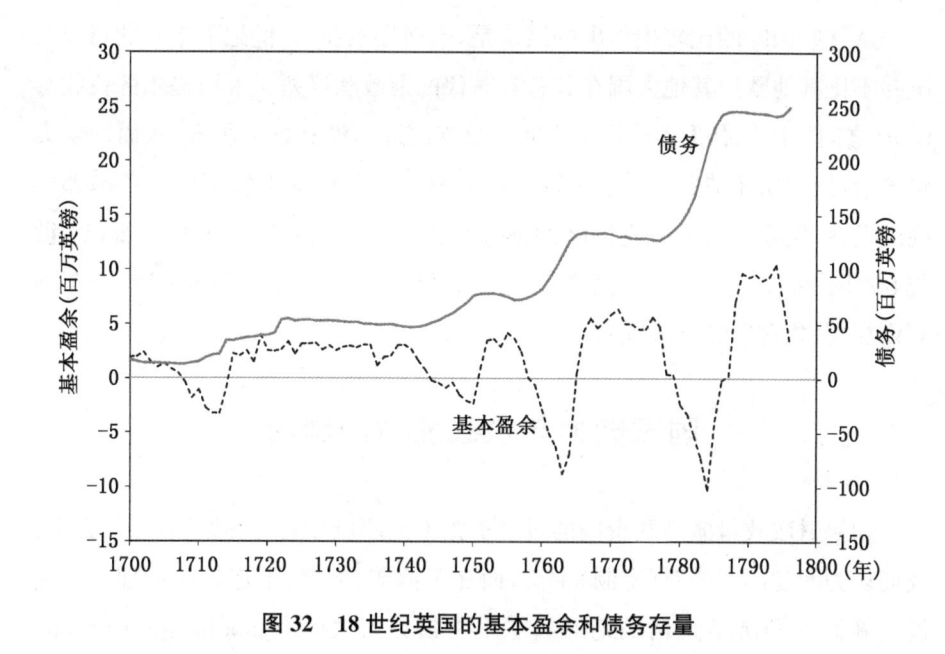

图32　18世纪英国的基本盈余和债务存量

英国创造了更高的总盈余来支付不断增长的债务,但这是以一种特殊的方式实现的。在每一次战争期间,总盈余都变为负数,政府借款只是为了支付利息。只有在特定的和平年份,总盈余才会增长。

卡斯提尔表现出与英国不同的周期性行为;菲利普二世统治的每一年都在打仗,却几乎没有出现整体的赤字。卡斯提尔只有四年的时间不得不借款支付利息。债务负担日益增加的同时,盈余也越来越大,从一开始的100多万杜卡特上升到1595年的500万杜卡特以上。在无敌舰队之前的几年,连续多年的盈余积累了大量财富。因此,可以说,哈布斯堡王朝统治下的西班牙在财政方面成功地适应了欧洲近代早期的好战环境。它没有大幅波动的初级盈余,而是以更大的初级盈余来应对不断上升的债务。只有像16世纪70年代中期的荷兰叛乱和无敌舰队这样的特殊紧急情况,才导致卡斯蒂利亚违反了财政诚信的第一条规则(从不借款支付利息)。按照财政政策反应的标准,卡斯提尔与英国一样谨慎,或者更谨慎。[①]

[①] 我们的结论与White(2001b)的结论相呼应,后者也强调法国的地位远不及英国的地位,因为大部分文献已经证明了这一点。

从这些国际的比较中得出的结论是,卡斯提尔在16世纪下半叶的财政状况并不比其他欧洲其他大国在其各自时代的财政状况差。卡斯提尔的税收与GDP之间的比例有很大的增长空间。总支出远远没有赶上收入,从而产生大量盈余,用于偿还债务。虽然卡斯提尔的财政基础设施不像荷兰或英国那样高度发达,但收入增长为应付高额债务提供了喘息的空间。平均而言,16世纪80年代和16世纪90年代的卡斯提尔王权掌握的财政资源与18世纪英国规模相同(相对于经济规模)。

国家能力与执政能力的制约

如果财政政策激进和帝国的过度扩张不是西班牙衰退的原因,那么什么是?我们认为问题不在绝对(专制)主义,而在于薄弱、无能、不连贯的治理。与其说是新制度经济学强调的绝对君主手中权力太大(Acemoglu, Johnson and Robinson, 2005; De Long and Shleifer, 1993),不如说关键的缺点几乎完全相反:缺乏国家能力。缺乏能力去成功地垄断暴力,维护边界,统一征税,管理司法,以及获得执行这些任务的资源的能力。

在近代早期的欧洲,对行政机构的制约并不是经济表现的关键决定因素;否则波兰的增长速度应该比欧洲其他国家更快,因为在波兰,国民议会中只要一个贵族就可以否决政策(Mokyr and Voth, 2011)。相反,它在被邻国瓜分完全并从地图上消失之前经济发展就停滞不前了。自中世纪晚期以来,掠夺——专制的破坏合同和夺取财产——在欧洲极为罕见(Epstein, 2000; Clark, 2007)。西班牙国王有时会在危难时扣押美洲白银(如第3章所讨论的),但会以等值的长期债务补偿所有者。西班牙王室的这种行为与1638年伦敦塔臭名昭著的袭击(raid on the Tower of London)的行为大致相当。通常情况下,王室会承认错误并试图纠正错误。[①]

[①] 一个更微妙的论点认为,"绝对主义"的税收制度本身并不是掠夺性的,而是设计不当——对一些活动施加极端压力,而对另一些活动予以豁免。在这种情况下,强大的产权可能是扭曲的。这就是霍夫曼和罗森塔尔1997年的论点。我们认为,这些是常见的困难。许多税制(包括现代税制)都必须与之抗衡。在旧制度下,偏离拉姆齐税收原则的情况可能更常见,也可能不常见,但它们不同于掠夺性行为和产权保护不力所带来的扭曲。

第八章　税收，帝国和西班牙衰落的原因

穷人在任何意义上也不是绝望无助的。法院经常站在弱势群体一边，反对大户、统治者和富人(Grafe,2012)。同时，腐败也限制了法律的实际适用程度。阿尔巴公爵(Duke of Alba)在1573年写道，法院案件的裁决经常"像肉铺里的肉一样"被出售(Braudel,1966:693)。虽然许多欧洲大国在19世纪之前都经历过大规模的腐败(Mokyr and Nye,2007)，但人们普遍认为，由于其中央统治者的软弱，西班牙被普遍认为特别贫穷。在欧洲早期历史的大部分时间里，对王室的制约并不重要；建立一个有效的国家，使其法令延伸到最远的角落才是关键，正如斯蒂芬·R.爱泼斯坦(Stephan R. Epstein,2000:15)在《自由与增长》中所论述的："管辖权的分散……引起多重协调失败。这是19世纪以前'专制主义'制度低效的主要根源，而不是独裁统治。"我们的解释也与政治经济学的最新发展息息相关。与绝对主义者和有限政府这种简单二分法不同，越来越多的人认识到，强国对增长有利，而弱国则很难为经济发展提供条件(Acemoglu,2005;Besley and Persson,2009,2010)。

毫无疑问，西班牙在治理方面表现不佳。同时代人已经看到了其行政的真相。一位英国观察家在1681年评论："西班牙是一个明显的治理不善的例子……即将使这个最强大的王国陷入困境……"(Bethel,1681,转引自Elliont,1989)。同样，托马斯·巴宾顿·麦考利(Thomas Babington Macaulay,1833,转引自Elliont,1989)表示，"西班牙衰败的一切都指向一个原因，即糟糕的政府"。国家能力问题在近代早期的欧洲很严重。这是因为我们今天认识的国家在1500年并不存在，而是一批大国小国的集合，由受多个封建领主拥护的君主统治；地方掌权者经常担任法官，指挥武装部队和控制重要要塞。基于古老的权利和传统，对大部分人口免征税收和豁免其他义务造成了非常不均衡的税收负担。税收很少被直接收取；相反，税收要么被外包出去，要么委托给城市，以换取一次性付款。在19世纪之前，在这种薄弱化、分散化、非系统化的治理体系中出现了少数强大、统一、集中的民族国家。这些国家成功地打破了古代的"自由领地"(即"福埃罗")和豁免的桎梏，垄断了军事力量，并通过对每个公民适用相同的税收规则来获取大量的收入。

有一个简单的衡量标准可以比较国家的能力：征税的能力。我们从K.基万克·卡拉曼和塞夫基·帕穆克(K. Kivanc Karaman and Sevket Pamuk, 2010)那里收集了早期近代人均税收的数据。在图 33 中,我们绘制了税收总额;在图 34 中,我们描绘了人均收入。法国税收总额最高,在人均税收方面,荷兰是第一。1500 年后,随着中央政府的权力增长,税收收入普遍增长,各个国家也越来越努力地汲取资源、与敌人斗争(Tilly, 1990)。除了西班牙以外,每一个欧洲国家在 18 世纪的平均税收收入都高于 17 世纪。正如我们在介绍中讨论的,西班牙从最成功的税收国之一变成了不折不扣的中等国家。虽不像俄罗斯、奥斯曼帝国或波兰那么靠后,但远不及荷兰或英国的表现。虽然西班牙 16 世纪的表现因对矿产征税而有所改善,但是修正后的数据显示整体情况没有改变。西班牙的税收的下降有两个方面的原因:税务机关的控制力减弱和令人失望的人口表现。

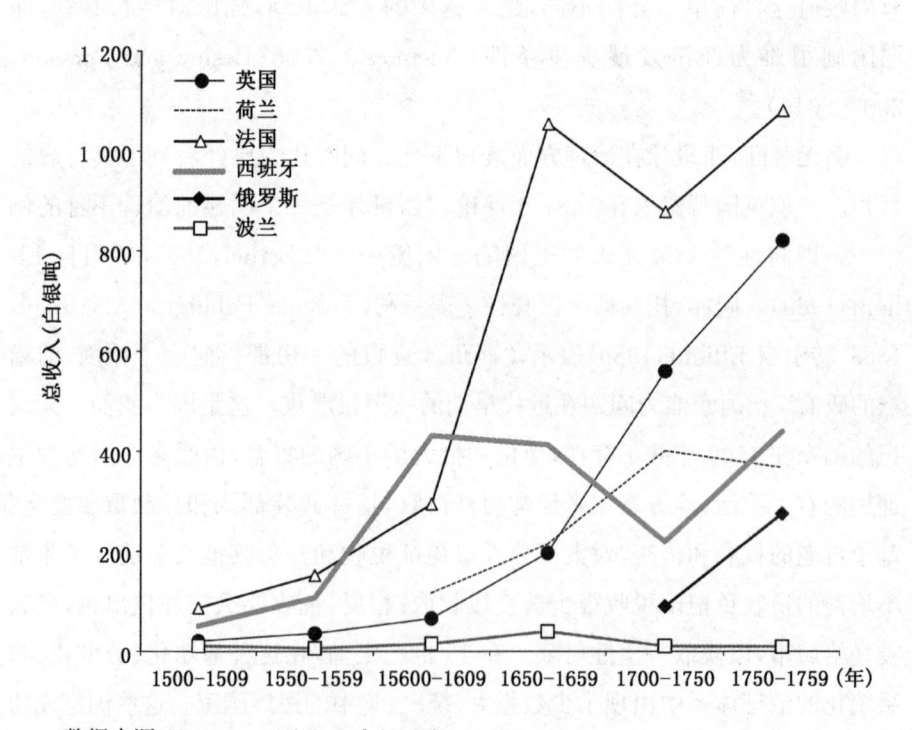

数据来源:Karaman and Pamuk(2010)。

图 33　欧洲各大国税收总额

图 34 欧洲各大国人均收入

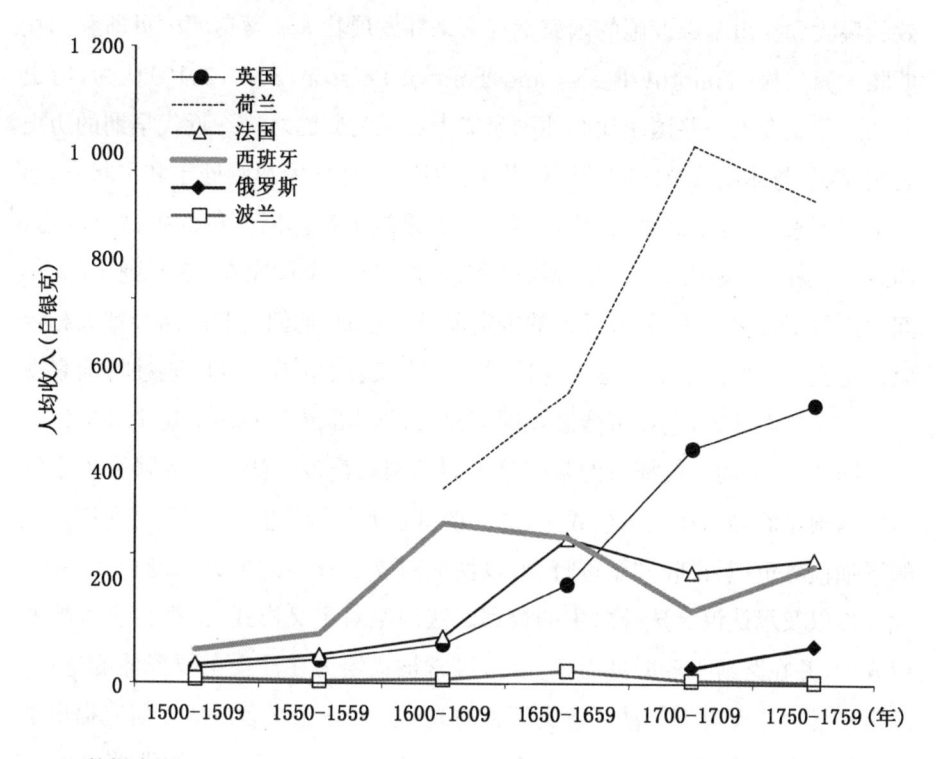

数据来源：Karaman and Pamuk(2010)。

"阿西托恩短期贷款"形式的国家借款对征税能力有一些有害的影响。王室的军事资产由赞助商富格尔(Fugger)家族管理，阿尔马登(Almadén)的水银矿也是如此(Ehrenberg,1896)。作为菲利普二世首次破产解决方案的一部分，热那亚人获得了扑克牌销售的垄断权(the monopoly for the sale of playing cards,Braudel,1966)。这些形式的行政外包并不有助于提高国家能力。然而，这只是西班牙更大问题的一个部分：它很大程度上没有建立一个直接收集纳税人信息的综合税收制度；几乎所有的税收已经被外包给个人或核定后外包给较大城市。

许多研究近代早期欧洲的历史学家都注意到，国家制造战争，战争制造了国家(Tilly,1990)，战争也可以短时间内摧毁国家。由于350年的战争不断，欧洲变成了少数几个独立的民族国家的综合体。弱小的国家消失了，建立有效的税收和支出基础设施的国家幸存下来并发展壮大。蒂莫西·贝斯利和托斯滕·佩尔松(Timothy Besley and Torsten Persson,2009,2010)认为,历史上的战争是今天一些国家比其他国家能力更强的原因之一。近代早期的历史表明,战争与体制改革之间的联系并不直接。有些国家尽管处于和平状态,但仍幸存下来,并且发展繁荣,比如瑞士。如果战争是体制改革的关键驱动力,西班牙、法国和英国就应该出现极佳的制度。这三个国家在 1500 到 1800 年间都进行了许多战争,并有巨大的融资需求。然而,他们的制度路径却大相径庭。这表明我们需要更多地关注这样一个事实:战争不仅可以通过将国家视为独立实体而摧毁,它还可能破坏国家建设,具体取决于具体的历史环境。

图 33 所示的一般模式的基础是不同的国家建设方法。成为强大国家的路径因国家而异。在英国模式中,君主拥有强大的行政能力,其议会允许他大幅增加债务负担、税收和军事野心,以换取对立法程序的更大控制权、法院的独立性以及承认议会选择君主的权利。法国绝对主义模式,由枢机主教黎塞留开创,并在路易十四时期得到完善,经常被描绘为在社会主要群体的持续、经常是暴力的反对下推动了意义深远的改革。修正主义者的历史研究提出了一个更细微的描述(Mousnier,1979;Oestreich,1969),他们强调即使是绝对主义统治者的统治也是基于精英之间共识的统治多元化体系。尽管从丹麦到法国以及其他国家的一些法律著作和官方宣传强调主权国家的唯一权力,但强大国家的出现(在主要社会团体的支持下)与英国的道路基本相同。[1]

另一方面,英国、法国和西班牙之间的一个主要区别在于政治中心在多大程度上成功地确立了其统治,并维护了其对寻求独立的地区以及个人的主导地位。换句话说,在伊比利亚半岛以外,国家建设更加成功。举一个简单的例子,可以将英国在《联合法案》(1707 年)之后在统一税收、管辖权和代表权方面的进展与奥利瓦雷斯公爵(Count-Duke of Olivares)在 1624 年试图在西班牙集中财政和军事力量进行比较。1707 年之后,苏格兰教会并入英国教会。苏格兰贵族和议会议员在威斯敏斯特坐镇;税收迅速统一;英国在 18 世纪的

---

[1] 可以说,法国大革命表明,法国的模式不可能长期有效。我们认为,历史上出现意外的空间比这种推理所允许的要大。例如,如果在 17 世纪 70 年代和 80 年代没有放弃财政整顿,可以说古希腊政权的最后财政危机是可以避免的(White,2001b)。

一系列战争中,是用苏格兰和英格兰联合的军队和税收进行的。① 相比之下,西班牙在 1492 年以后仍然是一个复合型国家(Elliott,1992),一直到今天都是如此。虽然王室在卡斯提尔的政治地位在公社起义(Comuneros Revolt)被击败后相对较强,但代表各城市的议会(Cortes)却经常拒绝王室提高税收的要求。在卡斯提尔以外的地方,王室的地位甚至更弱;阿拉贡贵族在新国王登基后宣誓效忠的誓言很有名:

> 我们是与你一样好的人,
>
> 向你发誓,你不比我们强,
>
> 接受你作为我们的国王和君主,
>
> 只要你遵守我们所有的自由和法律;
>
> 但如果不遵守,就不接受。(Herr,1974)

这不是绝对君主制下的语言。波旁王朝之前,西班牙没有成功地统一代表权、法律制度或税收。马德里政府也尝试过对非卡斯提尔的领土提高征税。三十年战争期间,在奥利瓦雷斯公爵的领导下的政府,资金紧张,并试图增加税费(Elliott,1986 年)。在遭到卡斯提尔之外的代表议会拒绝后,政府援引了王室特权,直接通过"军事联盟"(Unión de las Armas)摊派军费。在接下来的十年里,葡萄牙,加泰罗尼亚和那不勒斯的叛乱接踵而至;葡萄牙在 1640 年重新获得独立,另外两个叛乱地区只能通过政府妥协来维持统一。尽管奥利瓦雷斯最终镇压了两起叛乱,但在财政负担分担和中央集权方面的尝试却是失败的,而且代价高昂。直到 18 世纪初的波旁改革,古老的"福埃罗"免于征税的自由,也基本上没有被改变。

这种拼凑的特权加上对其余个人和收入类别的高税收,造成了巨大的低效率(Grafe,2012)。用经济学的语言来说,它们违反了拉姆齐税收原则,即税收造成的扭曲应在各部门和个人之间得到平衡,以尽量减少整体效率损失。

内部关税壁垒仍然存在。其中一些是更广泛的历史存在——"福埃罗"的一部分。例如,其中的一个"福埃罗"的比兹凯亚地区(fueros de Bizkaia)在维兹卡亚(Vizcaya)、吉普斯科亚(Guipuzcoa)和阿拉瓦(Alava)与卡斯提尔之间

---

① 这并不是要否认让苏格兰付费并非小事一桩。早在 18 世纪 50 年代,在苏格兰法案的辩论中,大法官说:"应该采取某种方法使苏格兰支付税款,但有谁能想到这种方法?"(Walpole,1822)。

建立了海关壁垒(Grafe,2008)。同样,内陆港系统也一直存在到17世纪末。尽管有一些调整,但在天主教国王结婚后的几个世纪里,甚至在波旁王朝建立后,这种最大限度地扩大内部市场分裂的制度仍然没有被触动。阿拉贡、纳瓦拉和葡萄牙王室同意的统一条款中,都要求继续保持这种安排。

这些古老的"福埃罗"的持续存在,不仅阻碍了经济发展的规则延续;它们也说明了一种特殊类型的内部弱点,这是西班牙近代早期未能建立一个更有能力的国家的核心。正如格拉芙(Grafe,2012)所指出的,如果王室指令破坏了长期存在的豁免和特权,所有西班牙统治区的官员都乐意无视王室的直接指令。这种做法在法律上是完全合理的;因为国王有义务维护旧有的"福埃罗",这是他与臣民的契约的一部分,他不能在法律上要求官员做相反的事情。在这些情况下,正如西班牙人所说的那样,国王的法律会被遵守,但不会付诸实践(la ley se obedece, pero no se cumple; MacLachlan, 1988)。

当然,这种不愿意服从命令的态度之所以能够持续,是因为官员们不担心来自中央的直接制裁。政府没有能力对地方官员实施罚款、免职、剥夺荣誉或送进监狱等惩罚;一个主权国家通常用于运行其行政机构的整个制裁机制,几乎从来没有在马德里法院的行政范围之内。西班牙没能发展出一个能够克服基于旧习俗和古老法律协议反对意见的行政基础设施。即使在征税方面,也没有实现行政程序的集中化和规则的同质化;西班牙从未发展出类似法国枢机主教黎塞留(Richelieu)引入的监督官的机制,黎塞留的监督官负责监督直接税的征收。西班牙大量的收入都绕过了王室。艾略特(Elliott,1963a:99—110)估计,西班牙教会控制的资源是斐迪南和伊莎贝拉时期西班牙王室的3倍。虽然这个比例在后来几年有所缩减,但西班牙的天主教会仍能获得大量收入。教会的影响是如此广泛,以至于它实际上是国家最重要的财政部门之一。所谓的三种恩典(tres gracias)税就是由教会代表官方征收的税收。再加上针对教士的薪水的税(tercias reales),它们在16世纪占了财政收入的1/3。[①]

西班牙君主远不能轻易将其意志强加于人,也不能对商人,贵族和神职人

[①] 根据一项被称为"主教"的安排,西班牙国王可以任命主教;他们实际上是西班牙教会的政治首脑。进一步的讨论,见第二章。

第八章 税收,帝国和西班牙衰落的原因

员的反对采取粗暴的态度,而且经常发现无法强制实施王室法令和指令。每一次试图实行中央集权,更公平有效地征税,以及废除破坏西班牙国家和经济效率的各种古老的特权,都会很快遭到叛乱(葡萄牙、加泰罗尼亚、维兹卡亚和西西里)或阴谋(安达卢西亚和阿拉贡)(Elliott,1963b)。地方抵抗易于组织,王室无力完全解除地方豪强的武装,以及至少在哈布斯堡王朝时期对待叛乱地区的温和态度,都表明西班牙政府根本无法有效地尝试集中、精简和专业化地征收税收以及管理司法程序。正如艾略特(Elliott,1963a)所言,"它(西班牙君主制)所拥有的这种力量来自它的弱点"。为了理解为什么西班牙的国家能力停滞不前,而其他地方的国家能力却激增,我们需要仔细看看一个相反的例子。英国。在那里,一个统一的、官僚化的、中央集权的税收结构的兴起不是一个简单的或线性的过程(Brewer,1988)。16世纪,包税人被用于间接税,地方代理人经常监督地方直接税的征收。卡洛斯一世征收船金的尝试遇到了大规模的反对(Kimmel,1988)。挑战不仅仅是缺少可靠的法律依据,还包括基于地区的特权(Braddick,2000)。例如,伦敦因其特殊地位而免于支付船金,就像塞维利亚或萨拉戈萨会争辩说卡斯提尔消费税的任何增长都与他们无关,因为他们已经同意用一次性付款代替普通税收。换句话说,在内战之前,英国的税收制度看起来并不是特别精简或高效。[1]

直到17世纪80—90年代,英国的农业税才被有效终止。布鲁尔(Brewer,1988)认为,到1700年,光荣革命后的改革进程已经产生了一个有效的官僚体制:体制包括集中的领导、定期支付薪资,并通过一个固定的等级制度和明确的激励机制来监督代理人。一个世纪后,小威廉·皮特(William Pitt)在18世纪80年代进行的改革,通过简化直接税的征收取得了类似的效益,并为后来率先实现所得税的成功征收奠定了基础。[2] 到这一时期结束时,英国最令人印象深刻的特征可以说是它的征税能力,而且加税的方式不仅没有完全扼杀经济增长,而且实际上还允许经济增长继续进行——无论这个过程有多么缓慢。

---

[1] Marfa Alejandra Irigoin and Regina Grafe(2008)称这种互动模式为"建立绝对主义的阻碍"。
[2] 关于英格兰包税人和税收的演变,也见 Noel D. Johnson and Mark Koyama (2012)。

降落的风车：异质性，国家能力和白银

是什么原因造成了这些差异？为什么英国成功地实行集中管理，简化征税，建立起比西班牙更强大的国家机构？蒂利(1990)提出的主要的传统解释是战争的压力，因为这两个国家都经常处在战争中(国内和欧洲其他国家)，这不可能是答案。我们强调两个因素：不同的起始条件和西班牙白银收入的可用性。

异质性

西班牙的哈布斯堡和波旁王朝统治的领地与亨利五世至乔治三世时期英国君主统治的领地相比，更具有异质性。虽然这两个国家都继承了语言、文化和经济上存在差异的领土，但在伊比利亚半岛的这些差异可以说大得多。一个简单的统计数字表明：菲利普二世统治的领土在1300年包含7个前身国家；在英国，只有一个(或3个，如果用英格兰作为观察单位，再加上苏格兰和爱尔兰)。[①] 英国的语言分裂程度也远低于西班牙，按照阿拉西纳等人(Alesina,2003)的标准，英格兰的分裂程度为0.05,而西班牙为0.41。在这两个领地，当地的巨头都控制了重要的武装力量一段时间,英国在内战之后，这种现象却消失了，然而，在17世纪的西班牙，像麦地那-西多尼亚公爵(Duke of Medina-Sidonia)这样的贵族的武器库曾经足以装备小型军队(Anderson,1988)。

为什么最初的异质性很重要？尼古拉·根纳奥利和汉斯-约阿希姆·沃思(Nicola Gennaioli and Hans-Joachim Voth,2012)建立了一个简单的财政能力投资模式，使得起始条件的重要性得到合理化。假设两位统治者试图集中征税，但面临着不同程度的国内反对派。国内潜在和事实上的反对势力使推动集中制改革成本更高，如废除关税壁垒，推行统一税收规定等。为了在未来获得更大的收入，统治者必须先行投资。这两个统治者都有同样的动机来

[①] 我们不把威尔士算作一个独立的国家前身。

增加收入,部分是受战争威胁的驱动。

如果一个国家比另一个国家的异质性更强,有更强大的显贵,在语言,文化和行政上更为分裂,那么中央集权的成本就会更大。在这种情况下,同质化程度高的领土的统治者将更倾向于对财政基础设施进行投资—国家建设将更好。军事竞争将会扩大这些影响。钱对赢得战争来说越重要——1500年后军事革命的直接结果——增加收入的重要性就越大。战争的成本越高,一个国家越来越难以从一连串对其地位的不利冲击中恢复过来,例如在军事对抗中的糟糕局面。

如果日益增长的财政资源加强了中央的军事力量,就像他们在近代早期所做的那样,那么每个成功的集权化步骤都使下一个步骤的成本降低;消灭对手变得越来越容易。根据根纳奥利和沃思(2012)模型的逻辑,由于战场上的运气或不同的起步条件而产生的微小差异,在长期上,可能会导致国家能力上的巨大差异。在这个框架中,随着国际竞争加剧,最初的异质性决定了国家建设的路径。税收压力低的时候,提高税收和铲除地方势力的动力很小。随着战争变得越来越激烈,成本越来越高,国家有更大的动力来改善机构,加强征税。

另一方面,较弱的国家可能会发现"放弃"是最佳选择,甚至没有尝试提高国家能力。那些以更大的异质性参与竞争的国家——由于领土的扩张,继承了更多强大的地方机构和更多的旧国家基础设施——将会越来越受到束缚。过剩的地方权力、蔑视中央的能力和制约绝对主义进程的能力对经济表现和政治发展都有较大的损害,特别是在西班牙的这种情况下。在这个意义上,费迪南德和伊莎贝拉之间的平等婚姻在近代早期对西班牙的发展蒙上了长期的阴影。虽然它最初将权力集中在天主教国王的手中,但也阻碍了建立一个统一的、具有庞大内部市场和有效的、激励性的税收的功能性国家的形成。

白银

西班牙国家能力下降的第二个关键解释,强调了针对潜在反对派推动改革的动机。与英国相比,西班牙的财政部门获得了大量的矿产资源。波托西的矿山一旦被成功开采,就会产生出大量白银;其中很大一部分进入了卡斯提尔王室的库房。

我们不是第一个认为白银对西班牙不利的研究者。当代人已经将美洲白银视为有毒的圣杯。马丁·冈萨雷斯·德·塞洛里戈（Martín González de Cellorigo,1600）在1600年写道：

> 我们的西班牙紧盯着美洲的生意，她从那里获得了黄金和白银，以至于已经放弃了对自己国家的关心；即使她确实可以得到国民在新世界持续发掘的黄金和白银，这也不会使她像以前一样富有和强大。

毫无疑问，一般来说，全球和历史上的许多国家都有"资源诅咒"的困扰。图35显示了当今国家的基本模式：初级产品出口在GDP中的份额越高，增长就越低。资源诅咒理论的起源可以追溯到20世纪50年代H.W.辛格（H. W. Singer,1949）和劳尔·普雷比什（Raúl Prebisch,1950）的依赖理论。资源匮乏和经济表现不佳是相辅相成的，这一点在经验文献中得到了充分的证明。[1] 有关资源诅咒的文献首先强调了贸易条件的恶化，这一现象在20世纪70年代荷兰天然气繁荣之后被称为"荷兰病"（Corden and Neary,1982）。然而，贸易条件的提高是一个最佳的应对措施：一个变得更加富裕的国家将增加其消费；面对相对缺乏弹性的国内生产要素供应，这只能通过增加贸易商品进口和改善相应的贸易条件来实现。如果资源丰富性消失，这种情况就会逆转；荷兰病本身不能解决长期的经济衰退。

相反，相关文献提供了三种不同的解释。一种认为，资源丰富的国家在国外的投资较少，因此而受到损失。第二种解释突出了在贸易商品领域的实践学习（van Wijnbergen,1984;Krugman,1987）。这里的效率损失是代理人优化其效用并最终达到社会次优平衡的结果。同样，帕特里克·阿斯亚和阿玛蒂亚·拉希里（Patrick Asea and Amartya Lahiri,1999）也强调资源繁荣对人力资本积累的不利影响。文献中的第三种解释则考虑到不佳的政治经济的负外部效益，例如对寻租进行更大的激励（Baland and Francois,2000；Torvik, 2002）。哈尔沃·梅勒姆、卡尔·莫恩和朗纳·托维克（Halvor Mehlum, Karl Moene and Ragnar Torvik,2006）总结了这种观点，将制度质量作为寻租的决定因素。詹姆斯·罗宾逊、朗纳·托维克和蒂埃里·维迪耶（James Rob-

---

[1] 例如，见Sachs and Warner 1995;Auty 2001。

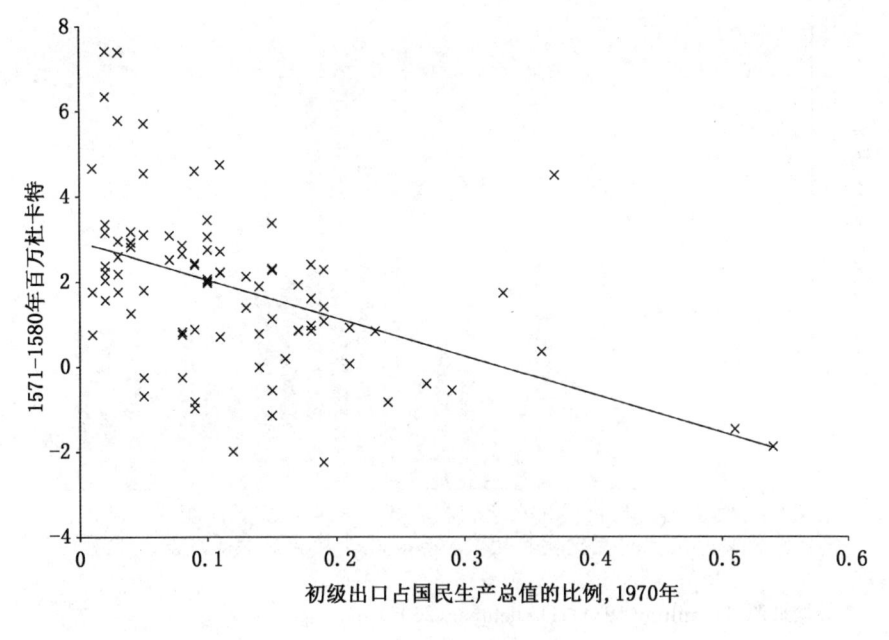

第八章 税收，帝国和西班牙衰落的原因

图 35 资源诅咒

inson,Ragnar Torvik and Thierry Verdier,2006)明确地将制度对政治家的激励作为资源诅咒的影响机制。

西班牙经历了一场即使用现代标准来看也规模巨大的资源繁荣。16 世纪 40 年代，白银收入变得非常可观，然后从 16 世纪 60 年代开始，每 5 年白银收入都高达 400 万杜卡特以上。顶峰时期王室从白银中获得的收入每年达到 200 多万杜卡特，也就是每 5 年超过 1 000 万杜卡特(图 36)。相比之下，亨利八世通过出售没收的教会土地在 6 年内只获得了 37.5 万英镑的收入，不超过 400 万杜卡特(Hoyle,1995)。

这种资源繁荣与现代的例子相比如何？在表 29 中，我们将白银收入最高时的卡斯提尔(1587—1589)与当代石油出口国和矿产生产国进行了比较。卡斯提尔对白银的依赖程度从未像沙特阿拉伯和尼日利亚(2000—2003)对石油的依赖程度，但它从白银来源获得的资源收入比仍然高于挪威。与矿产丰富的国家相比，卡斯提尔资源收入比几乎是最高的；只有钻石出口国博茨瓦纳的资源收入比高于它。

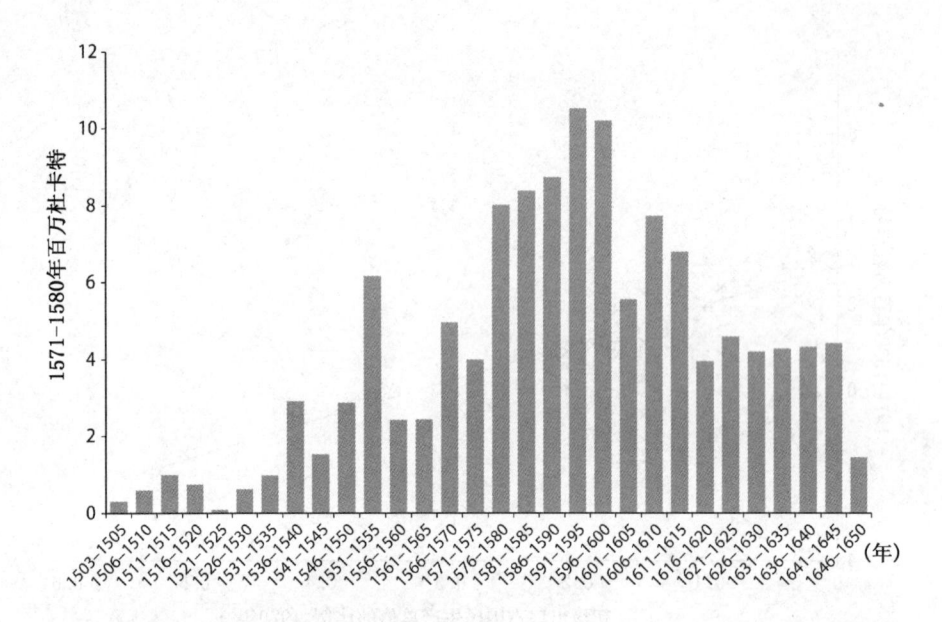

数据来源：Hamilton(1934)；Drelichman(2005)。

图36　1503—1650年王室收入

表29　部分资源丰富国家来自碳氢化合物和矿产的政府收入占总收入的百分比

碳氢化合物资源丰富国家	碳氢化合物资源收入占财政总收入百分比（2000—2003，平均）	矿产资源富有国家	矿产资源	矿产资源收入占财政总收入百分比（2000—2003，平均）
哥伦比亚	9.0	塞拉利昂	钻石,铝土	0.5
哈萨克斯坦	21.0	约旦	磷酸盐,钾肥	1.6
挪威	24.4	智利	铜	3.9
厄瓜多尔	26.4	吉尔吉斯	黄金	4.1
喀麦隆	26.6	蒙古	铜,黄金	6.1
特立尼达和多巴哥	27.4	纳米比亚	钻石	10.0

续表

碳氢化合物资源丰富国家	碳氢化合物资源收入占财政总收入百分比（2000—2003，平均）	矿产资源富有国家	矿产资源	矿产资源收入占财政总收入百分比（2000—2003，平均）
卡斯提尔（1587—1589年）	29.0	毛里塔尼尔	铁矿石	10.6
印度尼西亚	31.3	巴布亚新几内亚	黄金	16.1
越南	31.8	几内亚	铝土，氧化铝	18.3
墨西哥	32.2	卡斯提尔（1587—1589年）	银	29.0
俄罗斯	39.7	博茨瓦纳	钻石	56.2
委内瑞拉	52.7			
伊拉克	58.4			
伊朗	59.3			
巴林	71.2			
卡塔尔	71.3			
利比亚	72.5			
阿联酋	76.1			
尼日利亚	77.2			
沙特阿拉伯	81.6			
赤道几内亚	84.0			
文莱达鲁萨兰	85.8			

数据来源：国际货币基金组织资源收入透明度指南，2005年6月。

白银对卡斯提尔、欧洲乃至整个世界的经济产生了巨大的影响。欧洲与远东的银价差异刺激了长途贸易。一些学者将这一时期视为"全球化的诞生"（Flynn and Giráldez，2004）。保留在欧洲的贵金属在一个世纪的时间里使货币存量增加了一倍；随后的"价格革命"，即几乎所有欧洲经济体的价格水平持续上涨，对财政制度，贸易安排和货币制度都产生了巨大的影响（Hamilton，

1934；Flynn，1978；Fisher，1989）。

卡斯提尔是受到资源暴利影响最大的地区。白银供应大量增加，加上来自远东的市场需求，促使生产要素从细羊毛和制成品等出口行业，转移到与白银贸易相关的开采和服务业。这种典型的荷兰病在16世纪后半叶的大部分时间里困扰着卡斯提尔（Forsyth and Nicholas，1983；Drelichman，2005），但资源繁荣在经济和政治发展方面产生的代价远远超出了要素配置和国际收支的影响。

白银的最大缺点是它削弱了议会（cortes）在国王那里的谈判地位。由于拥有白银收入，卡斯提尔的统治者可以自由地使用借款资金，并有效地将账单提交议会。在整个16世纪，王室两度在谈判中施以同样的"强硬手段"。在没有议会（cortes）的同意的情况下，王室将白银和其他非常规收入作为抵押，通过阿西托恩短期贷款合约进行短期借款。随着债务危机的爆发，短期贷款难以滚转，王室又要求增加其他普通税收，以能发行更多的长期债券。长期拖延或断然拒绝批准这些增税将导致军事局势迅速恶化，这是议会不愿意承担的政治代价。此外，城市中的许多债务持有人——其中许多社会地位已经升高——也受到违约的影响，他们可能认为增税是一种比持续延期还款小得多的罪恶。

第一个这样的事件是由1575年的暂停还款引发的。正如我们在第四章中讨论的那样，不断借款的近因是荷兰起义的爆发。[①] 菲利普二世召集了议会（cortes），要求将销售税（alcabalas）增加3倍。在暂停付款期间，荷兰的军事状况恶化。议会（cortes）最终同意，在头两年里通过额外的特别征税，将销售税（alcabalas）增加了1倍。尽管经过艰苦的谈判，但议会对王室的支出没有获得额外的控制。

有人可能会问，白银是否在这个结果中起了作用。最终，议会（cortes）被迫加税。菲利普二世难道不能用这些未来的税收来借款，用所得收益参与同样昂贵的战役，然后向议会（cortes）要钱？我们认为，近代早期主权债务市场的性质排除了这种情况。16世纪的君主想要进入国际信贷市场有两个选择。第一个

[①] 参阅 Lovett（1980，1982）.

第八章 税收,帝国和西班牙衰落的原因

是移交对保证还款的收入来源的控制权。这通常发生在多年安排的框架内,并确保最低利率。卡斯提尔的债券(juros)通常是根据这种安排发放的。

第二种选择是无抵押的、高利率的短期借款,利息很高。银行家通常施加严格的信贷限额;亨利八世和查理五世的借款都没有超过其年收入的2倍。美洲的白银税已交给国王,使其短期借款能力大幅增加。热那亚银行家不会因为议会(cortes)以后可能付款,而借钱给菲利普二世;他们在贷款时就进行一场精心策划的赌博,因为稳定的白银流意味着国王将有足够的资金以偿还大部分贷款。白银使借款可以发生,使国王有宣战的底气,也使菲利普二世可以带领卡斯提尔进行军事冒险,而这些军事冒险让议会(cortes)没有选择,只能像他们经常做的那样,提供额外的税收,以防事件变得更糟糕。如果没有白银,几乎可以肯定菲利普二世领导的军事冒险频率和开销都会更少。

第二个例子也是如此。1588年无敌舰队战败后,菲利普二世再次召集议会(cortes),并要求紧急征税以保护卡斯提尔。新的消费税被称为"millones",与以前的做法不同,议会(cortes)成功地在新消费税的更新上附加了一些条件(Jago,1981)。该计划由国王与议会(cortes)之间谈判达成的多年期协议组成。新税收是在地方一级征收的,理论上说,只要满足之前协议中的条件,就可以将其移交给政府。一个由城市代表组成的独立委员会负责监督实施情况。

议会(cortes)权力的复兴主要是纸上谈兵,并没有在王室的国库中得到体现。尽管新消费税委员会一再寻求控制资金使用的手段,但它从未获得限制王室将资金转用于其偏好用途的能力。从17世纪20年代开始,国王逐渐将自己的代表塞进委员会。随着1647年王室宣布第六次破产,财政委员会吞并了该委员会(Jago,1981)。次年,《威斯特伐利亚和约》标志着卡斯提尔王室冒险的结束,并将迎来一段内乱和国家机构解体的时期。议会(cortes)从未恢复其失去的影响力;1663年后,"科特"(cortes)只出现在礼仪性场合。

白银使其他国家里常见的互惠协议更难达成——即促使议会代表同意加强中央集权和提高税收以换取有效的监督和控制的这种协议。城市国家首先克服了集体谈判问题,建立了"协商一致的强势"行政机构;荷兰共和国和英国最终也效仿了这一做法。这样一个讨价还价的事情在西班牙是不可能的。因

245

为国王有来自白银的收入,使得国王十分强大。没能实现更好的税收制度,更有效的行政机构,更加公平的体系——也没能在卡斯提尔和菲利普二世统治的其他地区之间更平等地分配负担,从而减少卡斯提尔内部的扭曲性税收。

衰落的决定因素

西班牙作为一个经济和军事大国的衰落是近代早期历史的关键主题之一。货币历史学家强调通货膨胀和贸易条件效应的负面影响,文化历史学家主张强制执行的孤立性的放大效应,金融历史学家和宏观经济学家强调违约和财政过度扩张的危险,制度经济学家强调不受约束的绝对主义君主的危险。

与1500年以后其他欧洲大国相比,西班牙的财政政策没有显示出帝国过度扩张的迹象。我们说明了,在各种方面,它的财政状况都很正常,不比其他国家的财政状况差,也不比其他处于权力顶峰的国家好。根据若干标准,卡斯提尔的财政状况甚至比英国这样的国家管理更为廉洁,战时维持了基本盈余,而在债务积累时,迅速改善了预算状况。也没有证据显示连续违约会产生所谓的有害影响;在每次支付停止后,国王的收入都会增加,这表明其财政能力没有下降。

人们受到文字作品和学术观点的影响,认为卡斯提尔统治者拥有专制权力。哈布斯堡统治者并非无所不能,实际上这正是帝国中心的弱点,是经济和政治衰落的关键——它无法通过变革、集中化、精简和有效、均匀地征税(Grafe,2012;Epstein,2000)。未能在伊比利亚半岛建立一个更有能力的国家反映了两个潜在的弱点:最初的异质性和白银的涌入。首先,前者使得异质性国家的统治者从地方权力持有者手中夺取控制权,以及废除历史遗留下来的特权和"福埃罗"、消除内部关税壁垒和扩大税基的成本更高(Gennaioli and Voth,2012)。第二,白银的收入足够多,国王不必与议会妥协,代议制议会和统治者之间没有达成一个提高效率的大协议(Drelichman and Voth,2008),比利牛斯山以西没有出现一个协商一致的强大行政机构,最终,在军事上遭遇重大厄运使情况变得更糟。

尾声：金融闹剧与西班牙的黑色传奇

金融闹剧（Financial Folly）。这句话让人联想到薪酬过高的银行家、腐败的政客和破产的储蓄者、经济混乱和市场信心的灾难性崩溃。金融闹剧是股市和债券价格暴涨暴跌、泡沫和非理性繁荣的常见解释。莱因哈特和罗格夫（Reinhart and Rogoff）的巨著《今非昔比》（*This Time Is Different*）将金融家的过度乐观置于金融危机的核心。在他们看来，反复发生的危机反映了投资者情绪的波动：随着良好回报的积累，最初持怀疑态度的投资者逐渐变成了蓝眼睛的乐观主义者，他们开始相信这一次确实不同。一旦危机来袭，情绪崩溃，极度悲观情绪盛行。几十年来，冒险行为几乎消失；稳定逐渐让每个人相信，一个高回报、稳定回报的新时代。投资者放松了警惕，然后周期又重复。

菲利普二世的债务经常被称为金融家轻信的乐观主义和财政鲁莽的惊人例子。上述《经济学人》的社论（2006年9月23—29日）用热那亚人借给菲利普二世的贷款来论证，"贷款是一项严肃的业务，偶尔会有一些疯狂的时刻"，菲利普四次未能偿还债务。许多早期学者将菲利普二世继续获得资金归因于狡猾的操纵、充满幻想的银行家以及向有权势的王子放贷的普遍新奇性。

此外，哈布斯堡—西班牙的违约通常被视为灾难性的金融事件，造成重大经济中断，同时摧毁了数十名银行家和小投资者。菲利普二世，稍微夸张一点，通常被塑造成道德剧中的反派，一个将王国财富挥霍在欧洲霸权幻想上的绝对君主。西班牙作为一个欧洲大国的最终的衰落通常与帝国的过度扩张有关——哈布斯堡王朝君主的过度野心和财政不负责任，他的朝臣们用"世界上最聪明的人"这个绰号来奉承他。

本书借鉴了新的档案文件、主权债务理论的进步以及近代早期史学的新见解,对菲利普二世的财政状况进行了重新解释。从汤普森等早期学者的观点出发,我们发现卡斯提尔在菲利普二世统治期间是有偿债能力的。一个旨在确保还款的复杂的合约义务网络支配着国王与银行家之间的关系。当流动性紧张时,同样的合约为王室和银行家提供了极大的灵活性。潜在违约风险并不令人意外;它们的可能性已计入贷款合约中。因此,几乎每个银行家族都从长期获利,而国王则从他们的服务中获益,以经营迄今为止最大的帝国。

我们从16世纪西班牙的历史概况开始,特别强调国家机构的起源和演变以及政治权力的分配。无论以何种标准衡量,菲利普二世都不是绝对的君主;无论是枢机教黎塞留还是著名的专制统治理论家博丹和普芬多夫(Bodin and Pufendorf),都不会承认他是这样的。提高税收和发行长期债务需要卡斯提尔代表议会的同意。与一些新制度经济学文献中的论点相反,卡斯提尔的统治者在16世纪受到的约束与英格兰国王一样,甚至更多。国王和议会之间讨价还价的动力导致了一个安全的、有税收支持的长期债务(juros)系统,菲利普二世从未违约过。迅速增加的财政收入为其提供了支持,而这些收入的增加又得到了卡斯提尔主要城市的同意。

此外,国王还可以获得一些不受议会(cortes)控制的收入来源。其中最重要的是对来自美洲的银币征税。这些资源被用来支持短期贷款,即所谓的阿西托恩短期贷款。在高峰期,它们占了总借款的1/4。菲利普二世只拖欠过这个相对较小的债务份额。为了了解这些违约情况,我们利用保存在西曼卡斯城堡档案馆的菲利普二世治时期签署的每一份短期合约的信息建立了一个数据库。早期的研究从未使用过这些借贷合约中的所有信息。我们转录了每一笔贷款合约的条款,重建了相关的现金流,并对多达90个额外的变量进行编码。

基于这些新数据,我们首先考察了国王的支付能力。如果王室资不抵债——没有希望弥补不可避免的支出和可用收入之间的差距——那么,贷款是要么是不合理的,要么是幼稚的。利用我们新的借款系列以及主要和次要来源的组合,我们重建了哈布斯堡—卡斯提尔在1566—1596年的年度财政状况——这是历史上最早的主权国家借款数据系列。有了这些数据,很容易发现,卡斯提尔通过了财政可持续性的几个关键测试。国王的大臣们——甚至不知道收到或借到的钱的确切数量——菲利普二世几乎在统治的每一年里都设法实现了基本盈余。这意味着卡斯提尔王室几乎从不需要借款支付利息,它用正常收入偿还债务。同样重要的是,随着债务水平的提高,平均基本盈余也在增加;需要偿还的债务越多,为此目的提供的资金就越多。能证明诚信的是长期的结果——菲利普二世去世时,债务与收入的比率与他从父亲那里继承的比率大体上没有变化。

违约反映的是流动性不足,而不是不可持续的债务负担或资不抵债的借款人。现金可能出于几个原因而耗尽;典型的情况是,不利的军事发展(增加支出)和财政收入不足的结合,将卡斯提尔的财政推向了边缘。这些不利因素汇合在一起后通常被收入的增加和支出的调整所抵消。在菲利普二世的长期统治中,他的资源既丰富又不断增加,而且他的财政状况也很紧张。债权人没有面临一个完全破产、即使他想还钱也无法偿还的君主的风险。

国王可以偿还他的债务。但他这样做的动机是什么?主权债务文献认为,还款必须通过信誉问题、经济破坏或制裁威胁来强制执行,而不仅仅是剥夺信贷机会。我们利用数据库中的合约来记录借贷发生的法律和经济环境。菲利普二世时代的借贷是在"无政府"的条件下进行的——无论是国王还是银行家都不能可信地承诺履行合同的内容。国王有时会拖欠或推迟付款;银行家们也会接受存款,然后宣布破产,让国王蒙受损失,或者做出贷款承诺,但没有兑现。

菲利普二世的大多数银行家是热那亚人。他们从事一种特殊形式的银团贷款。他们在自己重叠的关系户中发放联合贷款,并利用交叉担保和抵押来进一步加强这些非正式银团成员之间的联系。除了这些银行家族之间多种多样的血缘和婚姻联系外,几乎可以肯定的是,他们在危机中会采取一致行动。尽管多次试图与强大的借款人达成附带交易,但这种安排使国王无法与任何一个热那亚金融家单独谈判条款。由于无法打破提供他70%以上资金的贷款人联盟,菲利普二世最终不得不在大部分时间内全额偿还贷款。每次违约后,他还必须提出一个贷款人可以接受的解决方案,以重新获得信贷。正如阿夫纳·格雷夫(Avner Greif)所提出的,贷款人联盟是一个私人秩序机制。我们为早期持续的主权贷款的案例研究、为主权债务模型研究提供了有力的支持,强调了贷款人的市场力量和信誉的重要性。这也是最早能够为基于声誉的方法提供实证支持的研究之一,这些方法从本质上来说是很难验证的。[①]

相比之下,我们没有发现对基于制裁的主权债务观点的支持;切断国王进一步贷款的威胁足以调整激励机制,并确保一个成功的、可持续的主权借贷系统的运作。詹姆斯·康克林曾得出结论,热那亚人因1575年破产而导致的停止贷款,直接导致了佛兰德斯军队的叛变。随后,欠薪的士兵随后洗劫了效忠的城市安特卫普,对西班牙在低地国家的地位造成了重大打击。因此,在康克林看来,暂停借款的惩罚可以使西班牙国王屈服。然而,仔细阅读历史记录表明,暂停借款从来都不是有效的;其他银行家(之前从未放贷)填补了这一空白,转移了资金。叛变在佛兰德斯军队中很常见;这次叛变失控的唯一原因是总督的死亡造成了权力真空。惩罚和制裁在说服菲利普二世偿还欠款方面没有发挥作用。

结论必须是,国王可以向债权人付款,而且大多数时候别无选择,只能为了保留贷款服务而付款。然而,违约事件时有发生,而和解的特点是本金和利息的大幅减少。短期贷款被转化为长期贷款。大多数陷入破产的合约都出现了负收益率。面对这些反复出现的违约,银行家们为什么继续放贷?我们的答案很简单:因为这是好生意。为了评估贷款的盈利能力,我们不厌其烦地转录了438份合约中的每一个条款,重建了约定的现金流,并计算出隐含的回报率。基于对违约影响的评估,我们计算了事后的回报率。违约期间遭受的损失被正常时期获得的回报所抵消。在1566—1598年期间,没有一个与王室保持长期关系的银行家族总体上是亏损的;几乎所有的银行家族都获得了超过7.14%的收益,这是我们作为基准的安全长期收益率。从长期来看,在考虑到违约和重新安排的影响后,短期借贷的实际收益平均略高于10%,相比于无风险利率,这是一个健康的溢价。

理解菲利普二世违约性质的关键在于他的贷款结构的特殊性。合约条款显示,贷款是以各种情况为条件的,包括船队到达的时间和特定税收流的表

---

① 关于例外情况,请参阅Tomz(2007)的证据。

尾声:金融闹剧与西班牙的黑色传奇

现。这些合约还为国王和他的银行家们提供了几种延迟还款的选择,改变交货地点或者改变期限。这些条款描绘了一个丰富的合约环境。双方都明白他们生活在不确定的环境中,并试图尽可能多地预测世界的各种状态并为之定价。违约只不过是这种不确定性的一种延伸。当然,有些冲击大到无法预料或无法控制。这方面的例子包括同时开辟两条战线、连续几个船队的延迟,以及无敌舰队的灾难性失败。其中一些事件促使对未偿债务进行全面重新安排。银行家们明白,这些都是一次性的事件,一旦负面冲击消散,业务就会恢复如常。因此,谈判是迅速的,和解是温和的,一旦王室的流动性恢复,贷款就会恢复。因此,从现代主权债务文献来看,菲利普二世的违约是可以原谅的(Grossman and Van Huyck,1988)。

在菲利普统治的末期,基本盈余不再足以稳定债务与收入的比率。按照这个相对狭隘的标准,债务不再是可持续的。这并不意味着菲利普二世资不抵债;它只是意味着需要进行财政调整。我们计算了一下,与他在位期间多次进行的改革相比,必要的改革相对较小。由于4/5的资金都花在了战争上,任何军事行动规模的缩减都会迅速改善菲利普二世的财政状况。例如,在16世纪70年代实施的大规模开支削减和收入措施,迅速减少了债务问题。平均而言,在菲利普二世统治时期,较高的债务水平总是以较大的基本盈余来满足。与其他早期现代欧洲大国相比,哈布斯堡的西班牙以高度负责的方式进行财政管理:在面对不断增加的债务时,它比英格兰或法国在其军事野心最强时更多地增加了基本盈余。按照这个标准,16世纪的西班牙比18世纪的英国在财政上的基础更加稳固,而后者通常被视为财政美德的典范。

英格兰和西班牙的一个关键区别是在战场上的军事成功。英格兰经常获胜,相比之下,西班牙为数不多的胜利却未能带来重大收获。战争的迷雾笼罩着西班牙的财政前景,但这并不是军事弱点的反映。例如,菲利普二世在对法国和奥斯曼帝国的战争中赢得了辉煌的胜利。胜利并没有转化为和平,而失败则产生了进一步支出的需要,这反映了当时大国政治的性质以及宗教冲突的严重性。所有的军事成果都不是对财政公正性的公平判断。如果荷兰战争(或无敌舰队)的情况稍微好一点,西班牙就能轻松应对其财政状况。

我们还认为,西班牙的失败(学术界惯常是通过16世纪的财政动荡的视角来解释)更多的是由于无力加强国家能力,而不是由于财政无能和连续违约。所有的近代早期君主都面临着同样的基本问题:要超越他们的军事对手,就需要新的、更高的税收。这些税收最好在有实力的权贵、城邦和神职人员的同意下征收,这些人和群体在某种程度上都是现代早期政治游戏中的"否决者"。绝对主义策略——就其存在而言——一直在削弱分散的权力持有者抵制君主集权议程的能力。与此相反,相比之下,一些政体发展出了一种不同的策略——与潜在对手妥协,允许以更高的税收换取权力分享。城邦长期以来一直是这种交易(政治妥协)的先驱(Stasavage,2011);荷兰共和国和英格兰(1688年后)都找到了将强大的国家权力与对行政部门的限制相结合的方法(North and Weingast,1989)。[①]

在近代早期的西班牙,这样的政治妥协从未达成过,为什么?我们强调了白银的政治经济。国王独自控制着白银收入,他不受卡斯提尔的议会(Cortes)的监督。一次又一次,当国王面临妥协的压力时,议会提出了增加自身权力以换取国王更高的财政收入的交易。但几乎在所有情况下,这都是徒劳的。菲利普二世最终避免了妥协,因为美洲的白银加强了他的力量。曾经有那么一段时间,一项权力分享和创收协议几乎得到了实施。关于新消费税(millones)的规定允许议会对王室财政进行独立的预算监督。随着美洲白银的不断涌入,王室逐渐削弱了议会的影响力,收编了一些关键人物,并将其他人排挤在外。虽然对预算委员会的这种阉割意味着未来不会再讨论同样的交易,但国王不在乎。西班牙的机构并没有像连续违约观点所主张的那样,在破产和财政无能的打击下逐渐衰落和退化;相反,资源的暴利在关键时刻加强了国王的实力;但是,从长远来看,行政机构受到制约会更有利。

我们的结论对之前研究文献中的两类提出了挑战。首先,我们几乎没有发现金融危机(financial folly)的证据。我们认为,忽略掉人类的动物属性和人群的从众心理,贷款和违约并不是银行家愚蠢的标志。这一结论是基于对最早和最著名的连续违约案例的仔细分析:菲利普二世的暂停还款。我们表明,向国王放贷实际上具有很好的经济意义。在国王偿还债务的漫长时期,偶

[①] 有关此交易性质的详细研究,请参见 Gennaioli and Voth(2012)。

尾声：金融闹剧与西班牙的黑色传奇

尔的损失被丰富的收益所补偿。违约在很大程度上是可以预见的。银行家们事实上签署保险合同，允许王室在糟糕的时候减少付款，例如在发生军事挫折时。尽管银行家们在16世纪的危机中大喊大叫，但无论是持续的贷款还是王室的违约，都没有什么不合理的地方。贷款人和借款人形成了一个有效的风险分担体系，为银行家提供了有吸引力的回报，为王室提供了快速获取资金的渠道，并在危机时期提供了快速而简单的解决机制。

第二，我们所挑战第二类文献主要是指一部经济史著作——《西班牙的黑色传奇》(Spain's Black Legend)，"黑色传奇"新教的宣传词汇，它强调、夸大和美化了追溯到15世纪初的美洲征服者和荷兰、西班牙军队的无法无天的行为。虽然它也包含着历史真相的内核，但其中也充斥着一些荒诞的、夸张的表述，比如荷兰加尔文主义者让·德·布雷(Jean de Bry)的漫画，描绘了一个西班牙人将一个被谋杀的婴儿喂给他的狗。一个世纪前，《黑色传奇》受到历史学家的质疑，如今，它更多的是作为宗教宣传的案例研究，而不是作为历史分析的正式依据。

《黑色传奇》源于两种叙事的结合：丰富的传统历史分析了17世纪以来西班牙作为一个经济和军事强国的衰落，结合新的制度分析强调了君主不受约束的权力（并将其与光荣革命后的英国进行了不平等的对比）。[1]

一种丰富的历史传统分析了17世纪以来西班牙作为经济和军事大国的衰落，另一种新的制度分析强调了君主的不受约束的权力（并与光荣革命后的英国形成了不利的对比）。汉密尔顿(Hamilton,1938:170)的著名论述强调了"农业、工业和商业在17世纪急剧衰落的大量证据"。海梅·维森斯·维维斯(Jaime Vicens Vives,1959)、艾略特(Elliott,1961)和卡门(Kamen,1978)后来的研究在很大程度上强化了这一结论。[2]

这项研究建立在坚实的实证基础上。然而，它也成为西班牙经济史上"黑色传奇"的基础。随着新制度经济学的兴起，西班牙在17世纪无可争辩的衰落越来越被视为对该国鼎盛时期制度弱点的公正惩罚。根据这一观点，西班

---

[1] "黑色传奇"一词及其批判性评价是由Julián Juderías(1914)在学术文献中率先引入的。

[2] 关于白银对西班牙竞争力影响的后续研究，参见Forsyth and Nicholas(1983)，Drelichman(2005)。

牙帝国是一个专制的君主政体,由于糟糕的制度,加上公然无视产权和适当的激励措施,摧毁了该国的经济前景。当将西班牙与其他欧洲强国的表现进行比较时,道格拉斯·诺斯和罗伯特·保罗·托马斯(Douglass North and Robert Paul Thomas,1973:101)将该国归类为"另一个国家",并认为"产权的对比……一方面导致了荷兰和英国的持续增长,另一方面导致……西班牙的停滞和衰落"。[1] 根据这一观点,它是如此强大,以至于它可以践踏古老的"福埃罗",无视商人利益,随意破坏合约,并推动大规模的税收上涨(Acemoglu,Johnson and Robinson,2005)。所有这些最终使西班牙经济陷入瘫痪。

西班牙的经济黑色传奇之所以如此强大,是因为菲利普二世时期的一连串破产事件似乎见证了对产权和正当程序的漠视以及故意违约。从这一视角来看,一系列违约事件显示了哈布斯堡王朝西班牙的专制色彩、统治者的无能以及财政过度的不可持续性。在卡门·莱因哈特、肯尼斯·罗格夫和米格尔·萨瓦斯塔诺(Carmen Reinhart,Kenneth Rogoff and Miguel Savastano,2003)的研究中,西班牙成为违约方面的纪录保持者——他们认为一旦发生违约,下一次就更有可能发生,因为一个国家的财政基础设施受到影响,经济下降,破坏了可持续性。

我们并不是第一个指出这种论调中许多不协调之处的人。我们的分析表明,连续违约并没有损害西班牙的财政能力;事实上,它们的负面影响非常小。从文献记录来看,违约很可能是可以预见的,并构成了一个有效的风险分担结构的一部分:在好的时候,银行家向王室贷款可以得到很好的报酬,而在坏的时候,国王可以推迟付款,甚至重新谈判他的债务而不违反隐性合约。与费尔南·布罗代尔的判断相反,在菲利普二世统治期间,同一个银行家族没有任何退出的迹象,这一事实有力地支持了我们的解释。此外,1575 年(菲利普统治时期最大的一次)违约后,利率没有发生任何变化,这再次表明贷款人并没有因为停止付款而对王室的行为或财务状况产生任何负面的认识。

我们不是第一个指出制度主义解释存在进一步缺陷的人。1600 年后西班牙的经济增长放缓在很大程度上是卡斯提尔的现象,哈布斯堡王朝统治下

---

[1] 《黑色传奇》突出了西班牙人民的道德和文化缺陷,这是经济衰退的主要原因。这一观点最近由 David Landes(1998)阐述。

尾声：金融闹剧与西班牙的黑色传奇

的大多数其他地区表现良好。① 在16世纪，卡斯提尔也表现出了非凡的经济活力，当时据称该地区的税收负担过重，治理不善。卡洛斯·阿尔瓦雷兹·诺盖尔和莱安德罗·普拉多斯·德拉埃斯克苏拉（Alvarez Nogal and Prados de la Escosura, 2007）的最新研究表明，1500年至1600年期间，人均收入有所增长，人口也迅速增加。只是在1600年之后，这些增长率才有所下降，最后变成了负数。最近，瑞加娜·格拉芙（Grafe, 2012）还重新评估了卡斯提尔王室的权力，重新评估了现代早期市场整合和经济表现的措施。

如果帝国的过度扩张（Kennedy, 1987）和故意违约都不是西班牙最终失去动力的罪魁祸首，那又是什么原因呢？现代经济理论认为，有利于经济增长的机构应该建立一个强有力的国家，并有一个受约束的行政部门（Acemoglu, 2005）。我们认为，西班牙帝国的困境并没有反映出一个不受约束的行政机构的弊端，更多的是未能建立一个一致同意的强大国家，即纳税者获得了一定程度的财政支出控制权的同时报以更高的税款。虽然卡斯提尔的税收很高，但阿拉贡、纳瓦拉、葡萄牙和王室的其他领地的税收往往很低，由此产生的低效率在很大程度上造成了资源的错误分配。最近的研究表明，西班牙的内部分裂对经济造成了巨大的破坏。一个更成功的国家本可以实施一个遵循拉姆齐规则的税收制度，降低卡斯提尔的税收，提高伊比利亚半岛其他领土的税收，并废除内部关税壁垒。在我们看来，提高国家的能力最终必须追溯到一个资源暴利——白银。它维持了王室的财政稳健，而无需达成协议，从长远来看，这无助于建立一个更强大、更有能力的国家。

---

① 因果关系可能较小；Ugo Panizza and Eduardo Borensztein（2008）估计这一数字约为1%，与Reinhart and Rogoff（2009）发现的债务危机国家的增长率下降相似。

参考文献

微信扫描二维码阅读参考文献

译丛主编后记

财政活动兼有经济和政治二重属性，因而从现代财政学诞生之日起，"财政学是介于经济学与政治学之间的学科"这样的说法就不绝于耳。正因为如此，财政研究至少有两种范式：一种是经济学研究范式，在这种范式下财政学向公共经济学发展；另一种是政治学研究范式，从政治学视角探讨国家与社会间的财政行为。这两种研究范式各有侧重，互为补充。但是检索国内相关文献可以发现，我国财政学者遵循政治学范式的研究中并不多见，绝大多数财政研究仍自觉或不自觉地将自己界定在经济学学科内，而政治学者大多也不把研究财政现象视为分内行为。究其原因，可能主要源于在当前行政主导下的学科分界中，财政学被分到了应用经济学之下。本丛书主编之所以不揣浅陋地提出"财政政治学"这一名称，并将其作为译丛名，是想尝试着对当前这样的学科体系进行纠偏，将财政学的经济学研究范式和政治学研究范式结合起来，从而以"财政政治学"为名，倡导研究财政活动的政治属性。编者认为，这样做有以下几个方面的积极意义。

1. 寻求当前财政研究的理论基础

在我国学科体系中，财政学被归入应用经济学之下，学术上就自然产生了要以经济理论作为财政研究基础的要求。不过，由于当前经济学越来越把自己固化为形式特征明显的数学，若以经济理论为基础就容易导致财政学忽视那些难以数学化的研究领域，这样就会让目前大量的财政研究失去理论基础。在现实中已经出现并会反复出现的现象是，探讨财政行为的理论、制度与历史的论著，不断被人质疑是否属于经济学研究，一篇研究预算制度及其现实运行的博士论文，经常被答辩委员怀疑是否可授予经济学学位。因此，要解释当前的财政现象、推动财政研究，就不得不去寻找财政的政治理论基础。

2. 培养治国者

财政因国家治理需要而不断地变革,国家因财政治理而得以成长。中共十八届三中全会指出:"财政是国家治理的基础和重要支柱,科学的财税体制是优化资源配置、维护市场统一、促进社会公平、实现国家长治久安的制度保障。"财政在国家治理中的作用,被提到空前的高度。因此,财政专业培养的学生,不仅要学会财政领域中的经济知识,也必须学到相应的政治知识,方能成为合格的治国者。财政活动是一种极其重要的国务活动,涉及治国方略;从事财政活动的人有不少是重要的政治家,应该得到综合的培养。这一理由,也是当前众多财经类大学财政专业不能被合并到经济学院的原因之所在。

3. 促进政治发展

18—19 世纪,在普鲁士国家兴起及德国统一过程中,活跃的财政学派与良好的财政当局,曾经发挥了巨大的历史作用。而在当今中国,在大的制度构架稳定的前提下,通过财政改革推动政治发展,也一再为学者们所重视。财政专业的学者,自然也应该参与到这样的理论研究和实践活动中。事实上已有不少学者参与到诸如提高财政透明、促进财税法制改革等活动中,并事实上成为推动中国政治发展进程的力量。

因此,"财政政治学"作为学科提出,可以纠正当前财政研究局限于经济学路径造成的偏颇。包含"财政政治学"在内的财政学,将不仅是一门运用经济学方法理解现实财政活动的学科,也会是一门经邦济世的政策科学,更是推动财政学发展、为财政活动提供指引,并推动中国政治发展的重要学科。

"财政政治学"虽然尚不是我国学术界的正式名称,但在西方国家的教学和研究活动中却有广泛相似的内容。在这些国家中,有不少政治学者研究财政问题,同样有许多财政学者从政治视角分析财政现象,进而形成了内容非常丰富的文献。当然,由于这些国家并没有中国这样行政主导下的严格学科分界,因而不需要有相对独立的"财政政治学"的提法。相关研究,略显随意地分布在以"税收政治学"、"预算政治学""财政社会学"为名称的教材或论著中,当然"财政政治学"(Fiscal Politics)的说法也不少见。

中国近现代学术进步的历程表明,译介图书是广开风气、发展学术的不二法门。因此,要在中国构建财政政治学学科,就要在坚持以"我"为主研究中国财政政治问题的同时，大量地翻译西方学者在此领域的相关论著，以便为国内学者从政治维度研究财政问题提供借鉴。本译丛主编选择了这一领域内的68部英文和日文著作，陆续予以翻译和出版。在文本的选择上，大致分为理论基础、现实制度与历史研究等几个方面。

  本译丛的译者，主要为上海财经大学的教师以及该校已毕业并在外校从事教学的财政学博士，另外还邀请了其他院校的部分教师参与。在翻译稿酬低廉、译作科研分值低下的今天，我们这样一批人只是凭借着对学术的热爱和略略纠偏财政研究取向的希望，投身到这一译丛中。希望我们的微薄努力，能够成为促进财政学和政治学学科发展、推动中国政治进步的涓涓细流。

  在本译丛的出版过程中，胡怡建老师主持的上海财经大学公共政策与治理研究院、上海财经大学公共经济与管理学院的领导与教师都给予了大力的支持与热情的鼓励。上海财经大学出版社的总编黄磊、编辑刘兵在版权引进、图书编辑过程中也付出了辛勤的劳动。在此一并致谢！

刘守刚 上海财经大学公共经济与管理学院
2023 年 7 月

"财政政治学译丛"书目

1. 《财政理论史上的经典文献》
   理查德·A.马斯格雷夫,艾伦·T.皮考克 编　刘守刚,王晓丹 译
2. 《君主专制政体下的财政极限——17世纪上半叶法国的直接税制》
   詹姆斯·B.柯林斯 著　沈国华 译
3. 《欧洲财政国家的兴起 1200—1815》
   理查德·邦尼 编　沈国华 译
4. 《税收公正与民间正义》
   史蒂文·M.谢福林 著　杨海燕 译
5. 《国家的财政危机》
   詹姆斯·奥康纳 著　沈国华 译
6. 《发展中国家的税收与国家构建》
   黛博拉·布罗蒂加姆,奥德黑格尔·菲耶尔斯塔德,米克·摩尔 编　卢军坪,毛道根 译
7. 《税收哲人——英美税收思想史二百年》(附录:税收国家的危机 熊彼特 著)
   哈罗德·格罗夫斯 著　唐纳德·柯伦 编　刘守刚,刘雪梅 译
8. 《经济系统与国家财政——现代欧洲财政国家的起源:13—18世纪》
   理查德·邦尼 编　沈国华 译
9. 《为自由国家而纳税:19世纪欧洲公共财政的兴起》
   何塞·路易斯·卡多佐,佩德罗·莱恩 编　徐静,黄文鑫,曹璐 译　王瑞民 校译
10. 《预算国家的危机》
    大岛通义 著　徐一睿 译
11. 《信任利维坦:英国的税收政治学(1799—1914)》
    马丁·唐顿 著　魏陆 译
12. 《英国百年财政挤压政治——财政紧缩·施政纲领·官僚政治》
    克里斯托夫·胡德,罗扎那·西玛兹 著　沈国华 译
13. 《财政学的本质》
    山田太门 著　宋健敏 译
14. 《危机、革命与自维持型增长——1130—1830年的欧洲财政史》
    W.M.奥姆罗德,玛格丽特·邦尼,理查德·邦尼 编　沈国华 译
15. 《战争、收入与国家构建——为美国国家发展筹资》
    谢尔登·D.波拉克 著　李婉 译
16. 《控制公共资金——发展中国家的财政机制》
    A.普列姆昌德 著　王晓丹 译
17. 《市场与制度的政治经济学》
    金子胜 著　徐一睿 译
18. 《政治转型与公共财政——欧洲 1650—1913年》
    马克·丁塞科 著　汪志杰,倪霓 译
19. 《赤字、债务与民主》
    理查德·E.瓦格纳 著　刘志广 译
20. 《比较历史分析方法的进展》
    詹姆斯·马汉尼,凯瑟琳·瑟伦 编　秦传安 译
21. 《政治对市场》
    戈斯塔·埃斯平—安德森 著　沈国华 译
22. 《荷兰财政金融史》
    马基林·哈特,乔斯特·琼克,扬·卢滕·范赞登 编　郑海洋 译　王文剑 校译
23. 《税收的全球争论》
    霍尔格·内林,佛罗莱恩·舒伊 编　赵海益,任晓辉 译
24. 《福利国家的兴衰》
    阿斯乔恩·瓦尔 著　唐瑶 译　童光辉 校译
25. 《战争、葡萄酒与关税:1689—1900年间英法贸易的政治经济学》
    约翰 V.C.奈 著　邱琳 译
26. 《汉密尔顿悖论》
    乔纳森·A.罗登 著　何华武 译
27. 《公共经济学历史研究》
    吉尔伯特·法卡雷罗,理查德·斯特恩 编　沈国华 译
28. 《新财政社会学——比较与历史视野下的税收》
    艾萨克·威廉·马丁,阿杰·K.梅罗特拉,莫妮卡·普拉萨德 编,刘长喜 等译,刘守刚 校
29. 《公债的世界》
    尼古拉·贝瑞尔,尼古拉·德拉朗德 编　沈国华 译
30. 《西方世界的税收与支出史》
    卡洛琳·韦伯,阿伦·威尔达夫斯基 著　朱积慧,荀燕楠,任晓辉 译
31. 《西方社会中的财政(第三卷)——税收与支出的基础》
    理查德·A.马斯格雷夫 编　王晓丹,王瑞民,刘雪梅 译　刘守刚 统校
32. 《社会科学中的比较历史分析》
    詹姆斯·马汉尼,迪特里希·鲁施迈耶 编　秦传安 译
33. 《来自地狱的债主——菲利普二世的债务、税收和财政赤字》
    莫里西奥·德莱希曼,汉斯—约阿希姆·沃思 著　李虹筱,齐晨阳 译　施诚,刘兵 校译

34.《有益品文选》
　　威尔弗莱德·维尔·埃克 编　沈国华 译
35.《美国财政成规——一部兴衰史》
　　比尔·怀特 著　马忠玲，张华 译
36.《金钱、政党与竞选财务改革》
　　雷蒙德·J. 拉贾 著　李艳鹤 译
37.《牛津福利国家手册》
　　弗兰西斯·G. 卡斯尔斯，斯蒂芬·莱伯弗里德，简·刘易斯，赫伯特·奥宾格，克里斯多弗·皮尔森 编　杨翠迎 译
38.《政治、税收和法治》
　　唐纳德·P. 雷切特，理查德·E. 瓦格纳 著　王逸帅 译
39.《西方的税收与立法机构》
　　史科特·格尔巴赫 著　杨海燕 译
40.《财政学手册》
　　于尔根·G. 巴克豪斯，理查德·E. 瓦格纳 编　何华武，刘志广 译
41.《18 世纪西班牙建立财政军事国家》
　　拉斐尔·托雷斯·桑切斯 著　施诚 译
42.《美国现代财政国家的形成和发展——法律、政治和累进税的兴起，1877—1929》
　　阿贾耶·梅罗特 著　倪霓，童光辉 译
43.《另类公共经济学手册》
　　弗朗西斯科·福特，拉姆·穆达姆比，彼得洛·玛丽亚·纳瓦拉 编　解洪涛 译
44.《财政理论发展的民族要素》
　　奥汉·卡亚普 著　杨晓慧 译
45.《联邦税史》
　　埃利奥特·布朗利 著　彭骥鸣，彭浪川 译
46.《旧制度法国绝对主义的限制》
　　理查德·邦尼 著　熊芳芳 译
47.《债务与赤字：历史视角》
　　约翰·马洛尼 编　郭长林 译
48.《布坎南与自由主义政治经济学：理性重构》
　　理查德·E. 瓦格纳 著　马珺 译
49.《财政政治学》
　　维特·加斯帕，桑吉·古普塔，卡洛斯·穆拉斯格拉纳多斯 编　程红梅，王雪蕊，叶行昆 译
50.《英国财政革命——公共信用发展研究，1688—1756》
　　P. G. M. 迪克森 著　张珉璐 译
51.《财产税与税收争议》
　　亚瑟·奥沙利文，特里 A. 塞克斯顿，史蒂文·M. 谢福林 著　倪霓 译
52.《税收逃逸的伦理学——理论与实践观点》
　　罗伯特·W. 麦基 编　陈国文，陈颖湄 译
53.《税收幻觉——税收、民主与嵌入政治理论》
　　菲利普·汉森 著　倪霓，金赣婷 译
54.《美国财政的起源》
　　唐纳德·斯塔比尔 著　王文剑 译
55.《国家的兴与衰》
　　Martin van Creveld 著　沈国华 译
56.《全球财政国家的兴起(1500—1914)》
　　Bartolomé Yun-Casalilla & Patrick K. O'Brien 编　匡小平 译
57.《加拿大的支出政治学》
　　Donald Savoie 著　匡小平 译
58.《财政理论家》
　　Colin Read 著　王晓丹 译
59.《理解国家福利》
　　Brain Lund 著　沈国华 译
60.《债务与赤字：历史视角》
　　约翰·马洛尼 编　郭长林 译
61.《英国财政的政治经济学》
　　堂目卓生 著　刘守刚 译
62.《日本的财政危机》
　　莫里斯·赖特 著　孙世强 译
63.《财政社会学与财政学理论》
　　理查德·瓦格纳 著　刘志广 译
64.《作为体系的宏观经济学：超越微观—宏观二分法》
　　理查德·瓦格纳 著　刘志广 译
65.《税收遵从与税收风气》
　　Benno Torgler 著　闫锐 译
66.《税收、国家与社会》
　　Marc Leroy 著　屈伯文 译
67.《保护士兵与母亲》
　　斯考切波 著　何华武 译
68.《国家的理念》
　　Peter J. Steinberger 著　秦传安 译